臺灣歷史與文化 研究輯刊

二　編

第 6 冊

《全臺詩》用韻研究
——以清領時期臺灣本土文人為對象（1683～1895）

廖才儀 著

花木蘭文化出版社

國家圖書館出版品預行編目資料

《全臺詩》用韻研究——以清領時期臺灣本土文人為對象（1683
～1895）／廖才儀 著 — 初版 — 新北市：花木蘭文化出版社，
2013〔民 102〕
目 6+272 面；19×26 公分
（臺灣歷史與文化研究輯刊 二編：第 6 冊）
ISBN：978-986-322-230-9（精裝）
1. 臺灣詩　2. 詩評
733.08　　　　　　　　　　　　　　　　　102002844

ISBN-978-986-322-230-9

9 789863 222309

臺灣歷史與文化研究輯刊
二 編 第 六 冊　　　　　　　ISBN：978-986-322-230-9

《全臺詩》用韻研究
——以清領時期臺灣本土文人爲對象（1683～1895）

作　　者　廖才儀
總 編 輯　杜潔祥
出　　版　花木蘭文化出版社
發 行 所　花木蘭文化出版社
發 行 人　高小娟
聯絡地址　235 新北市中和區中安街七二號十三樓
　　　　　電話：02-2923-1455／傳眞：02-2923-1452
網　　址　http://www.huamulan.tw 信箱 sut81518@gmail.com
印　　刷　普羅文化出版廣告事業
初　　版　2013 年 3 月
定　　價　二編 28 冊（精裝）新臺幣 56,000 元　　　版權所有·請勿翻印

《全臺詩》用韻研究
——以清領時期臺灣本土文人爲對象（1683～1895）

廖才儀　著

作者簡介

廖才儀（1979～），臺灣省雲林縣人，國立成功大學中國文學系、國立中山大學中國文學研究所碩士班。現為國立臺灣師範大學國語教學中心研究助理。主要研究領域為臺灣近代詩歌用韻、華語聲調、華語句式研究、中介語語料庫等。曾參與全臺詩一～五冊編校工作。喜歡閱讀，曾獲成大第三十二屆鳳凰樹文學獎小說組入選。

提　　要

　　閩方言是一個層次複雜的語言，隨漳泉移民進入臺灣地區後，因時空區隔而產生部分音變。本文旨在考察清代臺灣地區文士的語音現象，故以《全臺詩》全 11 冊所載清領時期臺灣詩人作品為對象，分析詩歌用韻，先以地方韻書 - 泉州音系《彙音妙悟》、漳州音系《雅俗通十五音》為輔，進行共時比較；再和方言調查報告對照，作為歷時比較。

　　最後歸納出清代臺灣地區文士詩歌用韻的十九個韻系。而由該韻系所呈現出的 159 種混韻的狀況來看，該韻系除受文讀系統影響外，也彰顯了許多詩人里籍所屬的閩粵方音一帶的白讀及口語特色，如止攝支韻字多讀／-i／，但也有低元音／-a／的音讀，即「支麻混用」現象，此現象與區域性移民的分佈相關。總結，該韻系受文讀影響者佔 49％，受白讀影響者佔 17％，文白讀影響兼具者約 29％；故白讀入韻的狀況雖不少，但仍以閩語文讀層的影響性較大。

　　此外，清領時期臺灣本土文人古典詩歌用韻的實貌和唐、宋、金元、明代地區不同，韻部混用的比例和種類都遠比前述朝代的古、近體詩要來的多樣繁複，且分部結果也已不盡相同於《詩韻集成》、《古今韻略》的 106 韻系統。

目次

第一章　緒　論

本章寫作目的在於說明研究主題的相關背景，藉此了解過去前賢成果、研究過程中可能遭遇的困難，並釐清研究目的及價值以說明本研究的意義。主要內容包含研究動機、研究目的、相關文獻探討及研究方法的說明。

第一節　研究動機

漢語音韻史做為一個研究範疇，韻書一般被公認為該研究範疇的主要依據，也是研究語音系統最直接的途徑；但以韻書做為研究材料也有其侷限，如以語言學的角度而言，多數韻書，即使是企圖按照客觀語音實際編纂的韻書，如《中原音韻》，仍或多或少受舊有韻書體制窠臼的影響，而致反映出的語音現象屬於該時期語音系統「靜止」的面貌，非全然代表該韻書創作時期的客觀語音現象，造成韻書研究成果的侷限，也讓筆者產生如「是否對處於同一變動時代的韻書所反映出的語音現象進行比較研究，是否更能觀察出共時的語音變化」、「韻書內容所反映出的音系面貌是否會受朝政變動或平穩之別，而揭示出繁複程度不同的語音系統呢？換言之，若處於變動時代的韻書，其成書目的不在於沿襲舊制，是否其分韻標準較能反映出時音」的疑惑。另外，自《禮部韻略》後幾已固定的平水詩韻韻書，也可在清人筆記中見到韻書內容與時音有所落差的紀錄，如清徐鍾郎《讀詩韻新訣二卷》[註1] 序文中

〔註 1〕　清徐鍾郎撰《讀詩韻新訣二卷》，清雍正酺雅堂刻本，見《四庫未收書輯刊・經部》第 02 輯第 14 冊 398 頁。

便感嘆：「近世笠翁詩韻最為簡易，然質之當世，能了其所收之韻而不訛一字者，誰乎？」可見，單以韻書為研究材料仍是不足的。

因而，除了研究韻書本身反映出來的音系表現來驗證上述假設之外，對韻文中互相押韻的字進行研究，或可成為對實際語音變化過程的確立或驗證的強力佐證，儘管《切韻》一系做為科舉考試用韻規範以來，或多或少限制了方音特性在韻文的表現，而使唐代以後的文學作品看似對漢語語音變化的研究助益不大，但誠如毛元晶在〈論漢語詩韻的歷史和現狀及其發展方向〉〔註2〕一文指出的，「詩韻之於詩歌猶如「文」之於「言」，「言」而無「文」，行而不遠；「詩」而無「韻」，味同嚼蠟」，又顏之推〈音辭篇〉有云：「著述之人，楚夏各異」，故古人著述時，或多或少使用方音入韻的現象應是不可忽略的；筆者相信研究詩人用韻對研究特定時期的歷史語音特點仍具有著重要的價值。儘管近年來多偏重於「由現代語言中去發掘問題，追溯來源，即便是文獻材料中的問題也要盡可能從現代語言中去探索」（張光宇1988：86）的現代方音研究角度進行探討，也的確在語音史的研究上，產生了具體且理論化的成果；然而，若能再以韻文材料進行佐證，應可對歷時演變過程中的語音細膩變化有更具體全面的了解。

以臺灣地區的語言研究來看，語言人口數仍以閩語為最大宗，且多屬漳泉系統，此乃源於明清大量閩粵移民潮；何大安先生（1987：163）曾提出：

> 語言的變遷，有其內在的動力，也有外在的條件……外在的條件，
> 就是造成分化與接觸的環境。分化與接觸，會加快語言變遷的腳步。
> 其中又以接觸所帶來的影響最大。

因而，閩粵移民及其後代於臺灣地區所展現的語言面貌與同期漳泉地區的語言表現相較之下，是否會產生任何特色或變異呢？在缺乏明確而清晰的語言調查或文獻紀錄之下，透過明清臺籍人士的詩歌創作或可略究一二。

臺灣詩學始於明季〔註3〕，清乾嘉時期（1735～1820）前，因墾植、政治、經濟尚屬草創期，僅見遊宦詩人創作，尚無臺籍詩人；乾嘉時期開始，政經發達，為漢人移民來臺的全盛時期〔註4〕，且清政府大力推行科舉考試〔註5〕，

〔註2〕 毛元晶，〈論漢語詩韻的歷史和現狀及其發展方向〉，《南昌大學學報（人文社會科學版）》卷37期6；頁144～148，2006.11。

〔註3〕 見連雅堂《雅言》「臺灣詩壇盛事」一則記載。

〔註4〕 據《臺南縣志》卷十第二章記載，康熙25年（1671）起，漳泉人民移居來臺日多，當時仍屬明鄭領臺時期（1661～1683）。

鄉里私教風氣隨之漸起，才開始出現臺籍詩人的詩作；至道咸同時期，臺籍詩人及其詩作迭起，風貌迴異。雖如金周生〈宋詞音系入聲韻部考〉（1985）所言，「詩文用韻不免受韻書影響，殆難保其必爲當時純粹之實際語音，這是詩文用韻的侷限」。然而，以清季朝廷治臺時的寬鬆教育政策而言，文士用韻究竟會完全遵循詩韻系統或受實際口語影響反映時音？

是以，本文期能藉由分析清代臺灣地區文士用韻情形，和分屬漳州系統的《雅俗通十五音》、泉州系統的《彙音妙悟》等方音韻書進行比較，由地理環境對語言變化的因素而言，觀察清領時期臺籍詩人的詩文用韻是否遵循明清詩韻系統，或受地理環境影響產生與同時期之非臺籍詩人的不同風貌；同時，也爲尚無法考證籍貫的臺籍詩人身分提供一個參考依據。然而，使用方音韻書仍是存在侷限，據耿振生《明清等韻學通論》之說，明清方音韻書可分爲吳、閩語方音韻書等若干種類，但明清時期方音正訛的觀念尚未消失，如成書於清嘉慶五年（1800）的《彙音妙悟》序文中就曾提到，「疆域既分，鄉音各異，山陬海澨，與中州之聲韻迴殊」，爲解決「臨文操觚，聲律不協，應酬失次」等問題，故編《彙》以「輯爲閩音，必辨一書，於唇喉齒舌，分別厘然，鄉里後生，熟復之可無爲方音之域矣」，可見，方音韻書仍是存在著求正存雅的標準，以文獻雅語以正方音或通其方俗才是成書目的。是以，以方音韻書和詩文用韻所得結果進行比較，雖未必能求得實際語音面貌，但如魯國堯《泰州方音史與通泰方音史研究》〔註6〕透過文獻和口語，比較其家鄉

〔註5〕 同註4，臺灣開科取士實源於明永曆 19 年，鄭經採用陳永華建議，於承天府（今臺南市）創立聖廟與學校，並依照明科歲之例，考選學生；清康熙 37 年（1683），清人領臺後，直至清康熙 41 年（1687）始復採明鄭舊制，允許臺民應福建鄉試，大開仕途。連雅堂《雅言》謂，自此「士之讀詩書而掇功名者，大都浸淫於制藝試帖……。」（沈兼士，1960.06）自兩漢以來，一直到清末，無論選舉、考試，均採分區定額制度，使全國各地優秀人才，都有機會參加朝廷舉辦的科考。《明太祖實錄》卷五十二「洪武三年舞樂已亥條」及《明史》卷二十一所載，洪武 3 年（1370）「設科取士詔」由待制王禕執筆，其中「中外文臣皆由科舉而選，非科舉者，毋得與官」，大致決定了明初至清末（1730～1905）中國取士任官的大方向。劉錦藻，《皇朝續文獻通考》卷四十九「選舉考」：清人仿蒙古人未定鼎中原即「隨郡取士」之法，未入關前已開科取士，入關次年即根據明代制度訂定「科場條例」，是後隨時增改，日臻備完。

〔註6〕 魯國堯《泰州方音史與通泰方言史研究》，《魯國堯語言學論文集》，江蘇教育出版社，2003。早於 1961 至 1964 年寫成，1988 年發表於東京外國語大學《亞非言語文化研究所計數研究》30 號。

通泰方音 2000 多年的變遷與演化後，提出「方音向普通話靠攏的四條途徑與方式：調節、組新、引進和消變」之說；也就是說，各方音受到普通話影響後，會因其自身的不同條件透過各自的演變途徑而使其語音發展趨向普通話。因而，比較方音韻書和詩文用韻結果，即便未能窺諸語言實際現象，或許也能提供語音演變過程的證據。

第二節　研究範圍、材料與方法

　　本文擬以清領時期（1683～1895，約 212 年）臺灣本土本人的詩歌用韻為研究課題。取材範圍限定為設籍臺灣地區的詩作，題裁也僅收錄古體詩（含樂府詩歌、詩經體、楚辭體）、近體詩（含竹枝詞）、試帖詩和其他詩體（如六言詩、九言詩），而不收詞、賦、詩鐘、對聯、截句等其他韻文，主要是因為詩作的格律固定，在韻腳處理上較無爭議；並以國立臺灣文學館主版，施懿琳教授主編的《全臺詩》〔註7〕11 冊中所收錄的詩人作品為優先版本；透過詩歌韻腳的歸納分析，釐清十七世紀末至十九世紀末臺灣文士詩歌押韻的一般情況，並試圖由語言學角度，和平水韻系統的分韻現象進行比較，並參酌相近時期的方音韻書，以佐證詩歌用韻現象所揭示的語音變化過程。

一、研究材料

　　本論文主要研究對象，顧名思義即「清代臺灣古典文學中的臺灣漢詩（古典詩）」。臺灣古典詩的創作時代，包含三個斷限，「明鄭」（1661～1683）、「清領」（1683～1895）與「日治」（1895～1945）時期〔註8〕；「明鄭時期」的創作者為追隨鄭成功來臺的將領軍民，籍貫多為漳泉人士，而「日治時期」的創作者雖多為臺灣文士，但已改由日本政府統治，因本論文旨在探求清代臺灣人士的詩歌用韻，並觀察方音用韻對詩歌用韻的影響，故將清領時期的斷

〔註7〕　截至 97 年底，《全臺詩》出版共分兩波，第一波共計五冊，收錄 1661 至 1850 年間的詩作；第二波則承上收錄了 1875（清光緒元年）以前的詩作，據二次出版〈編者序〉所言，二次出版的範圍，自咸豐元年至清光緒元年前，且作者出生於 1860 以前者為界限，包含鄭用錫、林占梅、陳肇興、李望洋、李逢時、施士潔等詩人；目前共計已出版 11 冊，臺籍詩人部分共計 268 人。

〔註8〕　見廖一瑾，《臺灣詩史》，文史哲出版社，1999.03，頁 1。施懿琳，《從沈光文到賴和：台灣古典文學的發展與特色》，春暉出版社，2000，頁 2～3。

代起迄點定爲清康熙 22 年（1683）施琅率清軍擊敗明鄭取並據臺設西定坊書院起，迄至清光緒 22 年（1895）「乙未割臺」事件；並以此時期（1683～1895）的臺灣漢詩爲取材對象，不另旁涉至明鄭時期及日治時期詩人之領域。

關於研究材料的使用，係以《全臺詩》（爲求論述方便，下文皆以《全》簡稱之）全 11 冊所載內容爲研究對象及歸納韻腳的依據，其內容來源包含清代時人或後人編輯的詩歌總集、清領時期在臺詩人別集、收錄於清代臺灣府及各縣、廳方志〈藝文志〉中之文人詩作、清時人或後人所撰述的詩乘或詩話、報章雜誌的刊錄、刊本與手稿等材料〔註 9〕。《全》編者對於明鄭時期至清領時期的詩歌作品進行了全面且廣泛性的蒐羅考証，應可供有志研究者信以爲用；故本文採用《全》11 冊中所收錄的清領時期臺灣文士之詩作爲研究材料，整理其韻腳用字，全面進行韻母系統的探討，以期更精準的掌握此時期音韻特色。

本文共計收錄康熙至光緒年間（1683～1895，共計 212 年）的臺籍詩人共 267 人，詩作共計 11,059 首（含 9,602 首近體詩、922 首古體詩和其他如試帖詩 513 首、六言律詩 21 首、九言律詩 1 首）。

二、研究方法

劉曉南研究宋代詩文用韻時，提及「透過用韻研究實際語音應有三個層次」，也各有適合的研究方法：其一爲語音系統的韻部分合，可透過韻字系聯及考察其分布，並運用「算數統計法」或「數理統計法」統計通押頻率做爲分合判斷的依據；其二爲個別或少數韻字〔註 10〕的局部音變，可透過韻字新舊異讀的比值確定音變過程完成的程度；其三則爲方音音變，因詩文用韻中方音語音的韻例所占整體比例過低，故無法以統計法說明其發言屬性，因此最適合的方法爲採用文獻考證，利用歷史語料和後代方音材料論證其方音語音特徵，建立古今對應關係〔註 11〕。

〔註 9〕 施懿琳於〈編序〉說：「作品的來源有詩人別集、選集、報章雜誌的刊錄；或刊本、或手稿，不一而足，數量龐大，內容總雜。」

〔註 10〕 劉曉南將個別字或少數字音變的用韻分爲兩類：1.某些本屬於甲部的字完全押乙部；2.某些本屬於甲部的字與乙部字通押的同時，兼押甲部；前者意謂著音變已完成，後者則反映出音變進行過程中新舊音讀兩存的現象。劉曉南，《漢語歷史方言研究》，上海人文出版社，2008.04，頁 42。

〔註 11〕 劉曉南，《漢語歷史方言研究》，上海人文出版社，2008.04，頁 43。

綜上所述，個人擬透過以下步驟進行論文研究：整理詩歌韻腳用字，於確定韻段〔註12〕位置及數目後，再運用韻腳系聯、算數統計方法，建立臺灣清領時期的詩韻系統；並參酌前人歸納的古典詩押韻理論、以《詩韻集成》爲代表的平水詩韻系統，再與《彙音妙悟》、《雅俗通十五音》等方音韻書所反映的語音現象進行比對，期能爲清領時期臺灣地區語音發展史提供部分材料。

（一）韻字歸納與韻部的相關分析

先將清代臺灣文士詩歌依體裁分類，包含近體詩（含竹枝詞）、古體詩（含歌行體、楚辭體、詩經體）和其他類型（含試帖詩、六言詩、九言詩）；爾後依詩人活躍時代分爲：康熙（1683～1722）、雍正（1722～1735）、乾隆（1735～1796）、嘉慶（1796～1820）、道光（1820～1850）、咸豐（1850～1861）、同治（1861～1874）、光緒（1874～1895）等八個斷代，再分別依照韻例對韻腳進行歸納分部，並參酌作家之生活背景，觀察是否出現合韻、出韻或換韻的現象。

由文獻研究漢語語音史，已有諸多前例，考察各時代的語音現象，非從韻書，就以韻文；可見以詩文用韻爲材料，透過韻腳的分析、歸納、統計，並比對韻書以求得一時一地之音，釐清各韻在韻書、韻圖中分合的脈絡與痕跡，已是研究漢語語音史的重要方法。因而本文即以清領時期臺灣地區文士的詩歌爲材料，觀察其用韻情形，進行韻部歸納，探求平水韻系發展至清代的韻系實貌。然而考察詩人用韻而求得的韻部系統也有其侷限，據耿振生之說，按照某一時代的大量作品歸納出的「通用」韻部系統與實際語音之間的關係，便可由以下不同角度來看待：

1、押韻主要依照共同語而非方音：詩文韻部主要反映通語音系，且適用於歷代的通用韻部系統〔註13〕。

2、詩文韻部反映的是韻母大類：詩文韻部以實際語音爲基礎，大體上與口語保持一致，但不一定全面反映出口語所有的韻母，押韻的韻部是

〔註12〕「韻段」，意指在一首詩歌中，凡以同一韻押韻的詩歌段落就稱爲一個韻段。近體詩用韻規定須一韻到底，故一首近體詩的所有韻腳字爲一個韻段；古體詩，若也是一韻到底，則該詩的韻腳字就合爲一個韻段。

〔註13〕耿振生，《音史新論》，臺北：文史哲出版社，頁351。

一種大類，介音不同的韻母可以在一起押韻；另外，若是「窄韻」〔註14〕則可能因爲字少而少用於韻腳字，此類窄韻字該列爲獨立韻部或併入他部，也難以定論。

3、一種長時期內盛行的詩歌韻文體裁可能形成固定的押韻模式：詩歌題裁，最初產於民間，但長久盛行導致有些人隨著自己所處時代的口語押韻，有人則喜歡模仿前代同類韻文的押韻模式，上述情形都可能造成用韻結果與實際語音不符的結果。

4、押韻的寬嚴與時尚有關：歷代押韻的寬嚴也與時代風氣有關，如詩經時代用韻較嚴謹，漢魏用韻較寬；且《切韻》亦可顯見其爲求兼顧南北方音，而產生更細部的分類。

5、同一系統內各韻部的內涵並不一致：一個韻部包含不同的韻母，但一部內的韻母究竟有何差異？單一元音或多元音。諸家說法亦多所不同。

耿振生先生上述析論的確是筆者在歸納韻文分部時所面臨到的疑惑和困境，也必須同意，本文所歸納出的韻部確實是反映清代臺灣地區的通語現象，且與漳泉地區的語音表現相去不遠，雖其中不乏詩人用韻受方音影響而呈現出的特殊現象，但畢竟只是少數。至於歸納的韻部只能反映出大類，更細部的問題，則必須追求更細緻的分析方法。

（二）韻字系聯法

明清時期的詩韻因歷經金元時期《中原音韻》和方音韻書興盛等因素，較唐五代、宋時期的詩韻面貌來得複雜，雖本文已先限定取材對象爲清臺灣本土文士，但仍不乏方音入韻，或因個人用韻標準寬嚴不一而出現韻部通轉現象之詩作，因此，系聯時會考慮到以下因素：一是因襲押韻傳統，清領時期的古典詩作者一般多以《詩韻合璧》、《增廣詩韻全璧》、《詩韻集成》、《古今韻略》等韻書作爲用韻參考的工具書，而在格律方面也多以唐人詩律爲標準；二是時音有官話和方音的不同，古典詩歌作者雖多依據呈襲《佩文韻府》而定的平水詩韻進行創作，但仍不免受自身語感影響而致方音入韻現象；三

〔註14〕 王力《漢語詩律學》，上海教育出版社，2005 年 4 月，頁 43～44。王力把平水詩韻中的平聲 30 韻分爲寬韻、中韻、窄韻、險韻。所謂寬韻，一般指詩韻字數較多的韻；而窄、險韻，則是指字數較少的韻部。

是有些唱和詩〔註15〕韻腳襲用他人，因而較難由此類詩作判斷韻腳使用是否受方音影響；四是首句入韻與否，以唐人詩律平仄譜爲據，若爲首句入韻者，該韻字與同韻段的其他韻字系聯爲同一韻部的韻字範圍；若爲混韻韻段，而某韻字入韻的位置皆在詩作的首句，未見於其他可入韻的位置，則該韻字將不列爲本文韻字分部的依據。五是留意一字兩讀或多音的可能性，以避免誤判爲出韻、換韻或合韻。

（三）歷時、共時研究法

爲使清臺灣本土文人詩歌用韻所反映的語音實貌更加清晰，由共時和歷時的不同角度從事比較研究，是不可或缺的步驟。本文擬透過平水韻系韻書、方音韻書材料，對照清臺灣本土文人詩歌用韻的系聯分部結果，進行比較研究。歷時比較研究的部分，透過王力《南北朝詩人用韻考》（1980）、李添富《晚唐律體詩用韻通轉之研究》（1996）、耿志堅《宋代律體詩用韻通轉之研究》（1978）、〈唐代近體詩用韻通轉現象之討論〉（1984）、〈初唐詩人用韻考〉（1987）、〈盛唐詩人用韻考〉（1989）、〈唐代大曆前後詩人用韻考〉（1989）、〈中唐詩人用韻考〉（1992）、何昆益《五代詩用韻研究》（2002）、王書敏《明代泉漳地區文士詩韻考》（2005）等歷代詩文用韻的研究成果，觀察歷代詩韻的韻部分合及演變；此外，據陳新雄先生〈詩韻的通轉〉一文所言〔註16〕，清人古體詩歌用韻「寬者多從吳氏，嚴者多從邵氏」，而《詩韻集成》各韻目下注之通轉說明，即依吳棫而定，《古今韻略》則依清邵長蘅之說，故本文另參酌平水韻系韻書《詩韻集成》、《古今韻略》的韻部系統，觀察清臺灣本土文人詩歌用韻的時代意義，並爲其呈現的韻部變化現象提出合理解釋。

共時的比較研究上，以嚴格遵守詩韻系統入韻的清臺灣本土文士「試帖詩」韻部系統，對照韻字歸納及系聯後所得出的清臺灣本土詩人近體詩韻系、古體詩韻系，觀察詩韻系統發展至清代所展現出的音系實貌；再對照相近時期的方音韻書，即漳州系統的《雅俗通十五音》和泉州系統的《彙音妙悟》，

〔註15〕「唱和詩」原是一種以交往爲目的，以應制、同題、贈答、聯句爲手段，展現詩人交往關係的詩歌，源於唐代；自中唐元白提倡和韻，大致上分爲「依韻」、「用韻」和「次韻」。「依韻」亦稱同韻，和詩必須用所和之詩的同一韻部，但不必用其原字；「用韻」即和詩必須用所和之詩的原韻字，但不必順其次序；「次韻」，又稱步韻，即和詩必須用所和之詩的原韻字，且韻字的前後次序也必須相同。

〔註16〕見陳新雄〈詩韻的通轉〉，《木鐸》，第11期，1987年2月。

針對方音入韻的可能性，觀察時空因素、個人用韻習慣因素對清臺灣本土文人近體詩韻系、古體詩韻系的影響。因詩文用韻中方音語音的韻例所占整體比例過低，無法以統計法說明其語音特色，因此較適合的方法爲採用文獻考證、或與相近時期的方音韻書等材料進行對照研究。

（四）算數統計法

韻字系聯一直是考察詩文用韻中韻部分合的主要方法，根據韻字的通押判斷韻部分合則需進一步使用統計方法；算術統計法即是透過計算通押的韻部在其入韻總數中所佔比例來判斷這些韻的分合流變；前提是必須先區分出通押現象的出現究竟是反映出確實語音的改變、偶然性的通押抑或是從權用韻；李榮《音韻存稿》中提到區分的依據，可藉由觀察該韻段所使用的韻字數量及獨用或合用來決定，獨用是每次用韻字數越多，通韻現象就越可能反映出確實語音的改變；合用則反之，每次用韻字數越少意義越大〔註 17〕。但算數統計法也只能觀察出韻部的分合問題，至於詩歌用韻中的個別字或少數字的局部音變，則必須再透過統計該字新舊兩讀的比值進行分析。

上述研究方法爲本文寫作的主要原則，近體詩和古體詩韻腳系聯的實際操作步驟將分別於第二章第一節、第三章第一節中詳細介紹。

第三節　前人研究成果回顧

陳第《毛詩古音考》：「時有古今，地有南北，字有更革，音有轉移，亦勢所必至。」研究漢語音韻的演變及構擬，除了透過字書、韻書外，更可透過韻文作品的歸納及分析。而綜觀以詩文用韻爲材料所著重的研究方向，可概分爲兩類：透過用韻考求韻部系統，和觀察詩人用韻所反映出的實際語音；後者是直至 1942 年周祖謨《汴洛語音考》一文首次考察宋代詩人用韻以觀察實際語音問題，才從而別於前者另闢出詩文用韻研究的另一研究方向〔註 18〕。

近年來研究明清文士用韻（含臺灣古典詩用韻研究）的相關文獻，據筆者所見，按其發表年代之先後，而略述於次。翁聖峰《清代臺灣竹枝詞之研究》（1996）由韻腳使用的角度觀察清代臺灣竹枝詞的形式特色與內容表現的關係，和風格類型的研究；是以語言學角度切入文本風格的研究，而非將語

〔註17〕 李榮，《音韻存稿》，商務印書館，1982 年。
〔註18〕 劉曉南，《漢語歷史方言研究》，上海人文出版社，2008.04，頁 27。

音研究列為主體。向麗頻〈清代臺南詩人施瓊芳近體詩用韻考察〉（2001），扣除韻例不固定的古體詩（含樂府），選取韻例固定的近體詩（含竹枝詞及試帖詩），深入探討施瓊芳近體詩的用韻情形，得出施瓊芳選韻以寬韻多，險韻少；358首近體詩嚴守平水詩韻系統，僅一首受泉州音的影響而出韻。王書敏《明代泉漳地區文士詩韻考》（2005），臺北市立教育大學應用語言文學研究所碩士論文，選定明代泉漳兩地詩人作品，分析詩韻，考察明代泉漳地區的語音現象，並以清代成書的地方韻書—泉州音系《彙音妙悟》和漳州音系《雅俗通十五音》—為輔，作共時比較的研究；同時和方音調查報告作對照，作為歷時比較，歸納出明代泉漳地區文士詩韻的十九韻部系統，與四種閩南方音特色：之魚合韻、歌豪合韻、東陽合韻和屋鐸合韻；並提出明代泉漳詩人的用韻系統和劉曉南《宋代閩音考》（嶽麓書社：1999.01）的韻部系統所考出的宋代福建詩人用韻系統相比之後，發現歷經宋元明三代七百年左右的時間，整體韻部系統無太大變化，顯示文人用韻系統於明代仍習於承襲前代，且詩文韻部主要反映通語音系，但內部細微的個別字演變其實仍值得深究；王書敏全文以《廣韻》和上古音系做為韻字歸納分析的基礎，雖顧及上古經中古至明代的韻部變化，但卻忽略了泉漳文士的詩歌用韻已是以平水韻系為基礎，而《廣韻》至平水韻系的韻部分合已是不同面貌；又其文未依近體詩、古體詩之別分類泉漳文士詩歌，因而所得的19韻部應是反映出明代泉漳文士古韻通轉後的詩韻面貌。蔡玉滿《林占梅詩形賞析》（2005），為未出版之碩士論文，從下列語言學角度分析林占梅詩作語言表達之手法：（一）語音：聲、韻、調、節奏如何呈現詩作內容；（二）語形：藉由詩體構造的不同展現不一樣的氣勢；重在探討作者選韻結果所表現出來的語言風格。吳怡慧《陳貫〈豁軒詩草〉析論》（2005），以清光緒時期苑裡詩人陳貫《豁軒詩草》中的近體詩為研究對象。論述重點除了緒論及結論外，正文部分依序可分為《豁軒詩草》的外緣研究、《豁軒詩草》的內涵研究、《豁軒詩草》的詩韻研究、《豁軒詩草》的詩歌藝術等四大部分；其中，詩韻研究部分仍是著重於透過用韻特色觀察詩歌風格。毛元晶〈論漢語詩韻的歷史和現狀及其發展方向〉（2006.11）對漢語詩韻研究的歷史、現況及發展進行簡要探討。

此外，明清時期不拘於詩歌文體的用韻研究，還包括王淳美《「明清豔情小說」中的詩歌用韻考〉（2000.11）、陳姿昕《臺灣閩南語相褒類歌仔冊語言研究—以竹林書局十種歌仔冊為例》（2001）、江美文《臺灣勸世類「歌仔冊」

之語文研究——以當前新竹市竹林書局所刊行个臺語歌仔冊為範圍》（2003）、
李蘭馨《「開臺」、「過臺」臺語歌仔冊之用韻與詞彙研究》（2003）等，以民
間的用韻俗文作品做為材料，並以閩南語辭典擬音為比較對象，進行用韻、
辭彙的研究。

　　綜上所述，清代時期的臺灣文士用韻，多僅見零星的專家或詩社研究，
即便含括整個清領時期的詩歌研究，也多著墨於詩歌風格的探討；但針對臺
灣文士古典詩歌用韻的研究則尚未有一深度與廣度的歸納整理與分析，也因
而難以觀察出方音用韻現象在整體清領時期的文士用韻中，所造成的韻部系
統影響，和種種例外押韻現象所呈現出的語音實貌；因而，筆者認為應針對
清領時期臺灣文士的古典詩用韻狀況進行整體性的觀察研究，也能為明清以
來的平水韻系流變狀況提供一觀察材料。

第四節　清領時期臺灣地區歷史沿革與文士分佈

　　前文已提及，臺灣詩壇的創作者自沈光文至明鄭結束都以明末遺老為主
體〔註19〕。本文以創作者身分為臺灣本土文士為限，據目前可信的研究成果
來看，臺灣本土文士的古典詩創作興起於清領時期，故本章節即就清領時期
臺灣地區的文教背景、臺灣文士及詩作數量的分佈進行探討。

一、清代臺灣古典詩壇的分期討論

　　關於清領時期臺灣古典詩的分期，曾見於施懿琳《清代臺灣詩所反映的
漢人社會》〔註20〕，依據文學和社會的考量將清領時期的臺灣文學發展分為
康雍（1683～1735）、乾嘉（1735～1820）、道咸（1820～1862）、同光（1862
～1895）四期，並由政治背景探討每一時期臺灣文學發展所呈現的特色；又
指出清領時期的 213 年間大致上以道咸時期做為分界點，在此之前的康雍乾
嘉年間，臺灣本土多為大陸來臺之墾民，尚未栽培出讀書識字者，因而臺灣
古典詩的作者多為寓臺文士，道咸時期，書院林立，且全臺第二間詩社創立，
培養出第一批臺灣本土文人，臺灣古典詩壇自此蓬勃且快速發展，同治元年

〔註19〕施懿琳，《從沈光文到賴和：台灣古典文學的發展與特色》，春暉出版社，2000
　　　　年，頁2～3。
〔註20〕施懿琳，《清代臺灣詩所反映的漢人社會》，台北：國立臺灣師範大學國文所
　　　　博士論文，1991 年 5 月。

（1862）爆發清臺灣規模最大的民變「戴潮春之役」後，清政府改消極治臺為積極治臺，鼓勵科舉取士，但也因各類大小民變受「戴役」鼓舞增多，諸多民間文士投入平反民變的行列，同光時期的文人數量增多，但整體詩作數量不及道咸時期，因而施懿琳教授併同治、光緒為一期；上述現象與清統治勢力的強弱有關、創作者背景有關〔註21〕。

廖一瑾《臺灣詩史》則據政經、文教政策、詩社發展和作者來源等因素將清領時期的臺灣古典詩分為康雍（1683～1735）、乾嘉（1735～1820）、道咸同（1820～1874）、光緒（1874～1895）四期；康雍、乾嘉等期的分期原則與施懿琳教授相似，康雍時期為清領初期，也是清臺灣古典詩草創期，雖有明鄭時期即開始發展的教育制度，但因受教民額有限，且受教目的為識字溝通，故本土文人極少；乾嘉時期，社學、義學林立，且多由官方辦理，教育資源較為豐富，但詩社活動仍受限制，故本土文人增多，古典詩創作的質與量也略增，堪稱台灣古典詩的發展期。

道咸之後的分期，別於施懿琳教授的「道咸」、「同光」，為「道咸同」、「光緒」兩期，關鍵為同治時期的歸屬，廖一瑾教授併「同治」於「道咸」時期之因，一為光緒元年（1875）沈葆禎的開禁建議得到清政府批准，詩社活動漸為開放，且蓬勃創立，促使詩人和詩作數量、品質大增，又英、美、日諸國與臺交涉日多，臺灣古典詩壇創作風氣因文士感時懷志而丕變，二為 1895「乙未割臺」發生在光緒年間，諸多詩人創作時期橫跨至日據時期，詩作內容及形式較複雜多變；因而，「同治時期」較適於併入「道咸時期」。

此外，張其昀《臺灣史綱》一書曾以文化層方法劃分臺灣的歷史時代，並以每一時期活動中心所在地為各時代之名稱；其中清領時期的臺灣歷史，被劃分為（一）鹿港期：清康熙 22 年至道光 22 年；（二）淡水期：道光 22 年至光緒元年；（三）臺北期：光緒元年至 11 年；（四）臺中期：光緒 11 年至光緒 21 年；〔註22〕此分類以文化活動發展及興盛情形為據，因清臺灣時期的詩文創作活動隨著行政區域設立、閩粵移民來臺情況及分布、教育制度的實施等因素，呈現出區域性的發展面貌。

〔註21〕施懿琳，《從沈光文到賴和：台灣古典文學的發展與特色》，春暉出版社，2000年，頁2～3。
〔註22〕廖一瑾，《臺灣詩史》，文史哲出版社，1999.03，頁1。

表 1.1　清領時期臺灣古典詩歌分期比較表

	康熙	雍正	乾隆	嘉慶	道光	咸豐	同治	光　緒
	1683～1722	1722～1735	1735～1796	1796～1820	1820～1850	1850～1861	1861～1874	1875～1895
施懿琳	（一）康雍 （1683～1735）		（二）乾嘉 （1735～1820）		（三）道咸 （1820～1861）		（四）同光 （1861～1895）	
廖一瑾	（一）康雍 （1683～1735）		（二）乾嘉 （1735～1820）		（三）道咸同 （1820～1874）			（四）光緒 （1875～1895）
張其昀	（一）鹿港期（1683～1842）					（二）淡水期 （1842～1875）		（三）臺北期 ｜ （四）臺中期
本文	（一）康雍 （1683～1735）		（二）乾嘉 （1735～1820）		（三）道咸同 （1820～1874）			（四）光緒 （1875～1895）

　　綜上所述，本文因著重在清領時期臺灣本土文士詩歌用韻的語音演變，考量作者來源、政經教育制度、臺灣古典詩的發展歷程及詩作數量是否足已進行整體性觀察的因素，故康雍乾嘉時期，依廖一瑾教授和施懿琳的分期定爲康雍（1683～1735）、乾嘉（1735～1820）兩期，道咸同光時期則因光緒時期的臺灣古典詩壇別於其他時期，與日據時期有所交涉，且詩社聯吟活動自光緒時期起蓬勃發展，諸多「限韻」、「和韻」的規定，和跨區域交流等因素，促使文士韻部選用情形較爲複雜多變，故依廖一瑾教授的分期定爲道咸同（1820～1874）、光緒（1874～1895）兩大期，觀察清代臺灣古典詩壇的發展及其相關歷史沿革背景。張其昀《臺灣史綱》的文化層分法，雖有助於本文了解清臺灣古典詩歌發展的脈絡，但涵蓋各類韻文、非韻文等文學活動，不完全符合臺灣古典詩歌的區域發展，故不列入本文的分期依據。綜上所述，本文的清臺灣古典詩分期定爲康雍（1683～1735）、乾嘉（1735～1820）、道咸同（1820～1874）、光緒（1874～1895）四大期。

二、清代臺灣古典詩壇的發展與相關歷史背景

　　清領時期的斷代，今多公認起於施琅於康熙 22 年（1683）攻伐台灣，鄭克塽出降，迄於乙未割臺（1895）；今以此斷代爲範圍，據《全臺詩》11 冊中所收錄的詩人數量及詩作數量製表（見表一及圖一、圖二）觀察後，康雍時期 52 年間有 37 位臺灣本土詩人（佔 13.86％），詩作總數 114 首（佔 1.02％）；乾隆在位 61 年間，本土詩人數量大幅度增加，計有 73 位（佔 27.34％），詩

作總數 298 首（佔 2.66%）；嘉慶 25 年間，詩人總數爲 30 位（佔 11.24%），詩作總數 560 首（佔 5.00%）；道光 31 年間，詩人總數爲 63 位（佔 23.60%），詩作總數高達 5207 首（佔 46.55%）；咸同 24 年間，詩人總數爲 33 位（佔 12.36%），詩作總數 2866 首（佔 25.62%）；光緒即位至乙未割臺的 31 年間，詩人總數爲 31 位（佔 11.61%），詩作總數 2141 首（佔 19.14%）。

　　綜上所述，可明顯發現乾隆時期後，投入臺灣古典詩的創作人數大增，顯示臺灣古典詩歷經乾嘉時期的醞釀，有了初步的成果，汪毅夫《臺灣文學史》曾提及乾隆年代的本土文士數量「爲康、雍時期見所未見也」：

> 清政府統一臺灣後，臺灣儒學漸興，台南、鳳山、諸羅、彰化等地
> 相繼成立了書院；到了乾隆年代，已培養起第一批臺灣本島文化人，
> 「此爲康、雍時期見所未見也。」例如陳輝、黃佺、卓肇昌、章甫、
> 曾曰唯、黃清泰、陳斗南、陳思敬、鄭用錫、蔡廷蘭等，便是當時
> 較有影響的一批本島詩人〔註23〕。

然而配合詩作數量來看，康雍乾嘉 138 年間的詩作數量僅佔清領 212 年詩作總數的 8.68%，緊接著道光時期的 31 年間的詩作總數卻佔了 46.55%，意謂著道光之前的臺灣古典詩壇雖已有不少本土詩人，但古典詩創作活動仍是零星現象，尚未蔚爲風潮，直至道光時期開始，才是本土文士大量創作的開端，古典詩創作風潮在咸豐年間持續發展，短短 12 年間的詩作數量，即佔清領時期詩作總數的 24.18%；咸豐年間可謂清代臺灣古典詩壇的全盛期；至同治時期略有下降，但整體表現仍優於清領初期，光緒時期創作人數及詩作數量又逐漸回升。

　　爲使清代歷朝的臺灣古典詩發展概況更爲清晰，以下先依清代各期臺灣詩人里籍及詩作數量（詳見附錄一），列一「清代各期臺灣詩人及詩作統計表」（見表一），再依此表繪製「清代各期詩人總數直線圖」（見圖一 a）、「比例圖」（見圖一 b）和「清代各期詩作總數直線圖」（見圖二 a）、「比例圖」（見圖二 b），呈現各時代分期的詩人數目及詩作總數。

　　【表 1.2 說明】：「詩作總數」欄的內容爲「近體詩總數+古體詩總數+其他」等 3 欄位的數量總和。

〔註23〕見劉登翰《臺灣文學史》上卷第一編，第三章〈清治前期的臺灣文學〉第二節〈臺灣本島詩人的崛起〉，海峽文藝出版社，頁 171。筆者按：汪先生於文本中舉黃清泰、鄭用錫及蔡廷蘭爲例說明乾隆時期文人別於乾雍年間的崛起之勢；但上述三人皆爲道咸時期文士，距康雍時期尚遠，以此爲例，或爲誤舉。

表 1.2　清代各期臺灣詩人及詩作分期表

（267 位：11186 首／近 9627 首、古 913 首、其他 646 首）

在位年數	1683 ～ 1722	1722 ～ 1735	1735 ～ 1796	1796 ～ 1820	1820 ～ 1850	1850 ～ 1861	1861 ～ 1874	1875 ～ 1895
年號	康熙（39）	雍正（13）	乾隆（61）	嘉慶（24）	道光（31）	咸豐（31）	同治（33）	光緒（21）
詩人數	31	6	73	30	63	21	12	31
詩作總數	97	17	298	560	5207	2705	161	2141
近體詩總數	80	16	285	502	4218	2308	155	2045
古體詩總數	17	1	13	52	509	219	6	96
其他〔註24〕	0	0	0	6	480	178	0	0

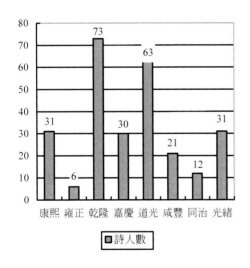

圖一ａ　清領各期詩人總數直線圖

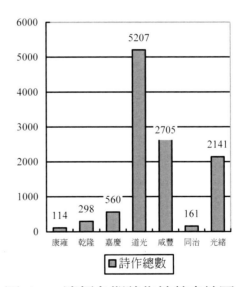

圖二ａ　清領各期詩作總數直線圖

〔註24〕筆者按：凡六言、九言、四言律詩及試帖詩皆列入此範圍。

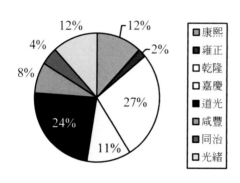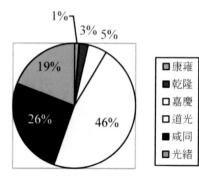

圖一 b　清領各期詩人數比例圖　　圖二 b　清領各期詩作總數比例圖

　　上述的清領時期臺灣古典詩壇的發展，無論是詩人及詩作的數量、詩歌內容的表現或詩歌外在的格律形式與語言表現，都與清廷治臺政策下所造成的社會、政經、文教發展及民間詩社成立等因素息息相關；以下，將依臺灣古典詩發展：（一）康雍時期（起自 1683 年清廷領臺）：萌芽期；（二）乾嘉時期：形成期；（三）道咸同時期：全盛期；（四）光緒時期（迄至 1895 乙未割臺）：衰微期等四期探討古典詩發展及其背後成因。

（一）康雍時期的古典詩發展及歷史沿革

　　康雍時期之所以可以見到臺灣本土詩人及詩作的出現，就文教及科舉制度的施行來看，明鄭時期，官方即開辦儒家教育，陳永華於 1666 年今臺南建造全臺第一座孔廟，並設置太學（儒學）以沿襲明代文教制度〔註25〕，受教對象除隨軍隊來臺的兵士眷屬外，尚包含隨軍來臺開墾的渡民及當地原住民，太學內負責教學者因多爲隨軍來臺的閩籍人士，故教學時多以閩語爲主，官話爲輔，內容則以儒學爲主，詩賦經典爲輔；並開科取士〔註26〕。清代自康熙 22 年（1683）「棄留爭議」決定「消極治臺」後，以明鄭政府的文

〔註25〕見《臺灣通史》：「永華既治國，歲又大熟，請建聖廟，立學校。……（經）從之，擇地寧南坊，面魁斗山，旁建明倫堂。20 年（1666）春正月聖廟成。」

〔註26〕見《臺灣通史》：「命各社設學校，延中土通儒以教子弟。凡民八歲入小學，可以經史文章。天星、萬年二州三年一試。州試有名者移府，府試有名者移院。各試策論，取進者入太學，月課一次，給廩膳。三年大試，拔其尤者補六科內都事。三月，以永華爲學院，葉亨爲國子助教，教之、育之、臺人自是始奮學。」

教制度爲基礎，延伸了一套與其他行政區域相同的教育制度，包括府學〔註27〕、義學、社學〔註28〕、書院〔註29〕等，以滿足一般鄉民子弟的基本識字、讀書、算學教育或參加科舉考試的需求，以及擔負教化民心的責任。1683 年施琅奉令成立第一所義學「西定坊書院」，1684 年蔣毓英在臺南東安坊設立第一座社學，同年，渡臺禁令〔註30〕頒布，1686 年，臺灣文教制度正式實施〔註31〕，並於隔年正式派學觀來臺，府學設教授一員，縣學設教諭一員；更於 1702 年明令「定義學小學之制」，並在 1704 年設立官辦的臺南崇文書院；隨著渡臺人數日增，1713 年下令「各省府州縣多立義學，聚集孤寒，延師教讀」；但之後因閩粵移民違令來臺者漸多，且零星民變屢次發生，1719 年清廷重申渡臺禁令，嚴加管控本土人士及渡臺移民的活動，社會動盪的局勢影響了本土文士的詩歌創作活動；1721 年爆發清領時期三大民變事件之一的「朱一貴事件」，除促使清廷政府轉「消極治臺」爲「積極治臺」，設置巡臺御史，並於雍正元年進行第二次行政區域劃分調整，在臺灣北路增設淡水分府及彰化縣等行政區以加強吏治之外；更大興文字獄，嚴防文士效法明朝遺

〔註27〕見劉寧顏編，《重修台灣省通志》，臺北市，台灣省文獻委員會，1994 年。府學內，聘請「臺灣府儒學教授」教學，爲求語言可與臺灣人互作溝通，通常爲閩籍；教學上也以閩語爲主，官話爲輔。

〔註28〕見劉寧顏編，《重修台灣省通志》，臺北市，台灣省文獻委員會，1994 年。「社學」爲設於鄉里的地方學校，聘請「文義通曉、行誼謹厚者」擔任社師，並且受學政查考；目的在教育貧民子弟，又分漢莊社學和原住民社學。教材除《聖諭廣訓》外，以《三字經》、《千字文》、《百家姓》等爲主。清領時期，除東部文獻闕如，全臺各地皆設有社學，惟以鳳山縣社學占絕大多數。

〔註29〕見劉寧顏編，《重修台灣省通志》，臺北市，台灣省文獻委員會，1994 年。書院的設立，一般可分爲官方撥款、民間募捐與官民共同籌資等三種形式，可視爲科舉的預備機關。傳統書院設有院長，通常由學問、道德皆優的學者來負責教育與訓導的工作。學習的內容雖然包括「理學」與「詩文」等項目，但爲了配合科舉，而以「八股文」作爲主要授業內容，詩則以五言八韻爲固定形式。由於科舉非常難考，一般書院都會闢出一室，供奉文昌帝君、魁星爺及朱子等，以保佑學子金榜題名。

〔註30〕「渡臺禁令」於康 23 年（1684）頒布，雍 13 年（1714）重申；嚴格規定渡臺之前必須有官府的許可。即使得到批准，移民也不能攜家帶眷，導致男女人口比例懸殊。清朝政府認定廣東一帶乃是海盜的巢穴，嚴格禁止惠州與潮州人遷居，造成移民聚居地點的分布上出現「泉港、漳中、粵山」的現象。

〔註31〕臺灣府縣學編制依照內地定例，各設教官二員；歲科兩試，文武童生府學考入 20 名。臺、鳳、諸三縣學，應請酌定上、中、下縣分取入名數，生員亦考定廩、增、附註冊；廩生按年出貢，三歲大比一例科舉。

老藉詩歌創作以發表言論，因而造成康熙末期至雍正年間的詩人及詩作數量銳減的現象產生。

此外，康雍時期也允許臺灣士人參與科舉考試，間接促使臺灣本土文人創作古典詩；由當時的詩作內容多爲詠物寫景或寓典故以反映詩人考試未進、宦途失意之作的現象來看，可見，當時文士來源多爲官辦府學、縣學的學生，以參加科考求取功名爲目的者，但因臺灣文教制度開辦不久，且中舉員額極少，以致於多半文士爲抒心中塊壘而開始進行別於「五言八韻」試帖詩的古典詩創作，但因深受「五言八韻」詩的制式化格律影響所致，此時的古典詩創作多爲「近體詩」，「古體詩」則僅有 18 首，佔此時期詩作總數的 15.79%。

綜上所述，在明鄭時期延至清初施行的文教制度及科舉制度的影響下，促成康雍時期即有臺灣本土文人可進行古典詩創作，但因「渡臺禁令」、「嚴防結社」等「防臺」治臺政策、康雍時期文字獄興起，及閩粵文人可越籍應考、多數移民忙於生計而無心從事文學創作等反面影響所致，雖有康熙 24 年（1685）沈光文創「東吟社」，但無法結社聯吟、自由創作，使得康雍時期雖有佔清領時期約 12%左右的詩人，但詩作總數僅 114 首，佔清領時期詩作總數 1.02%；與清領時期整體詩壇的詩人數量及詩作數量相比，實如九牛一毛，就臺灣古典詩的發展而言，堪稱爲萌芽階段。

（二）乾嘉時期的古典詩發展及歷史沿革

臺灣文士數量在乾隆時期之後，大幅增加爲康雍時期的三倍之多；文獻可見的詩作數量也由 114 首增加至 858 首，每人平均創作量〔註32〕也由康雍時期的 3 首增加至 8 首，可見此時期的古典詩創作活動較康雍時期活躍，細究背後成因，與清廷治臺方針下的文教、科舉制度息息相關。

乾嘉時期的文教制度與科舉制度和康雍時期大致相同，但歷經乾隆 21 年（1755）「嚴禁冒籍應考條例碑」頒布，明訂閩粵文人不得越籍應考、嘉慶 12 年（1807）清廷應允學額增加等利多臺灣文士參與科舉取士活動的官方鼓勵；此外，書院發展也是關鍵之一，臺灣書院早期集中在南部臺灣府轄區內，隨著土地開發，書院的分布範圍隨之擴展，乾隆時，臺灣書院已分布到嘉義、

〔註32〕筆者按：觀察古典詩壇的發展趨勢，除了透過詩社數量、詩人數量、詩作數量的比較之外，每人平均創作量也是可供觀察的角度之一。本文依據統計比較的原則，觀察詩人的單人平均創作量時，扣除該期最大個人創作量及最小個人創作量的數據，以得到較準確的觀察結果。

雲林、彰化、新竹新莊等地，甚至到達澎湖〔註33〕；尤以乾隆29年（1763）新竹明志書院和嘉慶18年（1813）仰山書院的成立，使得臺灣文士數量大幅度增加；此外，因拓墾活動興盛，移民漸重視文教發展，或延聘閩粵籍文人至私塾或自家學堂教育子弟，或將子弟送至義學、社學、儒學、縣學等文教機構，也是文士數量增加的因素之一。

儘管臺灣文士數量大幅增加，古典詩作數量也的確有所增加，但細究乾嘉時期的創作環境後，會發現古典詩作在質與量的成長程度上，都因受清廷治臺政策影響而有所壓縮。因清廷政府雖在乾嘉時期鼓勵臺灣文士參與科舉活動，並增加文教機構的成立，但只允許文士進行制藝試帖的創作，對詩社活動則嚴格禁止；事實上，廖一瑾教授在《臺灣詩史》裡即提到，臺灣詩社自康熙24年（1685）沈光文首創「東吟社」後，至道光6年（1826）彰化知縣及地方人士陳掄元成立「鐘毓詩社」於虎尾文昌祠的 141 年間，未有其他詩社創立〔註34〕；究其原因有二，一為清府以科舉取士，當時士人受儒學教育影響，多為追求社會地位提升，而浸淫於制藝試帖；二為高拱乾在《台灣府志》中所言，康雍乾嘉時期為防民間人士結黨亂事，對詩社活動嚴令禁止〔註35〕，致使當時的古典詩創作活動皆屬獨吟寡偶，未見聯吟之舉的零星現象，進而壓縮了乾嘉時期的詩人及詩作數的成長空間。

（三）道咸同時期的古典詩發展及歷史沿革

道咸同時期，無論是本土文士或古典詩創作活動，均達到質與量的高峰；詩人總數達 96 人，佔清領時期 35.96％，詩作總數高達 8073 首，佔清領時期詩作總數 72.17％。

就政治因素而言，清廷面臨太平天國之亂、義和團等內憂和鴉片戰爭、英法聯軍等外患，無暇經營臺灣，導致民變和盜案頻繁，但同時卻也是本土文人在科舉表現上陸續綻放異彩之時，諸如開臺進士鄭用錫、開澎進士蔡廷

〔註33〕 王啓宗《臺灣的書院》，台中：臺灣省政府，1987.06，頁 17。

〔註34〕 廖一瑾，《臺灣詩史》，文史哲出版社，1999.03，頁 23。

〔註35〕 見高拱乾《台灣府志》，南投台灣省文獻會，1993 年，頁 270。內文提到，「詩社的成立也曾遇到挫折，清朝政府於康熙 25 年，因明朝遺民藉著詩社有創造言論的空間，而嚴令讀書人不可以結社，俞正燮在〈癸巳存稿〉中提及：『枉立社名，糾眾會盟，凡指刺往來，不得用社，用同盟字樣，違者治眾。』清初文字獄興起，嚴禁文人結詩社，清朝詩社在臺灣並未漫延。」

蘭及臺南施瓊芳等，本土文人取得舉人、進士的人數開始超越前代，文人素質大幅提升，但這些中舉的臺籍士子，多因家鄉聲望高於其他省籍士紳，而寧願棄官回臺，或於書院傳教授業，或如鄭用鑑、林占梅等人自結園林詩社，促使當時詩作流傳數量和出版個人詩集風氣之盛，爲康雍乾嘉四朝所未見，如鄭用錫《北郭園詩鈔》、林占梅《潛園琴餘草》、鄭用鑑《靜遠堂詩文鈔》、陳維英《偷閒集》及《太古巢聯集》、施瓊芳《石蘭山館遺稿》、黃敬《觀潮齋詩集》、曹敬《曹敬詩集手稿》及《曹敬詩文略集》、李逢時《泰階詩稿》、李望洋《西行吟草》、陳肇興《陶村詩稿》和鄭如蘭《偏遠堂吟草》等，因而道咸同三朝的詩作總數遠勝於過去的康雍乾嘉四朝。

　　承上所述，道光之後，書院及詩社如雨後春筍般紛紛成立的盛況，皆與清廷無力治臺有關，前者興起乃肇因於清廷欲藉成立書院推動儒學及參加科舉取士的風潮，以減少臺灣民變械鬥的事件大大推動了臺灣古典詩壇的發展；後者興起係臺灣文士有感於清廷無餘力干涉詩社活動，而趁機成立詩社發展文學活動。

　　先就書院設立狀況來看，依時間先後有鹿港文開書院、臺南仰山書院、鳳山鳳崗書院、南投藍田書院、芝山文昌宮義塾、艋舺學海書院、鳳山內門庄萃文書院等書院，設立地點遍佈臺灣西部，此時本土詩人已多於遊宦之士；且道咸時期，臺灣文風日長，治臺官員及本土文人亦開始提倡詩文，並鼓勵學生創作，如道光二十八年徐宗幹與施瓊芳在海東書院進行教學改革，於正課外另加賦詩小課，師生相與切磋，廣開學風〔註36〕。再就詩社成立狀況來看，本土文士興建林園，設立詩社彙集詩人雅士，道光6年（1826）「鐘毓詩社」於彰化縣虎尾文昌祠成立，是臺灣自康熙24年（1685）沈光文首創「東吟社」以來的141年後所建立的全臺第二間詩社，緊接著彰化潛園吟社（1849）、新竹竹城吟社（道咸年間）、澎湖西瀛吟社（1884）、新竹斯盛社（1857）、新竹竹社（1863）、新竹梅社（1863）成立，進而促使吟詩之風遍及臺灣西部。

　　另值得一提的是，同治時期的古典詩壇雖也表現亮眼，但由圖一、二的對照可知，較諸道咸兩朝，同治時期詩人及詩作數卻顯出衰退之姿，僅培育出12位詩人，且12人的創作數量皆不多，僅161首詩作，而道咸時期即開始活躍的84位詩人，在同治時期的創作量也少於道咸兩朝。造成上述現象的主因爲同治

〔註36〕見詹雅能編撰《明志書院沿革志》，新竹：新竹市政府，2002.10，頁29。王啓宗《臺灣的書院》，台中：臺灣省政府，1987年。

年間發生諸多民變械鬥，如清代臺灣三大民變之一的「戴潮春之役」〔註37〕，而當時主導詩壇發展的重要文士或社群，如霧峰林家及竹塹林占梅為盡士紳之責，長期加入守備行列，以致於同治時間的古典詩創作數量隨之衰退。

（四）光緒時期的古典詩發展及歷史沿革

由圖一及圖二可知，光緒時期的詩人及詩作數量，都擺脫了同治時期的衰退之姿，培育出創作量佔清領時期詩作總數 19.14% 的 31 位詩人；上述現象應是受臺灣民間詩社於光緒年間大量成立所影響。據廖一瑾《臺灣詩史》記載，臺灣在清代的詩社以光緒年間（光 1 至光 20）為盛〔註38〕，且遍佈全臺，計有彰化蓮社（光緒初年）、新竹北郭園吟社（光 12 前）、新竹竹梅吟社（光 12,1886）、臺南崇正社（光 4,1878）、臺南斐亭吟會（光 15,1889）、臺北牡丹詩社（光 17，1891）、彰化縣荔譜吟社（光 16,1890）、臺南浪吟詩社（光 17,1891）、臺北海東吟社（光 20,1894）等詩社成立，集結聯吟活動蔚為風潮。欲探究詩社活動得以在此時盛行之因，便得回溯當時的政經背景，清廷政府自道光中期開始，長期面臨臺灣民變、械鬥不斷的內憂及英、美、日接續犯臺的外患，終在同治末年遭遇「牡丹社事件」、光緒年間法軍兩次侵台後，轉「消極防臺」為「積極治臺」，無力也不再干涉民間詩社的發展，且隨著同治末年「渡臺禁令」取消，大批官吏、文士由大陸湧進臺灣並提倡、鼓勵和參與臺灣古典詩壇的活動；在此相對開放的官方態度下，臺灣文士雅好文學外，也因有感臺灣長期分擾的情勢，多藉古典詩的創作抒發塊壘，而使臺灣詩壇在光緒元年至乙未割臺的 21 年間日趨活躍。

三、臺灣古典詩的區域發展概況

臺灣古典詩受清領時期的區域畫分政策〔註39〕、移民開墾情況〔註40〕、民

〔註37〕「戴潮春之役」為清領時期台灣歷時最久之民變。戴潮春早年加入八卦會，因該會被官府查禁乃舉事起義。戴潮春很快攻下彰化城自立為大元帥，旋改稱為東王。清廷派出身於霧峰林家的福建提督林文察與新任台灣道丁曰健會辦軍務合力進剿，此後清軍取得較大優勢，戴氏勢力日衰，終為清軍平定。

〔註38〕廖一瑾，《臺灣詩史》，文史哲出版社，1999.03，頁 24。筆者按：不同於同治時期的衰退趨勢，光緒年間的詩人數及詩作數皆增多，詩社的發展應展現了相當的影響力。

〔註39〕見洪敏麟《臺灣舊地名之沿革》第一冊，台灣省文獻會出版，1980 年。清領時期的行政區域畫分共有 5 次，第一次在康熙 23 年（1684），第二次在雍正元年（1723），第三次在嘉慶 16 年（1812），第四次在光緒元年（1875），

間詩社及文教機構設立等因素的影響，大致上由南至北發展，並呈現出區域性發展不一致的面貌：據廖一瑾《臺灣詩史》所述，道光之前，臺灣古典詩壇的活動中心集中在臺南和鳳山縣一地；道光年間逐漸北轉以彰化鹿港為發展中心；自咸豐 11 年至同治 13 年的 24 年間，北移以淡北為中心；光緒元年至光緒21 年間仍是以臺灣北部為中心，但部分移回至今臺中神岡一帶〔註41〕。本文據《全臺詩》11 冊中所收錄的詩人及詩作資料，以作者里籍為分區標準，將清領各期臺灣詩人及詩作分布區域情況製為「表二」，觀察表二的統計結果後，發現臺灣古典詩的區域發展概況與廖一瑾《臺灣詩史》所述大致相同。

【表 1.3 說明】

1、本表以洪敏麟《臺灣舊地名之沿革》〔註42〕和山崎繁樹、野上矯介《1600～1930 台灣史》〔註43〕的行政區域沿革為依據，依詩人里籍劃分清領各期臺灣本土詩人的分布區域，觀察詩人用韻是否隨著所在里籍而有所不同表現。

2、「行政區域」欄，以嘉慶 16 年（1812）劃定的「一府四縣三廳」為據，因先前「一府三縣」和「一府四縣二廳」的劃分較粗糙，無法滿足道光時期之後詩人里籍的分類需求；而光緒元年（1875）的「二府八縣二廳」分法，或光緒 11 年（1885）的「一省三府一州十縣四廳」分法，因光緒時期前的本土詩人數量高達 88%，且詩人里籍，多因文獻紀錄不足，考證仍不完全，而無法直接對應至其分區結果。權衡之下，故取「一府四縣三廳」為據。

3、表格內文中的各里籍名稱，以當時的行政區域名稱為標示；區域名稱旁所列數字為該期該區的詩人總數，其下以（a－b－c）表述該期該區的（近體

第五次在光緒 11 年（1885）。筆者按：據張勝彥、吳文星、溫振華、戴寶村，《台灣開發史》（國立空中大學，1999 年）所言，每個階段行政區劃調整的特點如下：（1）清廷平常未進行全盤性且有前瞻性之規劃，除了財政考量外，多是當台灣內部發生重大事件（如民變、海盜），或外力入侵時，才基於國防安全與維持治安的考量進行調整。（2）縣廳劃分下，面積、人口趨於均等，惟界線始終以溪河、山谷、盆地等自然地理為標準，而非以人文地理為依據。

〔註40〕筆者按：臺灣的移民墾拓史因生態環境及開發時序的不同，造成各地也有所差異，如臺灣南部早在明鄭時期就已開發，而最遲開發的花蓮、臺東地區則到同治 9 年（1870）後才開始；因而造成臺灣各區域的社會發展呈現出不一致的情況，也同時對臺灣古典詩壇的發展情況產生區域性差異發展的影響。

〔註41〕廖一瑾，《臺灣詩史》，文史哲出版社，1999.03，頁 1。

〔註42〕見洪敏麟《臺灣舊地名之沿革》第一冊，頁 30，台灣省文獻會出版，1980 年。

〔註43〕見山崎繁樹、野上矯介，《1600～1930 台灣史》，1998 年，頁 172。

詩總數──古體詩總數──其他古典詩歌類型總數）。

4、該期該區詩作總數超過100首者，以斜線背景標示之。

表1.3　清代歷朝臺灣詩人及詩作分布區域表

分期 行政區域	1683～1722 康熙（39）	1722～1735 雍正（13）	1735～1796 乾隆（61）	1796～1820 嘉慶（24）	1820～1850 道光（31）	1850～1861 咸豐（31）	1861～1874 同治（33）	1875～1895 光緒（21）
噶瑪蘭廳	諸羅縣 3 （2-1-0）	淡水廳 0	淡水廳 0	淡水廳 0	噶瑪蘭廳 2 （6-0-0）	噶瑪蘭廳 4 （583-26-13）	噶瑪蘭廳 0	噶瑪蘭廳 0
淡水廳					淡水廳 22 （3258-35-353）	淡水廳 12 （343-6-40）	淡水廳 3 （21-1-0）	淡水廳 8 （282-3-0）
彰化縣		彰化縣 0	彰化縣 1 （2-0-0）	彰化縣 4 （28-0-0）	彰化縣 3 （394-73-0）	彰化縣 3 （34-0-0）	彰化縣 2 （5-0-0）	彰化縣 6 （203-2-0） 今臺中神岡 3 （186-3-0）
嘉義縣		諸羅縣 0	諸羅縣 5 （7-1-0）	嘉義縣 1 （3-0-0）	嘉義縣 1 （4-0-0）	嘉義縣 1 （5-0-25）	嘉義縣 4 （54-5-0）	嘉義縣 6 （118-3-0）
鳳山縣	鳳山縣 10 （34-1-0）	鳳山縣 2 （4-1-0）	鳳山縣 42 （169-7-0）	鳳山縣 2 （20-1-0）	鳳山縣 1 （130-12）	鳳山縣 1 （8-0-0）	鳳山縣 1 （37-0-0）	鳳山縣 1 （33-0-0）
澎湖廳	臺灣縣 16 （43-13-0）	澎湖廳 0	澎湖廳 2	澎湖廳 2 （15-0-0）	澎湖廳 3 （13-7-0）	澎湖廳 0	澎湖廳 0	澎湖廳 2 （158-19-0）
臺灣縣		臺灣縣 4 （12-0-0）	臺灣縣 23 （103-4-0） 臺南 2 （6-0-0）	臺灣縣 16 （420-50-0） 臺南 1 （3-0-0）	臺灣縣 3 （11-1-0） 臺南 2 （360-52-115）	臺灣縣 2 （1625-0-100）	臺灣縣 （臺南） 2 （35-0-0）	臺灣縣 （臺南） 3 （78-1-0）
待考證	臺灣府 2 （1-1-0）	0	0	臺灣府 3 （12-2-0）	臺灣府 25 （54-30-0）			臺灣府 2 （993-60-0）
行政區域沿革說明	1683～1722為一府（臺灣府）三縣（諸羅縣、鳳山縣、臺灣縣）	1723～1811為一府（臺灣府）四縣（彰化縣、諸羅縣、鳳山縣、臺灣縣）二廳（淡水廳、澎湖廳）			1812～1875為一府（臺灣府）四縣（彰化縣、嘉義縣、鳳山縣、臺灣縣）三廳（淡水廳、噶瑪蘭廳、澎湖廳）			1875～1885為二府八縣二廳；1875～1895為一省三府一州十縣四廳〔註44〕

〔註44〕見山崎繁樹、野上矯介，《1600～1930台灣史》，1998年，頁172。1875～1885為二府（臺灣府、臺北府）八縣（臺南縣、鳳山縣、嘉義縣、彰化縣、恒春縣、新竹縣、淡水縣、宜蘭縣）二廳（澎湖廳、卑南廳）；1875～1895為一省（臺灣省）三府（臺北府、臺灣府、臺南府）一州（臺東直隸州）十縣（淡水縣、新竹縣、宜蘭縣、南雅縣、台灣縣、彰化縣、雲林縣、安平縣、鳳山縣、恒春縣）四廳（基隆廳、苗栗廳、澎湖廳、埔里社廳）。筆者按：光緒21年間雖歷經兩次區域劃分變遷，但古典詩壇因屬社群創作活動，且與詩壇區域發展有關的墾臺情況已在道光年間大致底定，故光緒年間的詩人里籍可依循道咸同時期的詩人分區標準。

　　清代臺灣古典詩的作者大概可分爲兩類：一爲寓臺文士，一爲臺灣本土文士〔註45〕，康熙前期皆爲渡臺之仕宦與流寓文人，所以不列入本文論述範圍；康熙後期的古典詩發展以臺灣南部爲中心，包含明鄭時期即開始發展的今臺南一帶，即當時行政區域的臺灣縣及臺灣府的 18 位詩人，58 首詩作；和鳳山縣（今高雄）一帶的 10 位詩人，35 首詩作，如陳文達、鄭應球、卓夢采、李欽文；遠多於臺灣中北部（即諸羅縣）的 3 位詩人，3 首詩作。康熙 56 年（1714）周鍾瑄任職諸羅知縣，聘請陳夢林來臺纂修《諸羅縣志》後，詩壇中心漸由臺南移向嘉義〔註46〕；雍正元年（1723），行政區域進行第二次劃分，由康熙 23 年（1684）的「一府（臺灣府）三縣（諸羅縣、鳳山縣、臺灣縣）」增設彰化縣和淡水廳，改爲「一府（臺灣府）四縣（彰化縣、諸羅縣、鳳山縣、臺灣縣）二廳（淡水廳、澎湖廳）」後，古典詩壇活動漸由嘉義轉向彰化，尤以今鹿港一帶爲發展重心〔註47〕；但雍正在位的 11 年間可見的 6 位詩人 17首古典詩作皆出於臺灣南部，臺灣中北部則未見古典詩作流傳。

　　乾隆 29 年（1763），新竹明志書院設立，新竹詩壇漸盛，代表詩人爲新竹林占梅、郭襄錦、北埔姜紹祖〔註48〕；鳳山縣 42 位詩人中，卓肇昌的 70首近體詩和 6 首古體詩就占該時期該區詩作量的 43.18%，幾乎是其餘 41 位詩人詩作數的總合。乾隆末年，臺灣西部肥沃平原地開發殆盡，嘉慶年間繼續至較貧瘠的山區或山麓開墾。嘉慶元年（1796）吳沙入哈仔難（今宜蘭）築土圍（今頭城），嘉慶 17 年（1813）噶瑪蘭廳設於五圍，並設仰山書院於廳治，臺灣開發自此遍及北部及宜蘭，然古典詩壇活動仍以鳳山縣和臺灣縣、臺灣府治（詩人里籍皆位於今臺南一帶）爲中心，集中在臺灣南部一帶〔註49〕；此外，尚有邑人臺南潘振甲、章甫、黃化鯉、陳登科、林奎章、陳廷瑜、陳廷珪、黃延璧、嘉義陳震曜、彰化曾作霖、澎湖呂成家等人活躍於詩壇〔註50〕。

　　道光 30 年間，已開墾至水沙連及臺東、艋舺地位日漸重要，政治文化中

〔註45〕施懿琳，《從沈光文到賴和：台灣古典文學的發展與特色》，春暉出版社，2000年，頁 65。

〔註46〕廖一瑾，《臺灣詩史》，文史哲出版社，1999.03，頁 107、123。

〔註47〕廖一瑾，《臺灣詩史》，文史哲出版社，1999.03，頁 139。

〔註48〕廖一瑾，《臺灣詩史》，文史哲出版社，1999.03，頁 206。

〔註49〕廖一瑾，《臺灣詩史》，文史哲出版社，1999.03，頁 173。

〔註50〕廖一瑾，《臺灣詩史》，文史哲出版社，1999.03，頁 159。

心逐漸從臺灣南部轉往北部、鳳山興建曹公圳。淡水廳 22 位詩人中，詩作數量超過 100 首的分別有陳維英（287－13－0）、鄭用錫（417－61－322）、鄭用鑑（183－81－4）、林占梅（2329－197－27）等 4 位，其餘 18 位詩人詩作共計為 42 首近體詩。彰化縣 3 位詩人中，以陳肇興 391 首近體詩和 73 首古體詩占絕大多數，其餘兩位詩人的詩作數量，共計 3 首近體詩。臺灣縣及臺灣府治（詩人里籍皆位於今臺南一帶）的詩人共計 4 位，包括臺灣縣的施瓊芳和施昭澄父子二人和臺灣府的許廷崙、李喬；其中，以施瓊芳 358 首近體詩、50 首古體詩、111 首試帖詩、3 首六言律詩和 1 首楚辭體占絕大多數，其子施昭澄僅見 2 首近體詩和 2 首古體詩。

咸同年間，自咸豐 11 年至同治 13 年的 24 年間，臺灣詩壇以淡北為中心；淡水廳 12 位詩人，以曹敬（12－6－36）、鄭如蘭（175－14－4）和黃敬（125－15－0）為大宗，其餘 9 位詩人的詩作數量共有 31 首近體詩和 1 首古體詩。噶瑪蘭廳 4 位詩人，以李逢時（323－26－13）和李望洋（256－0－0）占絕大多數，其餘兩位詩人的詩作數量，共計 4 首近體詩。臺灣縣 2 位詩人，皆出於今臺南一帶，施士洁的作品（1621－100－1）占該時期該地區的 99%，另一位詩人王藍玉僅 2 首近體詩。

光緒年間淡水廳 8 位詩人，鄭兆璜（99－0－0）、陳濬芝（63－0－0）和劉育英（72－0－0）3 人詩作占 83%，其餘 5 位詩人詩作，共計為 48 首近體詩和 3 首古體詩。彰化縣 6 位詩人，謝道隆（87－0－0）和施菼（75－0－0）兩人詩作合占該時期該區域的 80%，其餘 4 位詩人詩作，共計為 40 首近體詩和 2 首古體詩。此外，里籍屬於今鹿港一帶的詩人占 67%，故此時期此區域的詩作可另細分為鹿港區 4 位詩人（93－1－0）和 2 位非鹿港區詩人（111－1－0）。澎湖廳 2 位詩人，曾逢辰（111－15－0）和陳梅峰（47－4－0）兩人出於同鄉里，兩人詩作所反映出的韻部系統及其相映的語音現象，即可視為光緒年間澎湖廳湖西鄉的結果。臺灣縣 3 位詩人皆出於今臺南一地，蔡國琳詩作計有 67 首近體詩和 1 首古體詩，占該期該區全數詩作的 86%。臺灣府 2 位詩人中，出於今安平縣的郭欽沐著有 9 首近體詩；出於今臺南市中西區的許南英則著有 984 首近體詩和 60 首古體詩；出於今臺中神岡的呂汝玉、呂汝修、呂汝誠兄弟 3 人，共計有 186 首近體詩和 3 首古體詩。

由下表「清代臺灣本土詩人的個人詩作數量表」（1.4）可知，近體詩部分，221 位詩人（約 82.78%）的個人創作量未達 10 首，僅 11 位詩人（4.12%）的

個人創作量超過 100 首。古體詩部分，個人創作量不到 10 首的詩人，高達 94
％；個人創作量超過 50 首者，僅 5 位（1.87％）；細究此現象成因，除與個人
文力高低、投身古體詩創作的心力多寡等因素相關外，個人詩集及詩社聯吟
成果的出版與流傳也是一大因素，清領時期具仕紳身分的本土文人與整體本
土文人總數相比，仍屬少數，多半本土文士無個人詩集流傳，僅由詩社聯吟
成果集或地方縣志傳抄輯錄其詩作，故無論古、近體詩，皆以個人創作量少
於 10 首者為多；換言之，個人近體詩創作量超過 1000 首及個人古體詩創作
量超過 50 首者，應可視為個人創作活動旺盛的表現，較不適合與其他個人創
作量較低的詩人併做一整體性的臺灣古典詩歌創作面貌。

表 1.4　清代臺灣本土詩人的個人詩作數量表

詩作數量（首）	人數（近體詩）	人數（古體詩）	人數（其他）
0～10	221	251	0
11～20	12	8	0
21～30	6	1	1
31～40	5	0	0
41～50	2	2	0
51～60	0	1	0
61～70	3	1	0
71～80	2	1	0
81～90	1	1	0
91～100	1	0	0
101～200	5	1	0
201～300	2	0	0
301～400	4	0	1
401～500	1	0	0
901～1000	1	0	0
1001～3000	1	0	0
總　　數	267	267	2

　　爲求精確觀察清代各期臺灣詩人的每人平均創作量，現以表一的詩人及詩作總數統計表爲據，再參酌表三個人創作量統計表的結果，扣除個人近體詩創作量超過 1000 首、個人古體詩創作量超過 50 首者，計算各期臺灣詩人的個人平均創作量，結果如下（表 1.5）：

表 1.5　清代各期臺灣詩人的個人創作量
（267 位：11172 首／近 9604 首、古 922 首、其他 646 首）

在位年數	1683～1722	1722～1735	1735～1796	1796～1820	1820～1850	1850～1861	1861～1874	1875～1895
元號	康熙	雍正	乾隆	嘉慶	道光	咸豐	同治	光緒
近體詩（首／人）	2.58	2.67	3.90	16.73	30.47	34.35	12.92	35.37
古體詩（首／人）	0.55	1.67	0，13	1，73	5.03	5.67	0.5	1.2
其他〔註51〕（首／人）	0	0	0	0.2	7.31	8.48	0	0

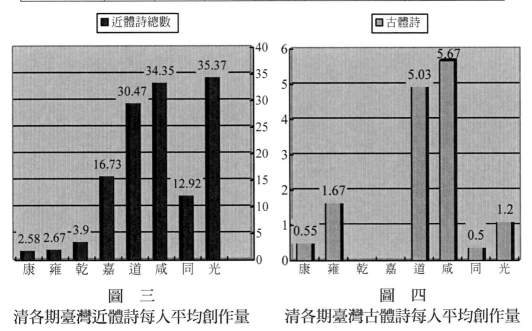

圖　三
清各期臺灣近體詩每人平均創作量

圖　四
清各期臺灣古體詩每人平均創作量

〔註51〕筆者按：凡六言、九言、四言律詩及試帖詩皆列入此範圍。

　　由表 1.5 及近體詩每人平均創作量的直條圖可知，清領時期的近體詩每人平均創作量大致上是逐漸增加的趨勢，僅同治時期因受各類民變事件增多的因素影響，本土文人數量雖增加，但因多數文士投入平定民變的行列，投入古體詩創作的時間和心力大減，詩作數量因此大幅度減少；光緒時期則因開禁政策實施，詩社聯吟活動大增，每人平均創作量擺脫同治時期的低迷，大幅度增加，且居清領各期之冠。若以此為據，判斷該期的古典詩創作風氣，則以光緒、咸豐、道光三期的創作風氣最盛。再由古體詩每人平均創作量的直條圖來看，乾嘉時期的古體詩創作風氣幾乎停擺，異於同時期近體詩創作活動逐漸興盛的趨勢；但緊接著的道咸時期，卻有了大幅度的增加，應是第一批臺灣文人開始具有本土意識，也較有覽古、懷古之風，且與寓臺文人有較多送來迎往的口占之作有關；治時期一反道咸時期的繁盛風氣，展現出與同時期近體詩創作風氣相同的低迷樣貌，究其成因，應與同治時期近體詩每人平均創作量低迷的原因相同；緊接著光緒時期的古體詩每人平均創作量雖小幅度增加，但仍無法回到道咸時期的數量，應是與詩社聯吟活動有關，詩社林立致使詩人及古體詩作數量增加，但因詩社聯吟活動不以古體詩為主要格式，故每人平均創作量增加的幅度有限。

第二章 近體詩用韻歸納與說明——
附論「試帖詩」、「六言詩」

　　本章內容為清領時期臺灣文士近體詩的用韻分析，以《全臺詩》全 11 冊中所收的臺灣詩人及其近體詩作為材料，據筆者統計，《全臺詩》中收有 254 位臺灣詩人，合計 9,602 首近體詩作品。

　　第一節先就近體詩的定義和韻部系聯歸納的原則及操作步驟詳作介紹；第二節依時代和里籍分別討論清領時期臺灣詩人近體詩的韻部；第三節則就第二節用韻歸納的觀察結果，分別將陰、陽、入聲韻部的韻部使用情形分別歸納出三個「韻部獨用混用統計表」（見表 2.1、表 2.2、表 2.3），做一清領時期臺灣本土文人近體詩整體性的用韻觀察；第四節則附論清臺灣本土文人的「試帖詩」及「六言詩」用韻，因此兩種詩體乃由近體詩體延伸變化而來，在格律及用韻規定上都與近體詩有相近的關係，故將其用韻現象列為本章附論，以作為近體詩用韻觀察的對照。第五節則針對近體詩、試帖詩和六言詩的韻調及獨用、混用韻段進行統計與說明。

　　關於時代、文士的傳記事蹟、詩作內容的考訂及版本的選擇，如第一章緒論所言，因《全臺詩》編輯小組考訂詳盡，又限於時間及學力不足，在此僅就前人諸家的研究成果加以斟酌取捨，做為論據基礎。本章關於韻字所屬的韻目，以平水詩韻為依據。

第一節　近體詩定義說明與韻字系聯原則

一、近體詩定義與說明

　　近體詩的押韻格式較古體詩來得單純，原則上偶數句的末字必須入韻，而首句可入韻亦可不必入韻，依唐人近體詩平仄譜定論，此為判定近體詩的標準。前人如王力（2005.04，頁18～120和頁303～455）、簡明勇（1990）、張夢機（1997）、耿振生（1997）等學者，皆曾將近體詩嚴格定義為「全然合於唐人近體平仄譜，且押平聲韻，一韻到底之作，不可換韻，也不可通韻」〔註1〕之作；耿振生《詩詞曲的格律和用韻》（1997）更說明「近體詩需遵守官韻，且須押平聲韻，從唐代歷經宋元明清，官韻系統都是一脈相承的」〔註2〕；但諸多近體詩用韻研究的文章都顯示出，自唐、五代、宋、金元以來的近體詩押韻並非絕對的一韻到底，〔註3〕耿志堅教授也在其多篇探討唐、五代、宋、金朝近體詩韻用韻的文章中提及律詩強調押韻的嚴格〔註4〕，但對詩人而言不僅需面臨配合韻字使用始得構思成句的挑戰，查韻腳本身也需費神，因而促

〔註1〕　見王力《漢語詩律學》，上海教育出版社，2005年4月，頁18～120、頁303～455。耿振生，《詩詞曲的格律和用韻》，北京：大象出版社，1997年4月，頁11。簡明勇，《律詩研究》，臺北：文史哲出版社，1990年。

〔註2〕　耿振生，《詩詞曲的格律和用韻》，北京：大象出版社，1997年4月，頁11。

〔註3〕　筆者按：如李添富，《晚唐律體詩用韻通轉之研究》，文史哲出版社，1997年。耿志堅，《宋代律體詩用韻通轉之研究》，政治大學中文所碩士論文，1978；〈唐代近體詩用韻通轉現象之討論〉，《中華學苑》1984：29，頁97～134，1984年；〈初唐詩人用韻考〉，《教育學院語言教育研究所集刊》6，頁21～58，1987年；〈盛唐詩人用韻考〉，《教育學院學報》14，頁127～159，1989年；〈唐代大曆前後詩人用韻考〉，《復興崗學報》41，頁437～476，1989年；〈唐代貞元前後詩人用韻考〉，《復興崗學報》42，頁293～339，1989年；〈唐代元和前後詩人用韻考〉，《彰化師範大學學報》15，頁89～158，1990年；〈中唐詩人用韻考（總結）〉，《聲韻論叢》3，頁65～83，1991年；〈晚唐及唐末、五代僧侶詩用韻考〉，《聲韻論叢》4，頁193～225，1992年；〈全金詩（近體詩部分）用韻考〉，《彰化師範大學學報》4，1993。金周生〈元好問近體詩律支脂之三韻已二分說〉，《輔仁學志》20，頁187～194，1991年。何昆益，《五代詩用韻研究》，中山中文所碩士論文，2001年。

〔註4〕　見耿志堅，《宋代律體詩用韻通轉之研究》，政治大學中文所碩士論文，1978年；〈唐代近體詩用韻通轉現象之討論〉，《中華學苑》1984：29，頁97～134，1984年；〈中唐詩人用韻考（總結）〉，《聲韻論叢》3，頁65～83，1991年；〈晚唐及唐末、五代僧侶詩用韻考〉，《聲韻論叢》4，頁193～225，1992年；〈全金詩（近體詩部分）用韻考〉，《彰化師範大學學報》4，1993年。

使韻部通轉現象自然形成，詩人可依自己的語音挑選韻字，較不嚴格受限於韻書的一部之內，也可提升詩境，滿足詩人所需；這也是中唐近體詩別於近體詩平仄譜的押韻正格外，開始出現「飛雁入群格」、「飛雁出群格」，晚唐以降又發展出「進退」、「轆轤」、「葫蘆」等特殊押韻格式的原因；〔註5〕上述特殊押韻格式允許首句或末句可採鄰韻，或符合古體詩韻部通轉規定的異韻混用，因而近體詩創作不再嚴格限定爲一韻到底之作。

綜上所述，近體詩依唐人平仄譜的標準來看，應是一韻到底之作，但實際觀察唐宋以降至明清的近體詩作，皆出現有少數詩作出韻的現象；中唐以降的後人歸納並將所有出韻的現象加以分類後，訂出了「出群」、「入群」、「葫蘆」、「轆轤」、「進退」等特殊押韻格律，以說明詩人或因方音入韻，或因體現時音，而未完全遵守當時的官韻分部下，所產生的各類出韻現象；故上述的各類特殊押韻現象可說是廣義的押韻格式；但就語音的角度來看，使用前述各類特殊押韻格式的詩作，實是反映了詩人體現時音後產生的「混韻」〔註6〕現象。

因而，參酌前人如王力（2005）、簡明勇（1990）、張夢機（1997）、耿振生（1997）等學者的漢語詩歌格律及用韻研究成果後，以王力《漢語詩律學》爲主，簡明勇、耿振生爲輔，考慮平仄、句式、對仗、押韻、語法等因素進行詩體分類，將「近體詩」定義爲「全然合於唐人近體詩平仄譜，且符合近體詩對仗規定，即絕句不需對仗，律詩的頷聯、頸聯須各自爲對，排律起結不對，餘皆各自爲對之韻文；韻部使用不拘平仄，但以平聲韻爲主，且不得平仄換押。基本上，韻部使用以一韻到底爲主；符合飛雁入群、飛雁出群、進退、轆轤等用韻格式之作，雖非一韻到底，但仍屬近體詩」。此處也需先說

〔註 5〕　見王力《漢語詩律學》第二章，上海教育出版社，2005 年 4 月，頁 323。「飛雁入群格」，即首句所押韻字，非在同一韻部之內，又稱爲「孤鶴入群格」；「飛雁出群格」，即末句所押韻字，非在同一韻部之內，又稱爲「孤鶴出群格」；「進退格」爲兩韻部間隔相押，即第二、第六句用甲韻，第四、第八句則用與甲韻可通的乙韻，如「寒、刪」或「魚、虞」等；「轆轤格」即律詩中第二、第四句如果用甲韻，則第六、第八兩句須用與甲韻相通的乙韻，如甲用七虞韻，乙則可用六魚韻。筆者按：「葫蘆格」即先二後四，如以「東」、「冬」兩韻相押，前二韻用東韻字，後四韻用冬韻字，因先小後大，狀似葫蘆，故稱之，多出現在長篇排律中。上述四類用韻方式在清臺灣本土文人的近體詩中並不多見，僅 308 個韻段。

〔註 6〕　「混韻」現象，即指單一韻段中使用兩種含兩種以上的詩韻韻部的用韻現象。

明，因本文著重在韻字分部所反映的語音現象，而非詩歌格律的討論，故下文討論混韻現象時，並不套用前述「出群」、「入群」、「葫蘆」、「轆轤」、「進退」等押韻格式的名稱。

　　韻文作品依體裁不同，而產生用韻標準寬嚴不一的標準，協韻情形也不盡相同；一般而言，近體詩多遵守韻書混用獨用的規範，少有出韻；然而如本文第一章第四節所述，清領時期臺灣詩人身分多屬閩粵移民的後代子孫，其移居來臺的祖父輩不出爲一般漢族庶民、明鄭軍兵及隨之而來的軍兵家屬，受教程度有限；又，清廷派駐來臺負責童蒙教育者，多爲福建區域就近徵募的文教人士，爲求可與當時居住臺灣的居民溝通，並順利施行教化，教學上實以閩語爲主，官話爲輔；臺灣諸多文士或受此社會文教背景的影響，使用韻字時多有借韻、出韻現象發生。

二、韻字系聯步驟及相關原則

　　本章近體詩韻部系聯歸納的實際操作方法如下：

1、因臺灣地區的行政區域劃分，於清領時期212年間共歷經三次變革，本文爲求分析精確，故將著有近體詩作的254位詩人及其詩作，依時代和詩人里籍兩因素進行分類歸屬；時代劃分依詩人活躍時期爲據，分康雍（1683～1735）、乾嘉（1735～1820）、道咸同（1820～1874）、光緒（1874～1895）四期；跨時代活躍者，則因語言變遷非朝夕可成，而是有一段緩慢的進程，不會因短短數年而有太大的落差，故以其開始活躍的時代定期歸屬；里籍劃分則依所屬時代的法定行政區域爲據。如卓肇昌歸爲乾隆時期鳳山縣詩人，此外，同時期同里籍的詩人尚有29位，計79首近體詩作；又如道咸同時期淡水廳詩人共有陳維英、鄭用錫、鄭用鑑、林占梅等22位詩人，3467首近體詩作。

2、體例上，先依陰、陽聲韻、入聲韻爲序，再依韻攝羅列平聲韻目，上、去聲韻目則依「平賅上去」的原則列於該平聲韻目之下，依此條理歸納臺籍詩人近體詩韻字，因明清詩歌押韻多受詩歌格律影響〔註7〕，故本章在系聯或討論押韻現象時，乃以韻字所屬的《詩韻集成》韻目爲據，若有特殊

〔註 7〕 王力《漢語詩律學》，上海教育出版社，2005年4月，頁323。據王力先生所言，明清詩人創作詩歌仍多查閱《詩韻集成》、《詩韻合璧》等韻書。

混用現象，則參酌《彙音妙悟》或《雅俗通》所列方音音讀，逐條探討清領時期歷代臺灣詩人的用韻現象。如透過道咸同時期淡水廳 22 位詩人共計 3467 首詩作的分析結果來觀察該期該區的用韻現象。

3、依據步驟 1 的分類結果，並以《詩韻集成》韻目做爲韻腳系聯之憑藉，逐期進行韻字的系聯歸納，並觀察各攝韻部混用情形，僅出現一兩次的特殊押韻現象，爲求韻系完整，將不列入系聯範圍，最後參酌系聯結果與韻部混用情況歸結清領時期臺灣本土文士的近體詩韻系。

4、此外，近體詩歌發展至明清時期，詩歌用韻因時音有官話和方音的不同、襲用他人韻腳的唱和詩盛行、因襲押韻傳統……等因素，而較難藉由韻腳系聯的結果觀察出詩人的眞實語言面貌，因而本章處理近體詩的韻腳用字時，不將首句入韻的韻字列爲分類依據，至於試帖詩、六言詩、九言詩等作品則另列章節討論，不與五、七言近體詩共同討論。

第二節　近體詩用韻歸納與分部

本節分康雍、乾嘉、道咸同、光緒四期討論各期近體詩韻部使用情形，並據陰聲韻、陽聲韻、入聲韻之別，分列韻部及該韻部在該期的韻段總數，括號內則依詩人里籍細列各行政區域的韻段分部結果，以此觀察各時期各區域的韻部使用偏好情形。

一、康雍時期近體詩之韻部

康雍時期可見的近體詩，共計 96 首，96 個韻段；分別出於諸羅縣 2 首（下文皆以「諸」稱之）、鳳山縣（下文皆以「鳳」稱之）37 首、臺灣縣（下文皆以「臺」稱之）詩人 51 首和臺灣府治東安坊（今臺南一帶，下文皆以「府－南」稱之）6 首。僅 1 首押入聲陌韻，1 首押去聲霽韻，餘皆押平聲韻；陰、入聲韻僅見各韻獨用，而陽聲韻出現「元寒」、「寒刪」、「庚青」等 3 次同攝混用現象和「文元」、「庚侵」等 2 次異攝混用現象。

（一）陰聲韻

　1、止攝　　支韻 5 次（鳳 3、臺 1、府－南 1）

　　　　　　微韻 2 次（鳳 1、臺 1）

2、遇攝　　魚韻 1 次（鳳 1）

　　　　　　虞韻 5 次（鳳 2、臺 2、府－南 1）

3、蟹攝　　齊韻 5 次（鳳 3、臺 2）

　　　　　　霽韻 1 次（府－南 1）

4、效攝　　蕭韻 1 次（臺 1）

5、果攝　　歌韻 2 次（臺 2）

6、假攝　　麻韻 3 次（臺 2、府－南 1）

7、流攝　　尤韻 5 次（鳳 3、臺 2）

（二）陽聲韻

1、通攝　　東韻 12 次（鳳 3、臺 8、諸 1）

2、臻攝　　眞韻 5 次（鳳 1、臺 4）

　　　　　　文韻 3 次（鳳 1、臺 2）

3、山攝　　元韻 4 次（鳳 3、臺 1）

　　　　　　寒韻 6 次（鳳 1、臺 5）

　　　　　　刪韻 4 次（鳳 1、臺 1、府－南 2）

　　　　　　先韻 4 次（鳳 3、臺 1）

　　　　　　（同攝）元寒混用 1 次（鳳 1）

　　　　　　（同攝）寒刪混用 1 次（臺 1）

　　　　　　（異攝）文元混用 1 次（鳳 1）

4、宕攝　　陽韻 6 次（鳳 2、臺 2、諸 2）

5、梗攝　　庚韻 10 次（鳳 4、臺 6）

　　　　　　青韻 2 次（臺 2）

　　　　　　（同攝）庚青混用 1 次（臺 1）

　　　　　　（梗深異攝）庚侵混用 1 次（臺 1）

6、曾攝　　蒸韻 1 次（鳳 1）

7、深攝　　侵韻 1 次（鳳 1）

8、咸攝　　咸韻 1 次（鳳 1）

（三）入聲韻

1、梗攝　　陌韻 1 次（臺 1）

二、乾嘉時期近體詩之韻部

　　乾嘉時期可見的近體詩，共計 787 首 787 個韻段；分別出於諸羅縣〔註 8〕10 首、彰化縣 30 首、鳳山縣 189 首、澎湖廳（下文皆以「澎」稱之）15 首、臺灣縣 1 人 389 首（僅今臺南詩人章甫一位，為與下文統一，以「臺－南」稱之）、臺灣府 39 位詩人（確定詳細里籍者，如出於今臺南一地，以「府－南」稱之；又如臺灣府東港即今屏東東港一帶，下文以「府－屏」稱之；出於不確定里籍者，以「府」稱之）49 首。此時期的近體詩中僅 1 首押上聲紙韻、1 首押入聲陌韻，餘 785 首皆押平聲韻；一韻到底者 772 首，混用者 15 首，陰聲韻出現「支微」混用現象 1 次，陽聲韻出現「東冬」、「冬庚」、「真文」、「元先」、「寒刪」、「庚青」、「庚蒸」、「覃咸」等 14 次混用現象。

（一）陰聲韻

1、止攝	支韻 43 次（鳳 10、府 2、府－屏 3、南 27）
	紙韻 1 次（鳳 1）
	微韻 26 次（鳳 4、府 3、嘉 1、府－屏 1、南 17）
	（同攝）支微混用 1 次（鳳 1）
2、遇攝	魚韻 15 次（鳳 5、府 1、彰 2、南 7）
	虞韻 17 次（鳳 2、府 2、府 1、彰 2、淡 2、南 8）
3、蟹攝	齊韻 25 次（鳳 6、府 3、諸 1、澎 1、南 14）
	佳韻 4 次（嘉 1、南 3）
	灰韻 30 次（鳳 10、府 4、彰 1、南 15）
4、效攝	蕭韻 13 次（鳳 8、府 1、南 4）、篠韻 1 次（南 1）
	豪韻 8 次（鳳 1、彰 1、南 6）
	看韻 3 次（南 3）
5、果攝	歌韻 14 次（南 14）
6、假攝	麻韻 36 次（鳳 11、府 3、南 19、彰 1、嘉 1、淡 1）
7、流攝	尤韻 61 次（鳳 16、府 4、南 32、彰 3、嘉 2、府 4）

〔註 8〕嘉慶時期改稱嘉義縣。

（二）陽聲韻

    1、通攝   東韻 55 次（鳳 12、府 2、嘉 2、彰 4、淡 1、澎 1、南 33）

                冬韻 12 次（府 1、淡 1、南 10）

                （同攝）東冬混用 3 次（南 3）

                （異攝）冬庚混用 1 次（鳳 1）

    2、江攝   江韻 2 次（臺－南 2）

                講韻 1 次（臺－南 1）

    3、臻攝   真韻 50 次（鳳 8、府 6、彰 2、淡 1、南 33）

                文韻 18 次（鳳 6、府 2、嘉 1、澎 1、南 8）

                （同攝）真文混用 1 次（府 1）

    4、山攝   元韻 21 次（鳳 1、府 3、澎 1、南 16）

                寒韻 29 次（鳳 12、府 2、府－屏 1、南 14）

                刪韻 24 次（鳳 6、府 3、彰 2、南 13）

                先韻 64 次（鳳 9、府 10、府－屏 1、彰 2、淡 2、澎 1、南 39）

                （同攝）元先混用 2 次（鳳 2）

                （同攝）寒刪混用 2 次（鳳 1、南 1）

    5、宕攝   陽韻 56 次（鳳 11、府 5、嘉 1、彰 4、淡 1、澎 1、南 33）

    6、梗攝   庚韻 71 次（鳳 18、府 13、嘉 2、彰 4、澎 3、南 31）

                青韻 13 次（鳳 7、府 1、南 5）

                （同攝）庚青混用 3 次（鳳 2、南 1）

                （異攝）庚蒸混用 1 次（嘉 1）

    7、曾攝   蒸韻 7 次（鳳 2、彰 1、南 4）

    8、深攝   侵韻 31 次（鳳 5、府 1、嘉 1、彰 1、澎 1、南 22）

    9、咸攝   覃韻 9 次（鳳 2、府 1、南 6）

                鹽韻 4 次（南 4）

                咸韻 2 次（鳳 1、南 1）

                （同攝）覃咸混用 1 次（鳳 1）

（三）入聲韻

    1、梗攝   陌韻 1 次（鳳 1）

三、道咸同時期近體詩之韻部

　　道咸同時期可見的近體詩，共計 6674 首：噶瑪蘭廳計有 4 人 332 首（李逢時佔 321 首；皆在今宜蘭一帶，下文以「噶」簡稱之）；淡水廳部分依當時詩人群聚區域之別，實可概分爲兩群：今臺北縣市一帶如淡水廳大龍峒、淡水廳艋舺、淡水廳雙溪等區域計有 21 人 451 首（下文以「淡－北」統稱之；其中，陳維英佔 275 首、黃敬佔 124 首）、今新竹苗栗一帶的古淡水廳竹塹、淡水廳貓裏街等區域計有 19 人 3167 首（林占梅佔 2333 首、鄭用錫在內等 7 位鄭家文士共 782 首；下文以「淡－竹」統稱之）、彰化縣計有 5 人 428 首（陳肇興 389 首）、嘉義縣計有 4 人 55 首（下文以「諸－嘉」簡稱之）、鳳山縣計有 4 人 179 首（黃文儀 130 首）、臺灣縣計有 11 人 1999 首（皆在今臺南一帶，其中施士洁、施瓊芳等 4 位施家文士即佔 1945 首；下文以「臺－南」簡稱之）、澎湖廳計 3 人 13 首、臺灣府計 23 人 50 首。一韻到底者 6461 首，混韻現象者增至 213 首，約佔此時期詩作的 2.07%。

　　就韻調來看，道咸同時期中，押仄聲韻的詩作數量增至計 157 首，約佔此時期詩作的 2.36%，押上聲韻者 62 首、去聲韻者 52 首、入聲韻者 43 首。此外，陰聲韻尾部分共計 57 首，同攝混用者 36 首，如「支微 15」、「魚虞 10」、「語麌 1」、「遇御 7」、「齊佳 1」、「佳灰 1」、「蕭肴 1」、「蕭豪 2」、「肴豪 1」等，異攝混用者 22 首，如「支魚 4」、「支麻 1」、「支虞 1」、「支齊 8」、「支微虞灰麻 1」、「微齊 1」、「微灰 1」、「佳麻 5」、「歌豪 3」等混用現象；陽聲韻尾部分計有 148 首，同攝混用者 112 次，如「東多 32」、「眞文 1」、「元寒 2」、「元刪 1」、「元先 4」、「寒刪 35」、「寒先 6」、「刪先 3」、「元寒先 1」、「寒刪先 2」、「庚青 23」、「覃鹽 2」、「覃咸 1」等，異攝混用者 36 次，如「東陽 2」、「多陽 1」、「多江 1」、「眞元 3」、「眞侵 2」、「眞庚 1」、「文元 14」、「庚蒸 11」、「庚陽 1」等；入聲韻尾部分計有 7 次，3 次同攝混用現象，如「屋沃 3」，和 4 次異攝混用現象，如「屋覺 1」、「質職 1」、「質錫 1」、「陌錫 1」；以陽聲韻的同攝混用現象最爲普遍。由混用次數來看，平賅上去，止攝的「魚虞混用」、通攝的「東多混用」、山攝「元寒刪先」各韻間的混用現象和梗攝的「庚青混用」等混用現象，在道咸同時期開始廣爲詩人所用，也顯示出這些不同韻部在詩人語感中實已漸漸混同。

（一）陰聲韻

　　1、止攝　　支韻 522 次（噶 22、淡－北 45、淡－竹 265、彰 27、諸－嘉
　　　　　　　　　　3、鳳 12、臺－南 143、府 5）

　　　　　　　　紙韻 10 次（淡－竹 6、臺－南 4）

　　　　　　　　寘韻 5 次（噶 1、淡－竹 3、臺－南 1）

　　　　　　　　微韻 180 次（噶 20、淡－北 9、淡－竹 89、彰 11、諸－嘉 1、
　　　　　　　　　　鳳 1、臺－南 47、府 2）

　　　　　　　　（同攝）支微混用 15 次（噶 1、淡－北 1、淡－竹 4、彰 2、
　　　　　　　　　　臺－南 5、鳳 2）

　　　　　　　　（同攝）寘未混用 1 次（淡－竹 1）

　　　　　　　　（異攝）支魚混用 4 次（彰 1、淡－竹 1、臺－南 2）

　　　　　　　　支虞混用 1 次（淡－竹 1）

　　　　　　　　（異攝）支齊混用 8 次（淡－竹 6、臺－南 2）

　　　　　　　　微齊混用 1 次（淡－竹 1）

　　　　　　　　微灰混用 1 次（淡－竹 1）

　　　　　　　　（異攝）支麻混用 1 次（臺－南 1）

　　　　　　　　（異攝）支微虞灰麻混用 1 次（彰 1）

　　2、遇攝　　魚韻 163 次（噶 8、淡－北 8、淡－竹 63、彰 10、諸－嘉 1、
　　　　　　　　　　鳳 5、臺－南 66、澎 1、府 1）

　　　　　　　　語韻 2 次（噶 1、淡－竹 1）

　　　　　　　　御韻 7 次（淡－竹 7）

　　　　　　　　虞韻 183 次（噶 6、淡－北 9、淡－竹 84、彰 18、鳳 2、臺
　　　　　　　　　　－南 63、府 1）

　　　　　　　　麌韻 5 次（臺－南 5）

　　　　　　　　遇韻 7 次（淡－竹 6、府 1）

　　　　　　　　（同攝）魚虞混用 10 次（淡－竹 2、彰 1、鳳 1、臺－南 6）

　　　　　　　　（同攝）語麌混用 1 次（臺－南 1）

　　　　　　　　（同攝）遇御混用 7 次（淡－竹 7）

　　3、蟹攝　　齊韻 139 次（噶 11、淡－北 8、淡－竹 82、彰 7、諸－嘉 2、
　　　　　　　　　　臺－南 28、澎 1）

霽韻 1 次（臺－南 1）

佳韻 1 次（淡－竹 1）

卦韻 2 次（淡－竹 1、鳳 1）

灰韻 283 次（噶 11、淡－北 31、淡－竹 119、彰 22、諸－嘉
1、鳳 13、臺－南 83、澎、府 3）

隊韻 1 次（噶 1）

（同攝）齊佳混用 1 次（淡－竹 1）

（同攝）佳灰混用 1 次（淡－竹 1）

（異攝）佳麻混用 5 次（淡－北 1、淡－竹 4）

4、效攝　蕭韻 131 次（噶 6、淡－北 6、淡－竹 63、彰 15、諸－嘉 1、
鳳 2、臺－南 37、府 1）

篠韻 4 次（噶 1、淡－竹 2、彰 1）

嘯韻 3 次（淡－竹 3）

肴韻 23 次（噶 1、淡－竹 10、彰 1、諸－嘉 1、鳳、臺－南
9、府 1）

豪韻 82 次（噶 9、淡－北 4、淡－竹 35、彰 7、諸－嘉 1、
鳳 3、臺－南 22、府 1）

皓韻 4 次（淡－竹 1、臺－南 3）

（同攝）蕭肴混用 1 次（臺－南 1）

（同攝）蕭豪混用 2 次（淡－北 1、淡－竹 1）

（同攝）肴豪混用 2 次（噶 1、淡－竹 1）

5、果攝　歌韻 206 次（噶 12、淡－北 4、淡－竹 116、彰 15、鳳 2、
臺－南 56、府 1）

哿韻 2 次（淡－竹 1、臺－南 1）

（異攝）歌豪混用 3 次（淡－北 2、鳳 1）

（異攝）寒歌混用 1 次（彰 1）

6、假攝　麻韻 276 次（噶 8、淡－北 25、淡－竹 149、彰 29、諸－嘉
1、鳳 3、臺－南 60、府 1）

馬韻 1 次（淡－竹 1）

禡韻 5 次（淡－竹 5）

7、流攝　尤韻 434 次（噶 24、淡－北 27、淡－竹 207、彰 21、諸－嘉 6、鳳 6、臺－南 138、澎 1、府 4）

有韻 12 次（淡－竹 1、臺－南 11）

宥韻 6 次（淡－竹 1、臺－南 5）

（二）陽聲韻

1、通攝　東韻 350 次（噶 19、淡－北 35、淡－竹 158、彰 21、諸－嘉 2、鳳 9、臺－南 103、府 3）

送韻 1 次（淡－竹 1）

冬韻 69 次（噶 7、淡－竹 31、彰 6、諸－嘉 4、鳳 3、臺－南 17、府 1）

腫韻 1 次（淡－竹 1）

（同攝）東冬混用 32 次（噶 2、淡－北 1、淡－竹 8、彰 3、臺－南 14、鳳 3、府 1）

（異攝）東陽混用 2 次（淡－竹 2）

（異攝）冬陽混用 1 次（諸－嘉 1）

（異攝）冬江混用 1 次（淡－竹 1）

2、江攝　江韻 11 次（淡－竹 6、臺－南 5）

3、臻攝　眞韻 583 次（噶 13、淡－北 36、淡－竹 174、彰 31、諸－嘉 6、鳳 10、臺－南 154、澎 3、府 2）

震韻 2 次（淡－竹 2）

文韻 135 次（噶 4、淡－北 9、淡－竹 62、彰 5、諸－嘉 2、鳳 10、臺－南 42、澎、府 1）

（同攝）眞文混用 1 次（臺－南 1）

（異攝）眞元混用 3 次（噶 1、淡－竹 2）

（異攝）文元混用 14 次（淡－竹 4、彰 2、臺－南 5、鳳 3）

（異攝）眞侵混用 2 次（淡－竹 1、臺－南 1）

（異攝）眞庚混用 1 次（淡－竹 1）

4、山攝　元韻 193 次（噶 7、淡－北 6、淡－竹 85、彰 15、諸－嘉 2、鳳 4、臺－南 73、澎 1）

阮韻 1 次（淡－北 1）

願韻 1 次（淡－竹 1）

寒韻 215 次（噶 8、淡－北 18、淡－竹 96、彰 15、諸－嘉 3、
　　　　鳳 3、臺－南 70、府 2）

翰韻 1 次（淡－竹 1）

刪韻 132 次（噶 13、淡－北 11、淡－竹 55、彰 4、諸－嘉 2、
　　　　鳳 5、臺－南 42）

先韻 632 次（噶 34、淡－北 40、淡－竹 283、彰 36、諸－嘉
　　　　6、鳳 14、臺－南 214、府 5）

霰韻 8 次（噶 1、淡－竹 3、鳳 1、臺－南 3）

（同攝）元寒混用 2 次（淡－北 1、臺－南 1）

（同攝）元刪混用 1 次（鳳 1）

（同攝）元先混用 4 次（淡－竹 1、彰 1、臺－南 2）

（同攝）元寒刪混用 1 次（淡－竹 1）

（同攝）元寒先混用 1 次（淡－竹 1）

（同攝）寒刪混用 35 次（噶 5、淡－竹 18、彰 3、臺－南 4、
　　　　鳳 5）

（同攝）寒先混用 6 次（噶 2、淡－北 2、府 1、彰 1）

（同攝）刪先混用 3 次（噶 1、淡－北 1、淡－竹 1）

（同攝）寒刪先混用 2 次（臺－南 2）

5、宕攝　陽韻 500 次（噶 25、淡－北 30、淡－竹 254、彰 37、諸－嘉
　　　　1、鳳 14、臺－南 137、澎 1、府 1）

養韻 4 次（淡－竹 4）

6、梗攝　庚韻 586 次（噶 28、淡－北 43、淡－竹 276、彰 42、諸－嘉
　　　　7、鳳 20、臺－南 161、澎 3、府 6）

梗韻 12 次（淡－竹 10、臺－南 2）

青韻 127 次（噶 10、淡－北 8、淡－竹 64、彰 10、鳳 6、臺
　　　　－南 28、府 1）

（同攝）庚青混用 23 次（噶 2、淡－北 2、淡－竹 8、彰 2、
　　　　臺－南 7、鳳 1、澎 1）

（異攝）庚蒸混用 11 次（淡－竹 7、臺－南 3、鳳 1）

（異攝）庚陽混用 1 次（臺－南 1）

7、曾攝　　蒸韻 70 次（噶 2、淡－北 8、淡－竹 34、彰 3、鳳 6、臺－
　　　　　　南 17）

8、深攝　　侵韻 212 次（噶 3、淡－北 18、淡－竹 125、彰 4、諸－嘉 1、
　　　　　　鳳 8、臺－南 51、府 2）

9、咸攝　　覃韻 45 次（噶 1、淡－北 1、淡－竹 17、彰 3、臺－南 20、
　　　　　　澎 1、府 2）

　　　　　　勘韻 2 次（淡－竹 2）

　　　　　　鹽韻 41 次（噶 3、淡－北 1、淡－竹 20、鳳 1、臺－南 15、
　　　　　　府 1）

　　　　　　咸韻 8 次（淡－竹 3、臺－南 5）

　　　　　　（同攝）覃鹽混用 2 次（噶 1、臺－南 1）

　　　　　　（同攝）覃咸混用 1 次（淡－竹 1）

（三）入聲韻

1、通攝　　屋韻 3 次（淡－竹 2、臺－南 1）

　　　　　　沃韻 5 次（淡－竹 4、彰 1）

　　　　　　（同攝）屋沃混用 3 次（臺－南 3）

　　　　　　（異攝）屋覺混用 1 次（淡－北 1）

2、止攝　　質韻 5 次（淡－竹 2、臺－南 3）

　　　　　　（異攝）質職混用 1 次（淡－北 1）

　　　　　　（異攝）質錫混用 1 次（淡－竹 1）

3、山攝　　月韻 7 次（淡－竹 5、鳳 1、府 1）

　　　　　　屑韻 2 次（噶 1、淡－竹 1）

4、宕攝　　藥韻 3 次（淡－竹 3）

5、梗攝　　陌韻 4 次（淡－竹 1、臺－南 3）

　　　　　　（同攝）陌錫混用 1 次（彰 1）

6、曾攝　　職韻 2 次（臺－南 1、鳳 1）

7、深攝　　緝韻 4 次（淡－竹 4）

8、咸攝　　合韻 1 次（淡－竹 1）

四、光緒時期近體詩之韻部

　　光緒時期可見的近體詩，共計 2045 首：今臺北縣市一帶的古淡水廳區域計有 3 人 107 首（陳維英佔 275 首、黃敬佔 124 首）、今新竹一帶的古淡水廳竹塹區域計有 4 人 169 首（鄭兆璜佔 99 首）、彰化縣計有 8 人 389 首（居於今臺中神岡一帶的呂汝玉、呂汝修和呂汝誠兄弟 3 人共 186 首，今臺中豐原一帶的謝道隆 87 首，今彰化鹿港一帶的施仁思、施菼共計 27 首，莊世勳、莊士哲 2 人計 15 首）、嘉義縣計有 6 人 118 首（下文以「諸－嘉」統稱之）、鳳山縣 1 人，即居今鳳山縣中堆竹圍村一帶的客籍詩人江昶榮，計 33 首、今臺南一帶的古臺灣縣區域計有 5 人 1071 首（今臺南市一帶的許南英〔註9〕984 首、蔡國琳 67 首，今安平一帶的郭欽沐 9 首）、澎湖廳 2 人 158 首（皆居於今澎湖縣湖西鄉一帶，曾逢辰 111 首，陳梅峰 47 首）。

　　光緒時期，押仄聲韻的詩作數量有 26 首，約佔此時期詩作的 1.27%，押上聲韻者 11 首、去聲韻者 7 首、入聲韻者 8 首。此外，韻部混用現象也增至 57 首，佔此時期詩作的 2.05%；陰聲韻尾部分共計 20 個，同攝混用者 9 個，為「支微 4」、「賓未 1」、「魚虞 1」、「佳灰 1」、「蕭肴 2」等，異攝混用者 11 首，為「支魚 3」、「支齊 2」、「微魚 1」、「微灰 1」、「支微灰 1」、「歌豪 2」、「佳麻 1」、「灰麻 1」等混用現象；陽聲韻尾部分計有 33 首：同攝混用者 23 次，如「東冬 6」、「元先 2」、「寒刪 7」、「寒先 2」、「庚青 6」等，異攝混用者 10 次，如「東陽 1」、「東蕭 1」、「真元 2」、「真侵 2」、「文元 2」、「庚蒸 2」等；入聲韻尾部分則有 3 次同攝混用現象，如「月屑 3」；以陽聲韻的同攝混用現象最為普遍。由混用次數來看，平眩上去，通攝的「東冬混用」、山攝「元寒刪先」各韻間的混用現象、梗攝的「庚青混用」等混用現象，皆非光緒時期一時一地之特例，顯示出這些不同韻部在詩人語感中實已漸漸混同。

（一）陰聲韻

　　1、止攝　　支韻 152 次（淡－北 9、淡－竹 10、彰 29、諸－嘉 24、臺－南 67、鳳 6、澎 18）

　　　　　　　紙韻 5 次（諸－嘉 1、臺－南 4）

　　　　　　　賓韻 2 次（臺－南 2）

〔註9〕筆者按：許南英祖籍廣東潮州府揭陽，世居台灣府西定坊武館街（在今台南市中西區）。

微韻 40 次（淡－竹 4、彰 9、諸－嘉 3、臺－南 19、鳳 1、
　　澎 4）

未韻 1 次（臺－南 1）

（同攝）支微混用 4 次（彰 1、臺－南 3）

（同攝）賫未混用 1 次（臺－南 1）

（異攝）支魚混用 3 次（彰 2、臺－南 1）

（異攝）微魚混用 1 次（彰 1）

（異攝）支齊混用 2 次（諸－嘉 1、臺－南 1）

（異攝）微灰混用 1 次（臺－南 1）

（異攝）支微灰混用 1 次（臺－南 1）

2、遇攝　魚韻 60 次（淡－北 2、淡－竹 10、彰 13、諸－嘉 7、臺－南
　　　　　24、鳳 2、澎 2）

語韻 1 次（臺－南 1）

虞韻 67 次（淡－北 4、淡－竹 15、彰 15、諸－嘉 1、臺－南
　　28、鳳 1、澎 3）

麌韻 1 次（臺－南 1）

遇韻 2 次（臺－南 2）

（同攝）魚虞混用 1 次（臺－南 1）

3、蟹攝　齊韻 36 次（淡－北 1、淡－竹 3、彰 8、臺－南 21、澎 3）

佳韻 10 次（淡－竹 5、臺－南 5）

灰韻 116 次（淡－北 2、淡－竹 11、彰 26、諸－嘉 10、臺－
　　南 60、鳳 1、澎 6）

（同攝）佳灰混用 1 次（淡－北 1）

（同攝）齊佳混用 1 次（淡－竹 1）

（異攝）佳麻混用 1 次（臺－南 1）

（異攝）灰麻混用 1 次（彰 1）

4、效攝　蕭韻 46 次（淡－北 2、淡－竹 3、彰 10、臺－南 30、澎 1）

肴韻 9 次（淡－竹 3、臺－南 5、澎 1）

豪韻 25 次（淡－竹 2、彰 5、諸－嘉 1、臺－南 15、澎 2）

皓韻 2 次（澎 2）

（同攝）蕭肴混用 2 次（臺－南 2）

5、果攝　歌韻 65 次（淡－北 2、淡－竹 7、彰 11、諸－嘉 4、臺－南 41）

　　　　（異攝）豪歌混用 2 次（臺－南 2）

6、假攝　麻韻 87 次（淡－北 1、淡－竹 5、彰 23、諸－嘉 1、臺－南 49、鳳 1、澎 7）

7、流攝　尤韻 123 次（淡－北 3、淡－竹 11、彰 25、諸－嘉 5、臺－南 6、鳳 2、澎 9）

（二）陽聲韻

1、通攝　東韻 97 次（淡－北 6、淡－竹 7、彰 25、諸－嘉 4、臺－南 45、鳳 4、澎 6）

　　　　送韻 1 次（臺－南 1）

　　　　冬韻 20 次（淡－北 3、淡－竹 2、彰 2、諸－嘉 1、臺－南 11、澎 1）

　　　　（同攝）東冬混用 6 次（臺－南 6）

　　　　（異攝）東陽混用 1 次（臺－南 1）

　　　　（異攝）東蕭混用 1 次（彰 1）

2、江攝　江韻 3 次（淡－竹 1、臺－南 1）

3、臻攝　真韻 151 次（淡－北 7、淡－竹 8、彰 28、諸－嘉 6、臺－南 88、鳳 3、澎 11）

　　　　文韻 32 次（淡－北 1、淡－竹 5、彰 8、諸－嘉 1、臺－南 16）

　　　　（異攝）真元混用 2 次（彰 1、臺－南 1）

　　　　（異攝）文元混用 2 次（臺－南 2）

　　　　（異攝）真侵混用 2 次（彰 2）

4、山攝　元韻 66 次（淡－北 9、淡－竹 4、彰 14、諸－嘉 5、臺－南 28、澎 6）

　　　　寒韻 71 次（淡－北 3、淡－竹 9、彰 16、諸－嘉 6、臺－南 35、澎 2）

　　　　刪韻 29 次（淡－竹 4、彰 7、諸－嘉 2、臺－南 14、鳳 1、澎 1）

先韻 209 次（淡－北 22、淡－竹 4、彰 36、諸－嘉 14、臺－南 106、鳳 1、澎 26）

（同攝）元先混用 2 次（臺－南 2）

（同攝）寒先混用 2 次（臺－南 1、鳳 1）

（同攝）寒刪混用 7 次（彰 2、臺－南 3、澎 2）

5、宕攝　陽韻 150 次（淡－北 9、淡－竹 4、彰 25、諸－嘉 14、臺－南 84、鳳 2、澎 12）

養韻 1 次（臺－南 1）

6、梗攝　庚韻 187 次（淡－北 17、淡－竹 12、彰 28、諸－嘉 12、臺－南 101、鳳 4、澎 13）

梗韻 1 次（臺－南 1）

青韻 23 次（淡－竹 4、彰 3、諸－嘉 3、臺－南 13）

（同攝）庚青混用 6 次（彰 1、臺－南 4、澎 1）

（異攝）庚蒸混用 2 次（彰 1、臺－南 1）

7、曾攝　蒸韻 21 次（淡－北 1、淡－竹 2、臺－南 10、澎 8）

8、深攝　侵韻 49 次（淡－北 1、淡－竹 1、彰 8、諸－嘉 3、臺－南 28、鳳 3、澎 5）

9、咸攝　覃韻 10 次（淡－北 1、淡－竹 3、彰 3、臺－南 2、澎 1）

鹽韻 11 次（淡－竹 3、彰 1、臺－南 3、澎 4）

咸韻 12 次（淡－竹 7、臺－南 4、澎 1）

（同攝）覃咸混用 1 次（彰 1）

（三）入聲韻

1、通攝　沃韻 1 次（臺－南 1）

2、止攝　質韻 1 次（臺－南 1）

3、山攝　屑韻 1 次（臺－南 1）

（同攝）月屑混用 3 次（彰 2、臺－南 1）

4、梗攝　陌韻 1 次（臺－南 1）

5、曾攝　職韻 1 次（澎 1）

第三節　詩人用韻獨用、混用之歸納與說明

　　總結上一節康雍、乾嘉、道咸同、光緒四期的近體詩韻部的獨用和混用的狀況，多數仍是嚴守一韻到底的近體詩規律，9,602 首近體詩中，僅 308 首有韻部混用現象，佔約 3.21％，就一韻到底所佔比例高達 96.79％來看，可見清臺灣本土詩人的近體詩押韻實貌，符合本文「近體詩爲一韻到底之作，採用飛雁入群、飛雁出群、進退、轆轤等用韻格式之作例外」之定義。

　　整體來說，清臺灣本土文人近體詩韻部中，共有 13 個陰聲韻部（平賅上去，以下皆同），17 個陽聲韻部，10 個入聲韻部；《詩韻集成》（下文皆簡稱「《詩》」）韻部中，則有 13 個陰聲韻部（平賅上去，以下皆同），17 個陽聲韻部，17 個入聲韻部；單就韻部數量而言，兩者相較之下，清臺灣本土文人近體詩韻部僅在入聲韻尾部分與《詩》不同，少了「覺物曷黠錫葉洽」7 個入聲韻部，陰聲韻部（平賅上去）數量和陽聲韻部（平賅上去）數量皆與《詩》相同；細究韻部分合內容後，會發現無論是陰聲韻或陽聲韻尾部分，實際所用的上、去聲韻部數量都比《詩》少；而入聲韻部的實際韻部數量或因混用現象混入他部而略有增減；本節僅就用韻結果系聯後的韻部數量及其反映的用韻意義進行說明，詳細韻部分合內容將於第四章第一、二、三節中詳作論述。

　　本節將依陰聲韻、陽聲韻、入聲韻的順序，將獨用與混用的情形各自歸納爲「近體詩韻部統計表」，以觀察各韻部在清領時期的用韻情形，再依獨用、混用兩大部分加以呈現說明；各統計表下，也將依韻攝順序，逐韻行文說明，各混押現象在清代臺灣本土詩人近體詩的出現總數及各區域的個別出現總數，並以韻攝爲據，逐攝製「各攝混用現象統計表」表呈現各混押現象的韻腳交涉關係。

【近體詩韻部統計表例‧表例說明】

1、「近體詩韻部統計表」共分「陰聲韻」、「陽聲韻」、「入聲韻」三表格。「詩韻韻目」欄的韻目名稱直接取自《詩韻集成》。

2、「獨用」欄下的數字爲各平聲韻部（平賅上去）獨用韻段數的總和，數字下的括號內容（a－b－c）依序表示（平聲韻－上聲韻－去聲韻）的獨用韻段數。如右例，乾嘉時期的支韻「獨用」欄：

詩韻韻目	乾嘉	
	獨用	混用
支	44 （43－1－0）	【同攝】 支微 1

意指乾嘉時期臺灣本土文人近體詩作中，支韻（平賅上去）獨用總數爲 44
次，括號內容（43－1－0）表示含支韻平聲字 43 次，支韻上聲字 1 次，
支韻去聲字 0 次。

3、「混用」欄下，各通韻現象旁的數字爲各通韻現象的韻段總和，並以【同
攝】、【異攝】區分各通韻現象的性質。如表例 2 所舉例的表格內容中，乾
嘉時期的支韻「混用」欄內有一「【同攝】支微 1」，表示支微混押爲一同
攝混用的押韻現象，且於清乾嘉時期的臺灣本土文人近體詩作中，僅出現
1 次。

4、僅在清代四個時期中出現過 1 次的協韻現象，皆以斜體字顯示；如「支麻」
混用現象僅在道咸同時期出現過 1 次，未曾於其他時期出現，便以斜體字
標示如「支麻 1」。

（一）陰聲韻

表 2.1　清代臺灣本土文人近體詩陰聲韻部獨用混用統計表

中古韻攝	詩韻韻目	康雍 獨用	康雍 混用	乾嘉 獨用	乾嘉 混用	道咸同 獨用	道咸同 混用	光緒 獨用	光緒 混用
止	支	5		44（43-1-0）	【同攝】支微 1	537（522-10-5）	【同攝】支微 15、真未 1【異攝】支魚 4、支虞 1、支齊 8、支麻 1、支微虞灰麻 1	159（152-5-2）	【同攝】支微 4、真未 1【異攝】支魚 3、支齊 2、支微灰 1
	微	2		26		180	【異攝】微齊 1、微灰 1	41（40-0-1）	【異攝】微魚 1、微灰 1
遇	魚	1		15		172（163-2-7）	【同攝】魚虞 10、語麌 1、遇御 7	61（60-1-0）	【同攝】魚虞 11
	虞	5		18		195（183-5-7）		70（67-1-2）	
蟹	齊	5		25		140（139-0-1）	【同攝】齊佳 1	36	【同攝】齊佳 1

中古韻攝	詩韻韻目	康雍 獨用	康雍 混用	乾嘉 獨用	乾嘉 混用	道咸同 獨用	道咸同 混用	光緒 獨用	光緒 混用
	佳	0		4		3（1-0-2）	【同攝】佳灰1 【異攝】佳麻5	10	【同攝】佳灰1 【異攝】佳麻1
	灰	0		30		284（283-0-1）		116	【異攝】灰麻1
效	蕭	1		13		138（131-4-3）	【同攝】蕭肴1、蕭豪2、肴豪2	46	【同攝】蕭肴2
	肴	0		3		23		9	
	豪	0		8		86（82-4-0）		27（25-2-0）	
果	歌	2		14		208（206-2-0）	【異攝】歌豪3	65	【異攝】歌豪2
假	麻	3		36		282（276-1-5）		87	
流	尤	5		61		452（434-12-6）		123	
止	支	5		44（43-1-0）	【同攝】支微1	537（522-10-5）	【同攝】支微15、寘未1 【異攝】支魚4、支虞1、支齊8、支麻1、支微虞灰麻1	159（152-5-2）	【同攝】支微4、寘未1 【異攝】支魚3、支齊2、支微灰1
	微	2		26		180	【異攝】微齊1、微灰1	41（40-0-1）	【異攝】微魚1、微灰1
遇	魚	1		15		172（163-2-7）	【同攝】魚虞10、語麌1、遇御7	61（60-1-0）	【同攝】魚虞11
	虞	5		18		195（183-5-7）		70（67-1-2）	
蟹	齊	5		25		140（139-0-1）	【同攝】齊佳1	36	【同攝】齊佳1
	佳	0		4		3（1-0-2）	【同攝】佳灰1 【異攝】佳麻5	10	【同攝】佳灰1 【異攝】佳麻1

中古韻攝	詩韻韻目	康雍 獨用	康雍 混用	乾嘉 獨用	乾嘉 混用	道咸同 獨用	道咸同 混用	光緒 獨用	光緒 混用
	灰	0		30		284（283-0-1）	．	116	【異攝】灰麻1
效	蕭	1		13		138（131-4-3）	【同攝】蕭肴1、蕭豪2、肴豪2	46	【同攝】蕭肴2
	肴	0		3		23		9	
	豪	0		8		86（82-4-0）		27（25-2-0）	
果	歌	2		14		208（206-2-0）	【異攝】歌豪3	65	【異攝】歌豪2
假	麻	3		36		282（276-1-5）		87	
流	尤	5		61		452（434-12-6）		123	

　　由上表 2.1 及前一節用韻結果觀察清臺灣本土文人近體詩陰聲韻部，獨用部分所使用的韻目及各韻目的韻段總數〔註10〕，整理如下：

　　平聲：「支 711 微 249 魚 237 虞 269 齊 202 佳 36 灰 429 蕭 191 肴 34 豪 114 歌 294 麻 375 尤 621」等 13 韻，共計 3，762 首，3，762 個韻段。

　　上聲：「紙 16 語 3 麌 6 篠 5 哿 2 馬 1 有 12 皓 6」等 8 韻，共計 51 首，51 個韻段。

　　去聲：「寘 7 未 1 霽 2 隊 1 御 7 遇 9 卦 2 嘯 3 禡 5 宥 6」等 10 韻，共計 43 首，43 個韻段。

平賅上去，共計 13 個陰聲韻部，與《詩韻集成》陰聲韻部的數量相同；但再就韻調因素細究陰聲韻部的使用情況後，發現平聲韻部分有 13 個陰聲韻部，上聲韻部分有 8 個、去聲韻部分爲 10 個，《詩韻集成》則爲平、上聲韻部分各是 13 個，去聲韻 14 個，就《全臺詩》用韻歸納整理結果對應，《全臺詩》顯然少了「尾、薺、蟹、賄、巧」5 個上聲韻部和「泰、號、效、箇」4 個去聲韻部。

　　清領時期臺灣本土文人的近體詩陰聲韻的混用韻段，經上表 2.1 的整理統

〔註10〕　筆者按：韻目旁的小字爲該韻的韻段數目，本節以下討論陽、入聲韻時，如遇韻目旁有小字所標示的數字，一律用以表示該韻目所使用的韻段數。

計，今平賅上去，依韻攝順序列舉觀察之（為求完整觀察各攝的混韻現象，異攝混用韻例會依其重複的韻攝重複計算，並以「（異攝）XX 混用？次」的方式標示之）：

1、止攝

（同攝）支微混用 20 次（乾嘉／鳳 1；道咸同／噶 1、淡北 1、淡竹 4、彰 2、臺—南 5、鳳 2；光緒／彰 1、臺—南 3）

（異攝）支魚混用 7 次（道咸同／彰 1、淡竹 1、臺－南 2；光緒／彰 2、臺—南 1）

（異攝）支虞混用 1 次（道咸同／淡竹 1）

（異攝）微魚混用 1 次（光緒／彰 1）

（異攝）支齊混用 10 次（道咸同／淡竹 6、臺－南 2；光緒／諸－嘉 1、臺—南 1）

（異攝）寘隊混用 1 次（道咸同／淡竹 1）

（異攝）微齊混用 1 次（道咸同／淡竹 1）

（異攝）微灰混用 2 次（道咸同／淡竹 1；光緒／臺－南 1）

（異攝）支微灰混用 1 次（光緒／臺－南 1）

（異攝）支麻混用 1 次（道咸同／臺－南 1）

（異攝）支微虞灰麻混用 1 次（道咸同／彰 1）

計有同攝混用現象 1 種 20 次，異攝混用現象 10 種 26 次，廣及遇、蟹、假三攝。

2、遇攝

（同攝）魚虞混用 11 次（道咸同／淡竹 2、彰 1、鳳 1、臺－南 6；光緒／府－南 1）

（同攝）御遇混用 7 次（道咸同／淡竹 7）

（異攝）支魚混用 7 次（道咸同／彰 1、淡竹 1、臺－南 2；光緒／彰 2、臺－南 1）

（異攝）支虞混用 1 次（道咸同／淡竹 1）

（異攝）微魚混用 1 次（光緒／彰 1）

（異攝）支微虞灰麻混用 1 次（道咸同／彰 1）

（異攝）蒸魚混用 1 次（光／彰 1）

計有同攝混用現象 2 種 18 次，主要出現在「魚虞」、「御遇」兩組韻腳；另出現一個與陽聲韻部的曾攝蒸韻相混的現象。

3、蟹攝

（同攝）齊佳混用 2 次（道咸同／竹 1；光緒／竹 1）

（同攝）佳灰混用 2 次（道咸同／竹 1；光緒／淡北 1）

（異攝）佳麻混用 6 次（道咸同／淡北 1、竹 4；光緒／南 1）

（異攝）灰麻混用 2 次（道咸同／淡北 1、光緒／彰 1）

（異攝）支齊混用 10 次（道咸同／淡竹 6、臺－南 2；光緒／諸－嘉 1、臺－南 1）

（異攝）眞隊混用 1 次（道咸同／淡竹 1）

（異攝）微齊混用 1 次（道咸同／淡竹 1）

（異攝）微灰混用 2 次（道咸同／淡竹 1；光緒／臺－南 1）

（異攝）支微灰混用 1 次（光緒／臺－南 1）

（異攝）支微虞灰麻混用 1 次（道咸同／彰 1）

計有同攝混用現象 2 種 4 次，異攝混用現象 8 種 24 次，主要是與止攝支、微韻和假攝麻韻間相混。

4、效攝

（同攝）蕭肴混用 3 次（道咸同／南 1；光緒／南 2）

（同攝）蕭豪混用 2 次（道咸同／淡北 1、竹 1）

（同攝）肴豪混用 2 次（道咸同／噶 1、竹 1）

（異攝）歌豪混用 5 次（道咸同／淡北 2、鳳 1；光緒／南 2）

（異攝）歌寒混用 1 次（道咸同／彰 1）

（異攝）東蕭混用 1 次（光緒／彰 1）

計有同攝混用現象 3 種 7 次，異攝混用現象 3 種 7 次，主要是與果攝歌韻的相混。

5、果攝

（異攝）歌豪混用 5 次（道咸同／淡北 2、鳳 1；光緒／南 2）

僅異攝混用現象 1 種 5 次，皆與效攝豪韻相混。

6、假攝

（異攝）支麻混用 1 次（道咸同／臺－南 1）

（異攝）支微虞灰麻混用 1 次（道咸同／彰 1）

（異攝）佳麻混用 6 次（道咸同／淡北 1、竹 4；光緒／南 1）

（異攝）灰麻混用 2 次（道咸同／淡北 1、光緒／彰 1）

計有異攝混用現象 4 種 10 次，主要與止攝支韻和蟹攝佳、灰韻的相混。

綜上所述，清領時期臺灣本土文人近體詩陰聲韻混韻現象的結果，歸結出計有「止、遇、蟹、效、果、假」六攝有韻部混用的現象，除了果、假兩韻攝外的止、遇、蟹、效四攝則同時有同攝、異攝相混現象的存在。

（二）陽聲韻

表 2.2　清代臺灣本土文人陽聲韻部統計表

中古韻攝	詩韻韻目	康雍		乾嘉		道咸同		光緒	
		獨用	混用	獨用	混用	獨用	混用	獨用	混用
通	東	12		55		351 (350-0-1)	【同攝】東冬 32【異攝】東陽 2	98 (97-0-1)	【同攝】東冬 6【異攝】東陽 1、東蕭 1
通	冬	0		12	【異攝】冬庚 1	70 (69-1-0)	【異攝】冬陽 1、冬江 1	20	
江	江	0		2		11		3	
臻	真	5		50		585 (583-0-2)	【異攝】真元 3、真侵 2、真庚 1	151	【異攝】真元 2、真侵 2
臻	文	3	【異攝】文元 1	18	【同攝】真文 1	135	【同攝】真文 1【異攝】文元 14	32	【異攝】文元 2
山	元	4		21	【同攝】元先 2	195 (193-1-1)	【同攝】元寒 2、元刪 1、元先 4、寒刪 35、寒	66	【同攝】元先 2
山	寒	6	【同攝】寒元 1	29		216 (215-0-1)		71	【同攝】寒先 2

中古韻攝	詩韻韻目	康雍 獨用	康雍 混用	乾嘉 獨用	乾嘉 混用	道咸同 獨用	道咸同 混用	光緒 獨用	光緒 混用
山	刪	4	【同攝】寒刪1	24	【同攝】寒刪2	132	先6、刪先3、元寒刪1、元寒先1、寒刪先2	29	【同攝】刪寒7
山	先	4		64		640（632-0-8）		209	
宕	陽	6		56		504（500-4-0）		151（150-1-0）	
梗	庚	10	【同攝】庚青1	71	【同攝】庚青3【異攝】庚蒸1	598（586-12-0）	【同攝】庚青23【異攝】庚蒸11	188（187-1-0）	【同攝】庚青6【異攝】庚蒸2
梗	青	2		13		127		23	
曾	蒸	1		7		70		21	【異攝】蒸魚1
深	侵	1	【異攝】侵庚1	31		212		49	
咸	覃	0		9	【同攝】覃咸1	47（45-0-2）	【同攝】覃鹽2、覃咸1	10	【同攝】覃咸1
咸	鹽	0		4		41		11	
咸	咸	1		2		8		12	

由上表 2.2 及前一節用韻結果觀察清臺灣本土文人近體詩陽聲韻部，獨用部分所使用的韻目及各韻目的韻段總數，整理如下：

平聲：「東 526 多 79 江 17 眞 629 文 185 元 284 寒 316 刪 182 先 902 陽 710 庚 838 青 154 蒸 97 侵 293 覃 63 鹽 56 咸 23」等 17 韻，共計 5357 韻段。

上聲：「腫 1 講 1 阮 1 養 5 梗 13」等 5 韻，共計 21 韻段。

去聲：「送 2 震 2 願 1 翰 1 勘 2 霰 10」等 6 韻，共計 18 韻段。

平賅上去，共計 17 個陽聲韻部，與《詩韻集成》陽聲韻部的數量相同。但再就韻調因素細究陽聲韻部的使用情況後，發現平聲韻部分有 17 個陽聲韻部，上聲韻部分有 5 個、去聲韻部分為 6 個，《詩韻集成》平聲韻部分 17 個，上聲韻部分 16 個，去聲韻 16 個，就《全臺詩》用韻歸納整理結果對應，《全臺詩》顯然少了「董、軫、吻、旱、濟、銑、迥、寢、感、琰、豏」11 個上聲韻部和「宋、絳、問、諫、漾、敬、徑、沁、艷、陷」10 個去聲韻部。

　　清領時期臺灣本土文人的近體詩陽聲韻的混用韻段，經上表 2.2 的整理統計，平賅上去的混用狀況如下：

1、通攝

　　（同攝）東冬混用 41 次（乾嘉／臺－南 3；道咸同／噶 2、淡－北 1、淡

　　　　　　　－竹 8、彰 3、臺－南 14、鳳 3、府 1；光緒／

　　　　　　　臺－南 6）

　　（異攝）東陽混用 3 次（道咸同／淡－竹 2；光緒／臺－南 1）

　　（異攝）東蕭混用 1 次（光緒／彰 1）

　　（異攝）冬江混用 1 次（道咸同／淡－竹 1）

　　（異攝）冬庚混用 1 次（乾嘉／鳳 1）

　　（異攝）冬陽混用 1 次（道咸同／諸－嘉 1）

　　計有同攝混用現象 1 種 41 次，異攝混用現象 5 種 7 次；主要是東、冬兩韻的同攝混用，其次是東、陽兩韻的混用、東、蕭兩韻的混用以及冬韻與江、陽、庚三韻的混用。。

2、江攝

　　（異攝）冬江混用 1 次（道咸同／淡－竹 1）

　　僅有異攝混用現象 1 種 1 次，爲江攝江韻與通攝冬韻的混用。

3、臻攝

　　（同攝）眞文混用 2 次（乾嘉／臺－南 1；道咸同／臺－南 1）

　　（異攝）眞元混用 5 次（道咸同／噶 1、淡－竹 2；光緒／彰 1、臺－南

　　　　　　　1）

　　（異攝）文元混用 17 次（康雍／鳳 1；道咸同／淡－竹 4、彰 2、臺－南

　　　　　　　5、鳳 3；光緒／臺－南 2）

　　（異攝）眞侵混用 4 次（道咸同／淡－竹 1、臺－南 1；光緒／彰 2）

　　（異攝）眞庚混用 1 次（道咸同／淡－竹 1）

　　計有同攝混用現象 1 種 2 次，異攝混用現象 4 種 27 次，就異攝混用來看，主要爲臻、山兩攝韻字的混用，最多是文、元兩韻的混用，其次爲眞韻與元、侵、庚三韻。

4、山攝

    （同攝）元寒混用 2 次（道咸同／淡－北 1、臺－南 1）

    （同攝）元刪混用 1 次（道咸同／鳳 1）

    （同攝）元先混用 8 次（乾嘉／鳳 2；道咸同／淡－竹 1、彰 1、臺－南 2；光緒／臺－南 2）

    （同攝）元寒刪混用 2 次（康雍／鳳 1；道咸同／淡－竹 1）

    （同攝）元寒先混用 1 次（道咸同／淡－竹 1）

    （同攝）寒刪混用 45 次（康雍／臺 1；乾嘉／鳳 1、章 1；道咸同／噶 5、淡－竹 18、彰 3、南臺～4、鳳 5；光緒／彰 2、臺－南 3、澎 2）

    （同攝）寒先混用 10 次（道咸同／噶 2、淡－北 2、府 1、彰 1；光緒／臺－南 1、鳳 1）

    （同攝）刪先混用 3 次（道咸同／噶 1、淡－北 1、淡－竹 1）

    （同攝）寒刪先混用 2 次（道咸同／臺－南 2）

    （異攝）眞元混用 5 次（道咸同／噶 1、淡－竹 2；光緒／彰 1、臺－南 1）

    （異攝）文元混用 17 次（康雍／鳳 1；道咸同／淡－竹 4、彰 2、臺－南 5、鳳 3；光緒／臺－南 2）

    計有同攝混用現象 9 種 73 次，主要是寒、刪兩韻的混用，其次是寒、先兩韻；異攝混用現象則有 2 種 22 次，皆是元韻與臻攝眞、文兩韻間的混用現象，最多是文、元兩韻，眞、元兩韻的混用爲其次。

5、宕攝

    （異攝）東陽混用 3 次（道咸同／淡－竹 2；光緒／臺－南 1）

    （異攝）冬陽混用 1 次（道咸同／諸－嘉 1）

    （異攝）庚陽混用 1 次（道咸同／臺－南 1）

    計有異攝混用現象 3 種 5 次，主要是東、陽兩韻的混用，其次是陽韻和冬、庚兩韻的混用。

6、梗攝

    （同攝）庚青混用 33 次（康雍／臺 1；乾嘉／鳳 2、臺－南 1；道咸同／

噶 2、淡－北 2、淡－竹 8、彰 2、臺－南 7、
鳳 1、澎 1；光緒／彰 1、臺－南 4、澎 1）

（異攝）庚侵混用 1 次（康雍／臺 1）

（異攝）庚蒸混用 14 次（乾嘉／諸－嘉 1；道咸同／淡－竹 7、臺－南 3、
鳳 1；光緒／彰 1、臺－南 1）

（異攝）庚陽混用 1 次（道咸同／臺－南 1）

（異攝）冬庚混用 1 次（乾嘉／鳳 1）

（異攝）眞庚混用 1 次（道咸同／淡－竹 1）

　　計有同攝混用現象 1 種 33 次，主要爲庚、青兩韻的混用；異攝混用現象
5 種 18 次，主要是與庚、蒸兩韻的混用，其次是庚韻與侵、陽、冬、眞四韻
的混用現象。

7、曾攝

（異攝）蒸魚混用 1 次（光／彰 1）

（異攝）庚蒸混用 14 次（乾嘉／諸－嘉 1；道咸同／淡－竹 7、臺－南 3、
鳳 1；光緒／彰 1、臺－南 1）

　　計有異攝混用現象 2 種 15 次，主要是與梗攝庚韻的混用；另有 1 個和陰
聲韻部的遇攝魚韻相混的現象。

8、深攝

（異攝）眞侵混用 4 次（道咸同／淡－竹 1、臺－南 1；光緒／彰 2）

（異攝）庚侵混用 1 次（康雍／臺 1）

　　計有異攝混用現象 2 種 5 次，主要是與深攝侵韻的混用；其次爲梗攝庚
韻的相混。

9、咸攝

（同攝）覃咸混用 4 次（乾嘉／鳳 1；道咸同／淡－竹 1、彰 1；光緒／
彰 1）

（同攝）覃鹽混用 2 次（道咸同／噶 1、臺－南 1）

　　計有同攝混用現象 2 種 6 次，主要是覃、咸兩韻的混用，其次是覃、鹽
兩韻。

　　綜上所述，清領時期臺灣本土文人近體詩陽聲韻混韻現象的結果，計有

「通、江、臻、山、宕、梗、曾、深、咸」等九攝出現韻部混用的現象，其中江、宕、曾、深等四個韻攝本身僅含一個韻部，故僅具異攝混用現象，未有同攝混用；咸攝則僅有同攝混用現象，未見異攝混用；通、臻、梗、山四攝則除了同攝混用現象外，還與其他陽聲韻攝有混用現象產生。

（三）入聲韻：計獨用 44 次、混用 10 次

表 2.3　清代臺灣本土文人入聲韻部統計表

中古韻攝	詩韻韻目	康雍		乾嘉		道咸同		光緒	
		獨用	混用	獨用	混用	獨用	混用	獨用	混用
通	屋	0		0		3	屋沃 3 次 屋覺 1 次	0	
通	沃	0		0		5	屋沃 3 次	1	
江	覺	0		0		0	屋覺 1 次	0	
臻	質	0		0		5	質職 1 次、質錫 1 次	1	
山	月	0		0		7		0	月屑 3 次
山	屑	0		0		2		1	月屑 3 次
宕	藥	0		0		3		0	
梗	陌	1		1		4	陌錫 1 次	1	
梗	錫	0		0		0	質錫 1 次、陌錫 1 次	0	
曾	職	0		0		2	質職 1 次	1	
深	緝	0		0		4		0	
咸	合	0		0		1		0	

由上表 2.3 及前一節用韻結果觀察清臺灣本土文人近體詩入聲韻部，獨用部分所使用的韻目及各韻目的韻段總數為「屋 3 沃 6 質 6 月 7 屑 3 藥 3 陌 7 職 3 緝 5 合 1」等 10 韻，共計 44 個韻段，混用現象則主要集中在道咸同時期，共

計 9 次，僅 1 次發生在光緒時期；《詩》則有 17 個入聲韻部，就《全臺詩》用韻歸納整理結果對應，《全臺詩》顯然少了「覺、物、曷、黠、錫、葉、洽」7 個入聲韻部；細究韻部分合內容後，會發現清臺灣本土文人近體詩使用的入聲韻部數量，或因混用現象混入他部而略有增減，以《詩》的入聲韻部「錫」韻為例，清臺灣本土文人近體詩入聲韻部未包含此入聲韻部，但咸同時期，實有「滴」「荻」兩錫韻字分別與質、陌兩韻混用；係因錫韻字出現次數太少，且都與他韻混用，故清臺灣本土文人近體詩韻部中，不另立錫韻一部，而依其混用情形，分別列入質、陌兩韻。

　　混用部分如下，計有「通、臻、山、宕」四攝入聲韻有混用現象：

1、通攝入聲

　　（同攝）屋沃混用 3 次（道咸同／臺－南 3）

　　（異攝）屋覺混用 1 次（道咸同／淡－北 1）

　　計有同攝混用現象 1 種 3 次，主要是屋、沃兩韻的混用；異攝混用現象 1 次，為屋韻與江攝覺韻的混用。

2、江攝入聲

　　（異攝）屋覺混用 1 次（道咸同／淡－北 1）

　　計有異攝混用現象 1 次，為覺韻與通攝屋韻的混用。

3、臻攝入聲：計有異攝混用現象 2 種

　　（異攝）質職混用 1 次（道咸同／淡－北 1）

　　（異攝）質錫混用 1 次（道咸同／竹 1）

　　計有異攝混用現象 2 種 2 次，為質韻和職、錫兩韻的混用。

4、山攝入聲：計有同攝混用現象 1 種

　　（同攝）月屑混用 3 次（光緒／彰 2、臺－南 1）

　　計有同攝混用現象 1 種 3 次，為月、屑兩韻的混用。

5、梗攝入聲

　　（同攝）陌錫混用 1 次（道咸同／彰 1）

　　（異攝）質錫混用 1 次（道咸同／竹 1）

　　計有同攝混用現象 1 種，為陌、錫兩韻的混用；異攝混用現象 1 種 1 次，為錫、質兩韻的混用。

6、曾攝入聲

　　（異攝）質職混用 1 次（道咸同／淡－北 1）

計有異攝混用現象 1 種，爲質、職兩韻的混用。

據上述清領時期臺灣本土文人近體詩入聲韻混韻現象的結果，「通、江、臻、山、梗、曾」等六攝入聲韻部混用的現象中，僅山攝入聲韻只有同攝混用的現象，通、臻兩攝入聲韻除同攝混用現象外，尚與其他韻攝的入聲韻有混用現象產生。

透過上述內容，可清楚觀察清領時期臺灣本土文人近體詩的用韻狀況，9,295 個單韻韻段中，押平聲韻者，計有「支 711 微 249 魚 237 虞 269 齊 202 佳 36 灰 429 蕭 191 肴 34 豪 114 歌 294 麻 375 尤 621 東 526 冬 79 江 17 眞 629 文 185 元 284 寒 316 刪 182 先 902 陽 710 庚 838 青 154 蒸 97 侵 293 覃 63 鹽 56 咸 23」〔註11〕等 30 韻，9,119 個韻段，約佔清臺灣本土文人近體詩單韻詩作總數的 98.11％；仄聲韻部分則有上聲韻「紙 16 語 3 麌 6 篠 5 哿 2 馬 1 有 12 皓 6 腫 1 講 1 阮 1 養 5 梗 13」等 12 個韻部，72 個韻段，約 0.77％；去聲韻「遇 9 寘 7 霽 2 未 1 隊 1 御 7 卦 2 皓 6 嘯 3 禡 5 宥 6 送 2 震 2 願 1 翰 1 勘 2 霰 10」等 17 個韻部，61 個韻段，約 0.66％；入聲韻「屋 3 沃 6 質 6 月 7 屑 3 藥 3 陌 7 職 3 緝 5 合 1」等 10 個韻部，44 個韻段，約 0.46％。綜上所述，透過單韻詩作韻調比例的比較，可發現清臺灣本土詩人的近體詩押韻實貌，符合「近體詩多押平聲韻」之定義，僅有少數詩作押上、去、入聲韻。

再進一步透過近體詩平、上、去聲韻部在近體詩單韻詩作中的「平均韻段數」〔註12〕，以觀察文人的用韻偏好，因 308 例混韻韻段難以歸結其所屬的 106 韻的韻部歸屬，故此處並不列入「平均韻段數」的計算範圍，僅以 9,295 個單韻韻段爲對象，平聲韻的「平均韻段數」爲 303.96 個（韻段）／（韻部），以此爲據，參酌各韻部的韻段總數來看，韻段總數超過「平均韻段數」的韻部，計有「支 711」、「灰 429」、「麻 375」、「尤 621」等 4 個陰聲韻部，和「東 526」、「眞 629」、「寒 316」、「先 902」、「陽 710」、「庚 838」等 6 個陽聲韻部；上聲韻的「平均韻段數」爲 5.54 個（韻段）／（韻部），以此爲據，參酌各韻部的韻段

〔註11〕 筆者按：韻目旁的數字爲該韻目在清臺灣文士近體詩中被使用的韻段總數。

〔註12〕 筆者按：此處的「平均韻段數」，即將「清領時期臺灣本土文人的近體詩總數」依平、上、去、入聲韻部之別，分別除以「清領時期臺灣本土文人近體詩中所使用的平、上、去、入聲韻部的獨用韻段總數」，而所得數據的單位爲「個（韻段）／個（韻部）」。旨在探求「清領時期臺灣本土文人近體詩所使用的 30 個平聲韻部，在全數近體詩三千多個平聲韻段中所佔的平均韻段數」；上、去、入聲的「平均韻段數」亦依此計算，用以觀察清領時期臺灣本土文人近體詩作的「韻部」使用偏好的判斷依據。

總數來看，韻段總數超過「平均韻段數」的韻部，計有「紙 16」、「麌 6」、「有
12」、「皓 6」等 4 個陰聲韻部，和「養 5」、「梗 13」等 2 個陽聲韻部；去聲韻
的「平均韻段數」爲 3.81 個（韻段）／（韻部），以此爲據，參酌各韻部的韻
段總數來看，韻段總數超過「平均韻段數」的韻部，計有「遇 9」、「寘 7」、「禡
5」、「宥 6」等 4 個陰聲韻部，和「霰 10」1 個陽聲韻部；入聲韻的「平均韻段
數」爲 4.4 個（韻段）／（韻部），以此爲據，參酌各韻部的韻段總數來看，
韻段總數超過「平均韻段數」的韻部，計有「沃 6」、「質 6」、「月 7」、「陌 7」、
「緝 5」等 5 個入聲韻部。

　　據王力《漢語詩律學》之分，平水詩韻中的平聲 30 韻，可依該韻部的韻字
多寡，或運用的方便性，可分爲寬韻、中韻、窄韻、險韻四類〔註13〕，而平聲
韻 12 個韻部中，「支、尤、東、眞、先、陽、庚」等 7 個韻部，皆屬王力的「寬
韻」，「灰、麻、寒」等 3 個韻部，則屬王力的「中韻」範圍；上、去、入聲韻
部，王力則未說明寬、中、窄、險韻各爲哪些韻部，但平賅上去，上聲韻部分，
「紙、麌、有、養、梗」等 5 個韻部屬於王力的「寬韻」，「皓」則屬王力的「中
韻」範圍；去聲韻部分，「寘、遇、宥、霰」等 4 個韻部，皆屬王力的「寬韻」，
「禡」韻則屬王力的「中韻」範圍。整體來說，主要仍以平聲韻部押韻。

　　由此可見，清領時期臺灣本土文人近體詩用韻偏好，以「寬韻」和「中
韻」的韻目爲優選；再由前述韻部的韻段總數來看，屬於陰聲韻者的平、上、
去聲韻部總計 12 個，韻段數計有 2,203 個，陽聲韻尾部分則爲 9 個韻部，共
計 3,949 個韻段，可得如下兩個結論：（一）以陰、陽聲韻部分別在寬、中韻
所佔的韻部總數來看，清臺灣本土文人的近體詩用韻偏好爲「平聲韻部分，
陽聲韻部多於陰聲韻部；上、去聲韻部分，則是陰聲韻部多於陽聲韻部」；（二）
若以陰、陽聲韻部在寬韻和中韻所佔的韻段總數來看，平聲韻部分，以陽聲
韻部的「寬韻」偏好程度爲最，尤以「庚 838」、「陽 710」、「眞 629」等陽聲韻
部和「支 711」、「尤 621」等陰聲韻部爲首要順位；上、去聲韻部分，都偏好使
用陰聲韻部的「寬韻」韻部，如「紙 16」、「有 12」、「遇 9」，陽聲韻部的「寬
韻」韻部，如「梗 13」、「霰 10」次之。

〔註13〕見王力《漢語詩律學》，上海教育出版社，2005 年 4 月，頁 43～44。王力書
　　　中提及，寬韻一般指詩韻字數較多的韻，窄、險韻，則指字數較少的韻部。
　　　寬韻包含「支、先、陽、庚、尤、東、眞、虞」8 韻，中韻包含「元、寒、魚、
　　　蕭、侵、冬、灰、齊、歌、麻、豪」等 11 韻，窄韻指「微、文、刪、青、蒸、
　　　覃、鹽」等 7 韻，險韻則是「江、佳、肴、咸」等 4 韻。

綜上所述，《全臺詩》所收臺灣本土文人的近體詩作品 9,602 首中，僅 308 首有混用現象，約 3.21％，餘皆爲一韻到底之作，就一韻到底所佔比例高達 96.79％來看，可見清臺灣本土詩人的近體詩押韻實貌，符合本文「近體詩爲一韻到底之作，採用飛雁入群、飛雁出群、進退、轆轤等用韻格式之作例外；且多押平聲韻部」之定義。

由前述本章第二、三節清臺灣本土詩人近體詩的韻部歸納、韻部獨用同用統計表來看，無論是陰聲韻、陽聲韻或入聲韻，韻部混用的韻段在康雍乾嘉時期都僅是偶見的一時一地一人的零星現象，而自道光時期迄至光緒時期，混韻現象的種類與數量皆隨著近體詩創作活動的蓬勃發展而增多（見表2.4）：

表 2.4　清臺灣本土文人近體詩韻部韻調比較表

韻調＼時期	單韻韻段（單位：個）				混韻韻段（單位：個）	韻段總計
	平聲韻	上聲韻	去聲韻	入聲韻		
康雍	89	0	1	1	5	96
乾嘉	765	3	0	1	15	784
道咸同	6,300	58	52	36	229	6675
光緒	1,963	11	8	6	59	2045
未知	2	0	0	0	0	2
總　計	9,119	72	61	44	308	9,295

由上表可見，儘管近體詩基本上嚴禁用韻通轉，要求一韻到底，但清臺灣本土文人近體詩的韻部混用情形卻自道光時期後大爲增加，意即實際的用韻標準自道光時期後漸爲寬鬆；其中「寒刪 45」、「東冬 41」、「庚青 33」、「文元 17」、「支微 16」、「庚蒸 14」、「魚虞 11」等韻部通押現象，不僅在康雍至光緒時期的兩百多年間持續出現，且不侷限於單一區域。但仍比宋、金時期的協韻現象嚴謹得多，以陽聲韻尾／－m／、／－n／、／－ŋ／的各韻爲例，晚唐五代至宋的近體詩的陽聲韻尾混押爲一常例，金時的近體詩雖較少見，但／－n／、／－ŋ／韻尾通押仍爲常例性的現象，／－m 尾與／－n／、／－ŋ／韻尾協韻則爲偶例，而清臺灣本土詩人近體詩部分，則不見／－m／尾與／－n／、／－ŋ／韻尾通協現象，／－n／、／－ŋ／韻尾協韻相較於整體陽聲韻尾的用韻現象，也僅佔 1％以下的偶例。此現象應與臺灣的特殊政治文化背景

因素有關，雖受清政府管轄，但因清政府採消極治臺政策，爲防臺而鼓勵臺灣文士參與科舉，進而促進臺灣本土文士的文學創作，但因員額有限，且道光後文士有感於清廷無心治臺而多私結詩社以紓胸懷，並回歸鄉里大舉文教，因而吟詩風氣漸盛，也較易有方音入韻的現象；相似的方音用韻現象尚有道咸同時期臺南詩人許南英的「支麻通押」，光緒時期彰化詩人陳肇興的「東蕭通押」、「微魚通押」等現象。此外，「支、微、齊」三韻間的混用現象，在清臺灣本土詩人的近體詩中，計有 12 次，雖跟支微齊三韻各自獨用的比例相比，僅佔約 1%，並非常例，但其中 7 次出於道咸同時期淡水廳竹塹（今新竹一帶）詩人林占梅之作，又以閩語方音的文、白兩讀來看，在 12 個「支微齊混用」的韻例所使用的韻字，皆讀／－i／或／－ui／，可見，「支、微、齊」三韻合用就道咸同時期淡水廳竹塹地區詩人而言，實可視爲一用韻常例；而此止、蟹攝分合的用韻現象與近代北方音代表的元代韻書《中原音韻》中「支思」、「齊微」的分部結果相似〔註 14〕，且在部分金元時期的近體詩中早有「支微齊混用」的前跡可循；據耿志堅〈全金詩用韻考〉研究指出，《中原音韻》中的止、蟹攝分合情形，意謂著金元時期間北方音的止攝字中出現了舌尖前音、舌尖後音，並從止攝字中分出來而與蟹攝字產生混用的趨勢〔註 15〕，《全臺詩》中的止、蟹攝分合情形，則極可能是因爲詩人受閩語方音影響，止、蟹兩攝部分韻字因主要元音都有／－i／而可混用；由此可知，止、蟹兩攝的韻字分合，無論在南、北方音中，都有著相似的音變趨勢。上述清領時期臺灣本土文人近體詩的混韻內容將於第四章第一、二、三節中循陰、陽、入聲韻部的韻攝順序，詳作說明。

第四節　附論清臺灣本土文人試帖詩及六言詩用韻

　　《全臺詩》所收錄的清臺灣本土詩人的古典詩歌類型，除近體詩、古體詩之外，尚有 513 首「試帖詩」、21 首「六言詩」和 1 首「九言詩」；「試帖詩」是因應科舉考試的目的，自唐人排律演變而來的詩歌格式，有五言六韻和五言八韻兩種體制；「六言詩」本爲唐人近體詩體之一，有絕句、律詩、三韻之分，平仄格律和用韻規定近似唐人律體；「九言詩」據傳由三國魏廢帝曹髦所

〔註 14〕　見耿志堅〈全金詩用韻考〉，《彰化師範大學學報》第四期，1993.06。
〔註 15〕　見耿志堅〈全金詩用韻考〉，《彰化師範大學學報》第四期，1993.06。

創〔註16〕，詩歌格律同於近體詩平仄格律規定，但用韻規定則不拘一格，或如近體詩，或如古體詩，但因《全臺詩》所輯的「九言詩」之格律形式近於「九言古詩」；因而本論文將「試帖詩」、「六言詩」的用韻現象列爲本章附論，並與近體詩用韻現象對照觀察；前述的「九言詩」則列爲第三章附論。

關於「試帖詩」和「六言詩」的詩體定義和用韻現象，將於下文詳作討論，第一節爲試帖詩定義討論、用韻歸納及分部結果，第二節爲六言詩的定義討論、用韻歸納和分部結果。

壹、試帖詩

《全臺詩》中共收有 513 首清臺灣本土文人的試帖詩，本節將以此爲材料，探討清臺灣本土文人試帖詩用韻現象，下文將分三步驟進行，首先說明試帖詩定義及相關韻例，再就 513 首試帖詩進行韻字歸納及分部，最後與《詩韻集成》和清臺灣本土文人近體詩（單韻詩作部分）用韻分部的結果進行對照。

一、試帖詩定義

清臺灣本土文人試帖詩創作活動的發展，始於清政府在臺推行「科舉取士」，其後發展與清代書院之試帖詩學習〔註17〕、臺灣傳統詩社的「擊鉢聯吟」活動息息相關。但「試帖詩」做爲一詩體，源於唐代明經考試之需，唐人將所習的經文律詩，掩其兩端，中開一行，裁紙爲帖，稱爲「試帖」；發展至宋神宗時期，因王安石變法而取消，期間歷經元明清初，皆未列入科考項目，直至乾隆 22 年（1757）於科考項目中增加「試帖詩」一項，始與「八股文」並列爲科考的兩大文類，舉凡童試、歲考、科考到鄉試，皆規定考試科目除四書五經之時文、策論外，還須考 1 首排律詩，體制也與唐時略異〔註18〕。

〔註16〕 見龔鵬程策畫，嚴羽原著，《滄浪詩話》卷二〈詩體〉，金楓出版社，1999。

〔註17〕 清代書院自雍正 11 年（1733）後，逐漸重視應試科舉；乾隆元年上諭：「書院之制，所以導進人才，廣學校所不及。」促使乾隆時期的書院教學，將八股文和試帖詩列爲教學重點。見陳培桂纂修《淡水廳志》卷五〈學校志〉（台中：臺灣省文獻委員會，1977）、林文龍《台灣的書院與科舉》（台北：常民文化，1999 年 9 月），頁 17。

〔註18〕 見鄭天挺《清史探微》，雲龍出版社，2002，頁 481～483。楊春俏，〈清代科場加試試帖詩之始末及原因探析〉，《東方論壇》，2005（5）。陳志揚，〈論清代試帖詩〉，《學術研究》，2008（4），頁 131～135。

　　其體制由唐人排律演變而來，為一介於古文和律詩之間的文類，唐時為五、七言，且多為四韻或六韻，八韻者極少，自成一體而別於唐人近體詩平仄譜；演變至清代，依「童試」、「鄉試」規定不同，而有五言六韻、五言八韻兩種體制，即一首 12 句或 16 句的五言排律詩；形式固定，結構嚴謹，且須擅於對偶，除前後聯不需對仗外，其餘各聯皆須對仗。用韻部分，因唐時試帖詩作的題前都有「賦得」二字，又稱「賦得體」〔註19〕，題後註明「得 X 字」，意旨全詩需選用該字所屬的韻部入韻，且需將該字用在詩作的第二句或第四句，不得更換，限用官韻，且需取用平聲韻部的韻字，一韻到底，不可重韻〔註20〕。就五言八韻而言，單句不用韻，雙句必用韻，近體詩平仄譜中有首句用韻者，但試帖詩為避免首句用韻而成九韻，故首句不押，五言六韻者亦同。用韻規定之嚴格，《清稗類鈔：考試用五言八韻詩》〔註21〕即有相關記載：

　　　　大小考試皆用五言八韻詩，即試帖也。洪北江嘗謂此於諸體中又若別成一格，有作家而不能為八韻詩者，有八韻詩工而實非作家者，如郎中項家達、主事貴徵，雖不以詩名家，而八韻則極工。項於某年考差，題為『王道如龍首』得『龍』字，五六雲：『詎必全身現，能令眾體從。』貴於某年朝考，題為『草色遙看近卻無』得『無』字，五六雲：『綠歸行馬外，青人濯龍無。』可雲工矣。祭酒吳錫麒於諸作外，復工此體，然道光庚戌考差，題為『林表明霽色』得『寒』字，吳頸聯下句雲：『照破萬家寒。』時閱卷者為大學士伯和珅，忽大驚曰：『此卷有破家二字，斷不可取。』吳卷由是斥落。

〔註19〕見鄭天挺《清史探微》，雲龍出版社，2002 年，頁 481～489。「賦得」一詞源自元代朱元璋，發展至明初成為一例行的官方文類。。蔣金星，〈清代科舉試帖詩「得×字」中「×」的位置〉，《中國韻文學刊》，2007 年（1），頁 19～21。

〔註20〕見陽春俏《詩賦取士背景下的詩國風貌》，光明日報出版，2009 年。李冰〈柒、清代考課式書院教育與科舉關係研究〉，《書院教育與科舉關係研究》，臺北：臺灣大學出版中心，2005 年，頁 221～304。鄭天挺《清史探微》，雲龍出版社，2002 年，頁 489。李杜紅，《論清初詩歌與科舉制度之關係》，蘇州大學博士論文，2007 年。陳志揚，〈論清代試帖詩〉，《學術研究》，2008 年（4），頁 131～135。

〔註21〕《清稗類鈔》，臺北：中華書局，1984 年。《清稗類鈔》為一筆記小說，清代掌故遺聞的彙編，晚清遺老徐珂（1869 年～1928 年）編撰，1917 年由商務印書館初版，分成 48 冊；1984 年中華書局重印為 13 冊；網路版見於 http://www.open-lit.com/bookindex.php?gbid=322。

綜上所述，試帖詩應爲一「爲求應試科舉，且五言八韻或五言六韻之作，除前後聯外，皆須平仄對仗之作；如詩題有『得 X 字』的字樣出現，則須以該『X』字爲首聯或第二聯的韻字，且整首字需以其所屬的詩韻韻部入韻」的詩體，且「限用官韻、需一韻到底且押平聲韻」的嚴格規定則更甚於清代近體詩，此外，因要求用語莊重典雅，方音俚語皆不可入詩，故試帖詩從嚴來看，應無方音入韻的現象。

　　但觀察《全臺詩》所收的清臺灣本土文人試帖詩作，卻發現題目命名及用韻表現等部分，已與唐時試帖詩略有不同。題名方面，絕大部分的詩人的題目仍依「賦得某某得『X』字」的形式命題，僅道光時期淡水廳大龍峒詩人施瓊芳例外，其 111 首試帖詩的題目內皆未含「得 X 字」的題名，如〈政貴有恆〉、〈十八學士登瀛洲〉等詩題，且皆爲五言八韻的體制。用韻方面，出現了「支侵混用」、「東冬混用」、「庚蒸混用」、「鹽咸混用」等混押現象；也出現了 1 例押仄聲韻的韻例。陽春俏在試帖詩〈清代試帖詩限韻及用韻分析〉及《詩賦取士背景下的詩國風貌》的研究結果也指出，即便唐、清時試帖詩用韻規定甚嚴，「限用官韻且需一韻到底，一旦出韻即不錄取」，但考場中仍時有混韻之作出現〔註 22〕，可見官韻分部就時音來看，確有尚待斟酌之處。儘管如此，試帖詩的用韻規定，大致上仍與清代近體詩的用韻規範相近，故本文將試帖詩的用韻情形列爲近體詩用韻析論的附論，以做爲近體詩用韻情形的觀察對照對象。

二、試帖詩韻例說明

　　承上所述，清臺灣本土文人試帖詩的體制源自唐人排律，基本上可分爲五言六韻和五言八韻兩種體制，今各舉例說明其用韻格式。

　　（一）五言六韻：依題名「得 X 字」的「X」字所在位置，又可分爲「得韻字在第二句」、「得韻字在第 4 句」這兩類：

1、得韻字在第二句

如嘉慶時期臺灣縣詩人陳廷璧〈赤嵌夕照得陽字五言六韻〉：

　　赤嵌城臨水，千年照夕 陽 。餘輝流海國，斜影上臺 隍 。環顧皆昭燭，

〔註22〕見陽春俏《詩賦取士背景下的詩國風貌》，光明日報出版，2009 年。楊春俏〈清代試帖詩限韻及用韻分析〉，《山東師范大學學報（人文社會科學版）》2009年 6 期。

　　遙瞻似渺<u>茫</u>。歸帆依島嶼，短笛起滄<u>浪</u>。到處丹霞麗，無邊紫氣<u>揚</u>。
　　東寧饒勝景，覽古仰清<u>光</u>。

以詩題「得陽字」的「陽」字爲首聯韻腳，首句不入韻，全詩一韻到底，且以「陽」字所屬的平聲韻部「陽韻」字爲韻腳：「陽、隍、茫、浪、揚、光」等6字；共計12句6個韻腳，通篇成一韻段。

　　2、得韻字在第四句

　　如道光時期淡水廳大龍峒詩人陳維英〈賦得春盡雨聲中得聲字五言六韻三首之一〉：

　　雨不隨春去，春歸雨未<u>晴</u>。卻添空翠影，慣聽落紅<u>聲</u>。旅邸愁無限，
　　番風信已<u>更</u>。花殘誰續夢，樓小更關<u>情</u>。有腳難留住，連宵滴到<u>明</u>。
　　蕉窗分曙色，何處曉鐘<u>鳴</u>。

以詩題「得聲字」的「聲」字爲第二聯（即第四句）的韻腳，首句不入韻，全詩一韻到底，且以「聲」字所屬的平聲韻部「庚韻」字爲韻腳：「晴、聲、更、情、明、鳴」等6字；共計12句6個韻腳，通篇成一韻段。

　　（二）五言八韻：依題名是否有「得Ｘ字」及「Ｘ」字所在位置，又可分爲「得韻字在第二句」、「得韻字在第4句」和「題名未註明『得Ｘ字』」這三類：

　　1、得韻字在第二句

　　如道光時期淡水廳大龍峒詩人陳維英〈賦得遠泉經雨夜窗知得知字五言八韻〉：

　　絕壑秋經雨，空齋那得<u>知</u>。泉鳴窗不鎖，夜靜枕頻<u>欹</u>。瀑影憑雲隔，
　　風聲傍竹<u>吹</u>。流添音瀝瀝，紗透韻遲遲。列岫煙消否，殘燈夢醒<u>時</u>。
　　度關牽客思，剪燭話歸<u>期</u>。響切疑琴弄，櫺疏併月<u>移</u>。來期閒捲幔，
　　霽色畫山<u>眉</u>。

以詩題「得知字」的「知」字爲首聯韻腳，首句不入韻，全詩一韻到底，且以「知」字所屬的平聲韻部「支韻」字爲韻腳：「知、欹、吹、遲、時、期、移、眉」等8字；共計16句8個韻腳，通篇成一韻段。

　　2、得韻字在第四句

　　如道光時期淡水廳大龍峒詩人陳維英〈賦得秋雨梧桐葉落時得秋字五言八韻〉：

　　奏罷淋鈴曲，經年恨尚<u>留</u>。況當梧葉落，又聽雨聲<u>秋</u>。畫檻雲空淡，

瑤階月不⬚浮⬚。滴殘連理樹，飄到望仙⬚樓⬚。日暮巫山遠，風寒玉井⬚幽⬚。
宵添駕被冷，詩寫馬嵬⬚愁⬚。舊話思巴蜀，前緣感御⬚溝⬚。朝陽鳴盛世，
唱和鳳凰⬚遊⬚。

以詩題中「得秋字」的「秋」字爲第二聯（即第四句）韻腳，首句不入韻，
全詩一韻到底，且以「秋」字所屬的平聲韻部「尤韻」字爲韻腳：「留、秋、
浮、樓、幽、愁、溝、遊」等 8 字；共計 16 句 8 個韻腳，通篇成一韻段。

3、題名未註明『得 X 字』

如道光時期臺灣縣詩人施瓊芳〈政貴有恒〉：

格訓傳周語，彰常治要⬚徵⬚。爲觀書論政，轉悟易占⬚恒⬚。有德欽星拱，
無私頌日⬚升⬚。鴻謨垂正大，象魏布因⬚仍⬚。久遠懸金鑑，平康準玉⬚繩⬚。
一知民可式，三仰道方⬚興⬚。最報東郊績，名符北嶽⬚稱⬚。雷風昭不易，
皇北泱林⬚蒸⬚。

題名爲「政貴有恒」四字，其中不見「得 X 字」的註明；韻腳爲「徵、恒、
升、仍、繩、興、稱、蒸」等 8 字，皆屬詩韻「蒸韻」字；全詩一韻到底，
首句不入韻，共計 16 句 8 個韻腳，通篇成一韻段。

三、試帖詩用韻歸納與分部

本節試帖詩韻部系聯歸納的實際操作方法大致上同本章第二節「近體詩
韻字系聯步驟及相關原則」，不同處僅是本節省略了近體詩韻部系聯歸納時的
第一個步驟，即不另對 513 首試帖詩進行分期，而直接進行系聯分部的步驟；
因試帖詩作總數僅 513 首，遠少於近體詩的總數，且集中於嘉慶、道光、咸
豐年間，不如近體詩創作年代的長遠；此外，限用官韻，規則之嚴更甚近體
詩；故本節不再爲試帖詩進行分期的步驟。

經筆者統計，《全臺詩》中共收有 513 首清臺灣本土文人的試帖詩，集中
於嘉慶、道光、咸豐時期：（一）嘉慶時期計有 5 人 5 首（因詩作數較少，下
文以「嘉」統稱之）；（二）道光時期計 4 人 447 首，分別是淡水廳大龍峒詩
人陳維英 12 首（下文以「陳」稱之）、淡水廳竹塹詩人鄭用錫 322 首〔註23〕

〔註23〕見《臺灣先賢詩文集彙刊·第二輯》卷 1～3〈北郭園全集（上）、（中）、（下）〉；
又見《北郭園全集》（全三冊），板橋：龍文出版社，1992 重印版；又見劉芳
薇《北郭園詩鈔校釋》，臺灣書房，2003 年。清道光時期淡水廳竹塹詩人鄭用
錫《北郭園全集》中編有《試帖詩卷》2 卷，共輯有 298 個詩題，320 首試帖
詩。

（下文以「鄭」稱之）、林占梅 2 首（下文以「林」稱之）、臺灣縣今臺南一帶詩人施瓊芳 111 首〔註 24〕（下文以「施」稱之）；（三）咸豐時期則計有 2 位詩人共 61 首，分別是淡水廳八芝蘭詩人曹敬 36 首（下文以「曹」稱之）、嘉義縣詩人賴國華 25 首（下文以「賴」稱之）。

（一）陰聲韻

【獨用】平聲：「支 37 微 12 魚 26 虞 20 齊 3 佳 2 灰 21 蕭 7 肴 4 豪 6 歌 18 麻 14 尤 34」等 13 韻，共計 203 個韻段。

【混用】

1、止攝

（異攝）支侵混用 1 次（鄭 1 次）

中古韻攝	詩韻韻部	韻　腳
止 深	支 ‖ 侵 1	詩姿移吹窺差遲 ‖ 琴

此例見於清道光時期淡水廳竹塹（今新竹一帶）詩人鄭用錫〈左右修竹得詩字〉一詩，除末句以詩韻的侵韻字「琴」入韻外，前五聯皆以詩韻支韻字「詩、姿、移、吹、窺、差、遲」入韻，清臺灣本土文人近體詩中並無「支侵混用」現象，歷代古、近體詩中也未見此混用現象，故此例應屬詩人個別性的方音入韻現象，支韻「詩姿移差遲」字文、白讀為／－i／，「吹窺」文、白讀為／－ui／，侵韻「琴」字文、白讀皆為／－im／，「支侵混用」為一陰聲韻尾和陽聲韻尾混押的用韻現象，意謂著該詩人的語感中，少數侵韻字的雙唇鼻音韻尾／－im／已消失，因其主要元音／－i－／和支韻字的主要元音／－i－／相同，便與支韻字混押。

由上述用韻結果觀察清臺灣本土文人試帖詩的陰聲韻部，共計 13 個陰聲韻部，與《詩韻集成》陰聲韻部的數量相同。

（二）陽聲韻

【獨用】平聲：「東 28 冬 13 江 7 眞 34 文 15 元 7 寒 17 刪 13 先 26 陽 33 庚 53

〔註24〕見《臺灣先賢詩文集彙刊‧第一輯》卷 1～3〈石蘭山館遺稿（上）、（中）、（下）〉。清道光時期臺南詩人施瓊芳《石蘭山館遺稿》中有試帖詩 4 卷，輯有 101 個詩題，111 首試帖詩。筆者按：余育婷，《施瓊芳詩歌研究》第五章「施瓊芳詩歌之內容分析（下）」（東吳大學中文所碩士論文，2005 年）中，曾立小節探討施瓊芳試帖詩作，但內容著重在主題內容的探討，用韻部分，僅提及施瓊芳試帖詩押韻多押實字、常字，鮮用僻韻，並未涉及韻部分析。

青 7 蒸 15 侵 14 覃 9 鹽 5 咸 7」等 17 韻，共計 304 韻段。

【混用】

1、通攝：

（同攝）東冬混用 1 次（林）

中古韻攝	詩韻韻部	韻　　腳
通	東‖冬 1	紅叢翁楓功‖容

此例見於清道光時期淡水廳竹塹（今新竹一帶）詩人林占梅〈與友賦秋林分韻得紅字〉一詩，除第四句以詩韻的冬韻字「容」入韻外，前五聯皆以詩韻東韻字「紅、叢、翁、楓、功」入韻，清臺灣本土文人近體詩中也有「東冬混用」現象。

2、梗攝

（異攝）庚蒸混用 1 次（曹）

中古韻攝	詩韻韻部	韻　　腳
梗　曾	庚‖蒸 1	生明誠情成‖增

此例見於清咸豐時期淡水廳八芝蘭（今士林一帶）詩人曹敬〈賦得本立而道生得生字五言六韻〉一詩，除第六句以詩韻的蒸韻字「增」入韻外，第一、二、四、五、六聯分別以詩韻庚韻字「生、明、誠、情、成」入韻，清臺灣本土文人近體詩中也有「庚蒸混用」現象。

3、臻攝

（異攝）真侵混用 1 次（鄭）

中古韻攝	詩韻韻部	韻　　腳
臻　深	真‖侵 1	珍‖心臨忱金吟侵今

此例見於清道光時期淡水廳竹塹（今新竹一帶）詩人鄭用錫〈江心鑄鏡得心字〉一詩，除末句以詩韻的真韻字「珍」入韻外，第一、二、四、五、六聯分別以詩韻侵韻字「心、臨、忱、金、吟、侵、今」入韻，清臺灣本土文人近體詩中也有「真侵混用」現象。

4、咸攝

（同攝）鹽咸混用 1 次（施）

中古韻攝	詩韻韻部	韻　　腳
咸	鹽‖咸 1	占尖纖廉添嫌兼‖鹹

　　此例見於清道光時期臺灣縣（今臺南一帶）詩人施瓊芳〈一詩換得兩尖團〉一詩，除末句以詩韻的咸韻字「鹹」入韻外，前七聯分別以詩韻鹽韻字「占、尖、纖、廉、添、嫌、兼」入韻，清臺灣本土文人近體詩中無「鹽咸混用」現象。此例應屬詩人個別性的方音入韻現象。

　　由上述用韻結果觀察清臺灣本土文人試帖詩的陽聲韻部，雖出現「東冬混用」、「庚蒸混用」、「鹽咸混用」、「眞侵混用」等四種韻部混用現象，但都僅出現一次，在試帖詩用韻中，並非一普遍性的用韻現象，故可視爲詩人個別性的用韻現象；因而清臺灣本土文人試帖詩的陽聲韻部計有 17 個，與《詩韻集成》陽聲韻部的數量相同。

（三）入聲韻

　　【獨用】陌韻，共計 1 個韻段。

　　此例見於嘉慶時期臺灣府東港（今屏東東港一帶）詩人陳登科〈翠屏夕照得夕字五言六韻〉，韻字「夕、碧、窄、翮、積、戟」爲陌韻字，屬五言六韻的試帖詩作。因 513 首試帖詩中，僅此一例押入聲韻，韻例數過少而不足以觀察清臺灣本土文人試帖詩的入聲韻部，故此處僅視爲詩人個別性的用韻現象。

　　由前述用韻結果得出，清臺灣本土文人試帖詩韻部爲「支 37 微 12 魚 26 虞 20 齊 3 佳 2 灰 21 蕭 7 肴 4 豪 6 歌 18 麻 14 尤 34 東 28 冬 13 江 7 眞 34 文 15 元 7 寒 17 刪 13 先 26 陽 33 庚 53 青 7 蒸 15 侵 14 覃 9 鹽 5 咸 7」等 30 個韻部（平賅入聲），與《詩韻集成》、清臺灣本土文人近體詩（單韻部分）的韻部（平賅上去入）相同。此外，總結前述對清臺灣本土文人試帖詩的陰聲韻部、陽聲韻部、入聲韻部的用韻探討，可知：

1、陽聲韻混押韻例的數量和比例較多：陰聲韻混押韻例有 1 例，陽聲韻則有 4 例，入聲韻無混用韻例。

2、《全臺詩》所收臺灣本土文人的試帖詩作品 513 首中，僅 5 首有混用現象，餘皆爲一韻到底之作，一韻到底所佔比例高達 99.03％。

3、押仄聲韻者僅一例，佔全數試帖詩作的 0.19％。

　　綜上所述，清臺灣本土詩人的試帖詩押韻實貌，符合唐代試帖詩「需押平聲韻且一韻到底」定義者有 507 首，約 98.83％，可見清臺灣本土文人的試帖詩用韻，絕大部分仍沿襲唐代試帖詩的規定，僅有少數詩人在習作過程中，或未完全熟記韻字歸部，受方音影響而造成韻部混用現象，或刻意以仄聲韻入詩。

試帖詩韻部的「平均韻段數」〔註25〕爲 16.55 個（韻段）／（韻部），以此爲據，參酌各韻部的韻段總數來看，韻段總數超過「平均韻段數」的韻部，計有「支 37」、「魚 26」、「虞 20」、「灰 21」、「歌 18」、「尤 34」等 6 個陰聲韻部，和「東 28」、「眞 34」、「寒 17」、「先 26」、「陽 33」、「庚 53」等 6 個陽聲韻部，其中，「支、先、陽、庚、尤、東、眞、虞」等 8 個韻部，皆屬王力的「寬韻」，「魚、灰、歌、寒」等 4 個韻部，則屬王力的「中韻」範圍；由此可見，清臺灣本土文人試帖詩用韻偏好，以「寬韻」和「中韻」的韻目爲優選；再由前述韻部的韻段總數來看，屬於陰聲韻者的韻部有 6 個，韻段數計有 156 個，陽聲韻尾部分則爲 4 個韻部，共計 191 個韻段，可得如下兩個結論：（一）以陰、陽聲韻部在寬韻和中韻所佔的韻部數目來看，清臺灣本土文人的試帖詩用韻偏好爲「陰聲韻部多於陽聲韻部」；（二）若以陰、陽聲韻部在寬韻和中韻所佔的韻段總數來看，則是陽聲韻部的「寬韻」的偏好程度大於陰聲韻部，尤以陽聲韻部「庚 53」、「眞 34」、「陽 33」和陰聲韻部「支 37」爲首要順位。

貳、六言詩

經筆者統計，《全臺詩》中共收有清臺灣本土文人的六言詩 21 首，下文將分三步驟進行，首先說明試帖詩定義及相關韻例，再將 21 首六言詩的用韻情形合併爲一，進行韻字歸納及分部，最後與《詩韻集成》和清臺灣本土文人近體詩（單韻詩作部分）用韻分部的結果進行對照。

一、六言詩的定義及韻例說明

「六言詩」爲唐人近體詩中的一種詩體，簡言之即爲「每句六字，必須對仗，偶數句押韻，平仄規定與首句押韻與否，皆依唐人平仄譜之律而定的詩體」〔註26〕，相傳始於漢司農谷永，今所見以漢末孔融的六言詩爲最早，魏、晉南北朝間，曹植、陸機等間有所作，直至唐宋年間，六言詩才有律詩、

〔註25〕 筆者按：此處的「平均韻段數」，即將「清臺灣本土文人的試帖詩總數」除以「清臺灣本土文仁試帖詩中所使用的韻部總數」，而所得數據的單位爲「個（韻段）／個（韻部）」。旨在探求「清臺灣本土文人試帖詩所使用的 31 個韻部中，每個韻部在 513 首試帖詩中所佔的平均韻段數」，以此做爲清臺灣本土文人試帖詩作的「韻部」使用偏好的判斷依據。

〔註26〕 見王力《漢語詩律學》，上海教育出版社，2005 年 4 月。

絕句、三韻（近似古體）之分，且有其固定體制﹝註27﹞；而輯自《全臺詩》的 21 首清臺灣本土文人六言詩作中，不見「六言三韻」之作，「六言絕句」則有 3 首，「六言律詩」為 18 首。

以下分就清臺灣本土文人的「六言律詩」及「六言絕句」兩種體制，進行韻例說明。

（一）六言律詩：共計 3 首，皆出於清道光時期臺灣縣（今臺南）詩人施瓊芳。

據唐人平仄譜來看，「首句仄起平收式」為六言律詩的正格，其平仄格律如下：

（平）平仄仄平平（韻），（仄）仄平平仄平（韻）。

仄仄（平）平仄仄，　　平平（仄）仄平平（韻）。

仄仄（平）平仄仄，　　（仄）仄平平仄平（韻）。

仄仄（平）平仄仄，　　平平（仄）仄平平（韻）。

每一句的第五個字一般情況不能單獨更改平仄格式，如果要改則必須跟同一句的第三字互換平仄，但無論平仄如何變動，韻字的位置皆是固定的；其韻例如道光時期臺灣縣（今臺南）詩人施瓊芳〈春閨怨〉：

天涯處處芳草，愁絕江南望窮。人到紅橋夢裏，春深紫燕聲中。

鴛鴦裙上金綫，楊柳堤邊玉驄。兀自靈犀撩亂，落花不問東風。

全詩每句六言，共計八句；平仄表現與前述平仄譜中的「首句仄起平收式」相同；韻字為「窮、中、驄、風」，皆為詩韻「東」韻字，全詩一韻到底，首句不入韻，通篇成一韻段。

又如同位詩人的另一首六言律詩〈亭柳〉：

東君為試風剪，裁出絲絲蔚藍。任說春長春短，幾看人北人南。

婆娑慣繫征馬，眠起還同熟蠶。無那柔條攀折，離亭別酒初酣。

全詩每句六言，共計八句；平仄表現與前述平仄譜中的「首句仄起平收式」相同；韻字「藍、南、蠶、酣」，皆為詩韻「覃」韻字，全詩一韻到底，首句不入韻，通篇成一韻段。

﹝註27﹞見明徐師曾《文體明辨·六言詩》，轉引自王力《漢語詩律學》，上海教育出版社，2005 年 4 月。衛紹生《六言詩體研究》第七章「六言律詩」一節，社會科學文獻出版社，2010 年。

（二）六言絕句

據衛紹生《六言詩體研究》所言，嵇康的六言詩契合韻律，每首四句，爲六言絕句的產生提供了基本句式，陸機的六言詩，注意對仗，則爲六言詩向近體詩的發展，打下了基楚，可視爲「六言絕句」雛形，但「六言絕句」正式成爲一格律詩，始於唐代，尤以王維〈田園樂輞川六言〉七首最具代表性，發展至宋代以後，六言絕句爲「不計平仄，講求對仗，採二二二節奏，且雙句押韻」之作〔註28〕。其韻例如清道光時期淡水廳竹塹（今新竹）詩人鄭用鑑〈題畫六言四首之一〉：

江樹一林春色，青山兩岸斜 陽 。有客閉門高臥，書聲只隔滄 浪 。

全詩共計四句，每句六言，平仄不拘，採二二二節奏，如首句「江樹一林春色」可分爲「江樹」、「一林」、「春色」等兩字一組的 3 個詞組；此外，全詩講求對仗，如首句以「江樹」、「一林」、「春色」分別與第二句的「青山」、「兩岸」、「斜陽」；韻字「陽、浪」，皆爲詩韻「陽」韻字，全詩一韻到底，首句不入韻，通篇成一韻段。

又如清咸豐時期淡水廳竹塹（今新竹）詩人鄭如蘭《題林雪村方伯占梅秋景畫幀六言四首之一》：

流水一溪漁唱，孤亭落日山 坳 。掛席浪遊天外，何如歸隱衡 茅 。

全詩共計四句，每句六言，平仄不拘，採二二二節奏，如首句「流水一溪漁唱」可分爲「流水」、「一溪」、「漁唱」等兩字一組的 3 個詞組；此外，全詩講求對仗，如首句以「流水」、「一溪」、「漁唱」分別與第二句的「孤亭」、「落日」、「山坳」對仗；韻字「坳、茅」，皆爲詩韻「肴」韻字，全詩一韻到底，首句不入韻，通篇成一韻段。

二、六言詩的韻字歸納及分部

經筆者統計，《全臺詩》中共收有清臺灣本土文人的六言律詩 21 首，創作者及其創作數量分別爲：（一）道光時期臺南詩人施瓊芳 3 首（下文以「施」稱之）；（二）道光時期竹塹詩人鄭用鑑 4 首（下文以「鑑」稱之）；（三）道光時期竹塹詩人林占梅 10 首（下文以「林」稱之）；（四）咸豐時期竹塹詩人鄭如蘭 4 首（下文以「蘭」稱之）。本節即以上述六言詩作爲取材對象，探討清臺灣本土文人六言詩的用韻實貌，但此處須先說明，因六言詩的韻例總數

〔註28〕見衛紹生《六言詩體研究》，社會科學文獻出版社，2010 年。

不多，甚且少於《詩韻集成》、清臺灣本土文人近體詩韻部和試帖詩韻部等韻系中的平聲韻目總數，故可知，「六言詩」的創作風氣的確遠小於清臺灣本土文人的近體詩歌、古體詩歌、試帖詩等其他詩歌類型，也因此難以如清臺灣本土文人的近體詩、古體詩和試帖詩等詩體一般，建立起一個較完整的韻部體系；也因此，本小節透過系聯歸納法整理出的六言詩韻部結果，雖仍能觀察清臺灣本土文人六言詩的用韻情況，但不能視為一整體性的用韻系統，因那些未曾使用於清臺灣六言詩中的詩韻韻部，未必代表該韻部已消失在六言詩的詩韻系統中，僅能說是清臺灣本土文人為配合詩情和個人的用韻偏好而未選用某些韻部。以下六言詩韻部系聯歸納的實際操作方法，同於「試帖詩」。

（一）陰聲韻

【獨用】：共計 9 個韻段

　　1、遇攝　　虞韻 1 次（道光：林 1），韻字：「區圖」

　　2、效攝　　蕭韻 1 次（道光：林 1），韻字：「腰橋」

　　　　　　　肴韻 2 次（道光：鑑 1；咸豐：蘭 1），韻字：「深音／坳茅」

　　3、果攝　　歌韻 1 次（道光：鑑 1），韻字：「波簑」

　　4、假攝　　麻韻 2 次（道光：林 1；咸豐：蘭 1），韻字：「涯霞／沙家」

　　5、流攝　　尤韻 2 次（道光：施 1、林 1），韻字：「鉤樓稠秋／流幽」

【混用】共計 1 個韻段

　　1、遇攝

（同攝）魚虞混用 1 次（道光：林 1）

中古韻攝	詩韻韻部	韻　腳
遇	魚 ‖ 虞 1	疏 ‖ 圖

　　由上表及前述用韻結果觀察清臺灣本土文人六言詩陰聲韻部的用韻情形，含「魚虞混押」韻例在內，共計 10 個韻段，皆押平聲韻部，未見仄聲入韻的現象；經系聯歸納的步驟後，可分為「魚虞」、「蕭」、「肴」、「歌」、「麻」、「尤」等六個韻部，實際涵蓋了《詩韻集成》和清臺灣本土文人的近體詩陰聲韻部、試帖詩陰聲韻部中的「魚、虞、蕭、肴、歌、麻、尤」等 7 個韻部，但少了前述三個陰聲韻部中的「支、微、齊、佳、灰、豪」等 6 個陰聲韻部。

（二）陽聲韻

【獨用】共計 10 個韻段

　　1、通攝　　東韻 2 次（道光：施 1、林 1），韻字：「窮中驄風／蔥空」

　　2、山攝　　刪韻 1 次（咸豐：蘭 1），韻字：「山還」

　　　　　　　先韻 1 次（道光：林 1），韻字：「前先」

　　3、宕攝　　陽韻 3 次（道光：施 1、林 2），韻字：「陽浪蒼／光香」

　　4、梗攝　　庚韻 1 次（咸豐：蘭 1），韻字：「聲晴」

　　5、咸攝　　覃韻 2 次（道光：施 1、林 1），韻字：「藍南蠶酣／嵐三」

【混用】共計 1 個韻段

　　1、山攝

　　（同攝）元刪混用 1 次（道光：鑑 1）

中古韻攝	詩韻韻部	韻　　腳
山	元 ‖ 刪	村 ‖ 山

　　由上表及前述用韻結果觀察清臺灣本土文人六言詩陽聲韻部的用韻情形，含「元刪混押」韻例在內，共計 11 個韻段，皆押平聲韻部，未見仄聲入韻的現象；經系聯歸納的步驟後，可分爲「東」、「元刪」、「先」、「陽」、「庚」、「覃」等六個韻部，實際涵蓋了《詩韻集成》和清臺灣本土文人的近體詩陰聲韻部、試帖詩陽聲韻部中的「東、元、刪、先、陽、庚、覃」等 7 個韻部，但少了前述三個陰聲韻部中的「多、江、眞、文、寒、青、蒸、侵、鹽、咸」等 10 個陰聲韻部。

　　由此韻字表可知，清臺灣本土文人六言詩可見的韻部，計有「東 2、魚虞 2、元刪 2、先 1、蕭 1、肴 2、尤 2、庚 1、麻 2、陽 3、歌 1、覃 2」12 個，且無論就韻段總數或韻部總數等因素來看，陰聲韻部和陽聲韻部使用的比例皆各佔一半。

第五節　近體詩（含試帖詩及六言詩）韻調及獨、混用之統計與說明

一、韻調之統計與說明

　　就清領時期臺灣本土文人的古典詩歌作品中，近體詩、試帖詩及六言詩

都是相較於古體詩歌的用韻規定更爲嚴格的詩體，今綜觀前述三類詩體，即近體詩 9,602 首、9602 個韻段、試帖詩 513 首、513 個韻段、六言詩 21 首、21 個韻段的用韻現象後，將其單韻、混韻的數目比較列表如下（見表 2.5）：

表 2.5　清臺灣本土文人近體詩（含試帖詩、六言詩）韻段韻調比較表

時期＼韻調		單韻韻段（單位：個）				混韻韻段（單位：個）	韻段總計
		平聲韻	上聲韻	去聲韻	入聲韻		
近體詩	數目	9,119	72	61	44	308	9,602
	比例*	94.97%	0.75%	0.64%	0.46%	3.21%	100%
試帖詩	數目	507	0	0	1	5	513
	比例	98.83%	0%	0%	1.95%	0.97%	100%
六言詩	數目	19	0	0	0	2	21
	比例	90.48%	0%	0%	0%	9.52%	100%
總計	數目	9,642	72	61	45	315	10,136
	比例	95.13%	0.71%	0.60%	0.44%	3.11%	100%
備　註		*「比例」欄：即「近體詩平聲韻段數目」在「近體詩韻段總數」中所佔比例，以下皆同。					

由表 2.5 的比較結果可知：

（一）清領時期臺灣本土文人在選韻用韻的習慣上，仍以平聲韻爲優先：綜觀近體詩、試帖詩和六言詩 10,136 個韻段，由平、上、去、入四聲韻部所佔比例來看，平聲韻段爲 95.13%、上聲韻段爲 0.71%、去聲韻段爲 0.60%、入聲韻段爲 0.44%，以平聲韻段居絕大多數，可見，清領時期臺灣本土文人在近體詩歌的創作方面，雖無「唐人平仄譜」中限用平聲韻的規定，但整體觀之，上述三類近體詩體皆習慣選用平聲韻部爲韻字。

（二）承（一）所述，再分別就平、仄聲（即含上、去、入聲韻）獨用韻段在近體詩、試帖詩和六言詩韻段總數中所佔的使用情形來看，近體詩平聲獨用韻段所佔比例為 94.97％、仄聲韻段為 1.85％，試帖詩平聲獨用韻段所佔比例為 98.83％、仄聲韻段為 1.95％，六言詩平聲獨用韻段所佔比例為 90.48％、仄聲韻段為 0％，皆為平聲韻段；由上述平、仄韻使用情形來看，若進一步比較平、仄聲韻部在單韻韻段中的選用比例，近體詩為 98.22％、試帖詩為 99.80％、六言詩為 100.00％，故選用平聲韻為六言詩＞試帖詩＞近體詩；換言之，以六言詩的用韻狀況最接近唐人平仄譜中「限用平聲韻」的規定。

（三）清領時期臺灣本土文人在這三類詩體中都有混韻現象出現，就混韻比例來看，以試帖詩的混韻比例最低；就混韻韻段在該類詩體的韻段總數中所佔的比例來看，近體詩為 3.21％、試帖詩為 0.97％、六言詩為 9.52％，故六言詩的混韻比例最高，試帖詩最低；換言之，最遵守詩韻 106 韻部分部結果的詩體為試帖詩，究其主因應與試帖詩為清時科舉考試的項目之一，且嚴格規定不得違反詩韻分部，落韻即不被錄取，因而詩人創作試帖詩時，會更嚴格遵守詩韻分部，但創作近體詩、六言詩時，無此囿限，可見清領時期臺灣本土文人的各類詩體中，以試帖詩用韻最為嚴謹。

二、獨、混用之統計與說明

可明顯看出清領時期臺灣本土文人的近體詩、試帖詩、六言詩中，皆有韻部混用的現象，以下再依個別韻部在三類詩體總計 10.136 個韻段中的獨用、混用的次數，列表觀察清領時期臺灣本土文人的用韻實貌（見下表 2.6、2.7、2.8、2.9）：

表 2.6　清領時期臺灣本土詩人近體詩（含試帖詩、六言詩）韻部獨用混用比例統計表（平聲韻部分）

陰聲	支	微	魚	虞	齊	佳	灰	蕭	肴	豪	歌	麻	尤			
獨	711	249	237	269	202	36	429	192	36	114	295	377	623			
混	41	24	20	14	13	10	8	4	3	5	5	9	0			
陽聲	東	冬	江	真	文	元	寒	刪	先	陽	庚	青	蒸	侵	覃	鹽	咸
獨	556	92	24	663	192	291	333	195	929	746	892	161	112	307	74	61	30
混	46	45	1	13	19	37	60	53	16	5	53	33	16	7	5	3	4

　　由表 2.6 觀察清領時期臺灣本土文人近體詩（含試帖詩、六言詩）平聲韻 30 個韻部的獨、混用情形：比較各韻部獨、混用的次數後，除尤韻外的 29 個平聲韻部都與其他韻部有混用情形，其中「支」、「微」、「魚」、「虞」、「東」、「文」、「元」、「蒸」、「咸」等韻的混用次數皆超過該韻獨用次數的 10%，而「佳」、「冬」、「寒」、「刪」、「青」的混用次數更超過該韻獨用字數的 35%，可見上述 14 個韻部與其他韻部混用的情況，在清領時期臺灣本土文人近體詩歌的用韻實貌中，已成爲一種趨勢。

表 2.7　清領時期臺灣本土詩人近體詩（含試帖詩、六言詩）韻部獨用混用比例統計表（上聲韻部分）

陰陽	紙	語	麌	篠	哿	馬	有	皓	腫	講	阮	養	梗
獨	16	3	6	5	2	1	12	6	1	1	1	5	13
混	0	1	1	0	1	0	0	0	0	0	0	0	0

　　再由表 2.7 觀察清領時期臺灣本土文人近體詩（含試帖詩、六言詩）上聲韻 13 個韻部的獨、混用情形：比較各韻部獨、混用的次數後，僅「語」、「麌」、「哿」三韻與其他韻部有混用情形，比例分別爲 33.33%、16.67%、50%，其中，「語」、「麌」兩韻相承的平聲韻「魚」、「虞」混用比例也不低；而「紙」、「腫」、「阮」等 3 個上聲韻部雖無混用，而其相承的平聲韻部都有著頻繁的混用情況。

表 2.8　清領時期臺灣本土詩人近體詩（含試帖詩、六言詩）韻部獨用
　　　　混用比例統計表（去聲韻部分）

陰陽	寘	未	御	遇	霽	卦	隊	嘯	禡	宥	送	震	願	翰	勘	霰
獨	7	1	7	9	2	2	1	3	5	6	2	2	1	1	2	10
混	0	0	7	7	0	0	0	0	0	0	0	0	0	0	0	0

　　再由表 2.8 觀察清領時期臺灣本土文人近體詩（含試帖詩、六言詩）去聲韻
16 個韻部的獨、混用情形：比較各韻部獨、混用的次數後，僅「御」、「遇」兩
韻與其他韻部有混用情形，且與該韻獨用次數相差無幾，與之相承的平、上聲
韻部混用比例也不低；至於其他去聲韻部並無混韻現象，與該韻部相承的平、
上聲韻部混韻的結果未必相承，未必是語音演變不同步，也可能是上、去聲韻
部使用次數遠遠少於平聲韻部，故無法準確的呈現出上、去聲韻部的語音實貌。

表 2.9　清領時期臺灣本土詩人近體詩（含試帖詩、六言詩）韻部獨用
　　　　混用比例統計表（入聲韻部分）

入聲	屋	沃	覺	質	月	屑	藥	陌	錫	職	緝	合
獨	3	6	0	6	7	3	3	8	0	3	5	1
混	4	3	1	2	4	4	1	1	2	1	0	0

　　再由表 2.9 觀察清領時期臺灣本土文人近體詩（含試帖詩、六言詩）入聲
韻 12 個韻部的獨、混用情形：比較各韻部獨、混用的次數後，僅「緝」、「合」、
兩韻未和其他韻部有混用情形，其他韻部的獨、混用次數皆很相近，可見入
聲韻部在清領時期臺灣本土文人近體詩歌的用韻狀況中，或受時音、方音、
聲旁類化等可能因素影響而呈現入聲韻部獨用、混用韻例各半的趨勢；也呈
現出，入聲韻尾除保留詩韻入聲韻尾分立的面貌外，也同時呈現出與時音相
似的入聲韻尾正混同為喉塞韻尾或消失的實際面貌。

　　綜上所述，表 2.6、2.7、2.8、2.9 等四個韻部獨用、混用次數統計表，旨
在看出觀察各韻獨、混用的比例，可粗略得知各詩韻韻部在清領時期臺灣本
土文人近體詩歌用韻中，因方音入韻、聲旁類化、出韻等因素而與他韻混用
的總數和可能性；至於，各韻內實際與他韻混用的韻字和混用的因素則詳待
第四章討論之。

第三章　古體詩用韻歸納與說明
——附論九言詩用韻現象

　　本章內容為清領時期臺灣文士古體詩的用韻分析，分部主要依據材料為
《全臺詩》11 冊內所錄詩人 267 位 922 首臺灣詩人創作的古體詩。此外，《全
臺詩》中輯有清臺灣本土文人的「九言詩」1 首，其詩歌形式與古體詩近似，
不計平仄對仗，可每句押韻且不拘一韻到底，需為偶數句，但來源不同於古
體詩，故另列為附論探討其用韻現象。

　　系聯分部的步驟為：首先臻選古體詩作，認定韻字，錄製韻例，再逐字
系聯歸部。本章第一節即針對古體詩作臻選、韻字認定的標準詳作說明；韻
字認定和詩作選錄的操作步驟，與本文第二章近體詩韻字系聯歸納的操作步
驟大致相同，每一古體詩作皆按其押韻情形，著錄韻字，以及其韻字所屬的
平水韻目，更依其所屬時代，繫以詩人所屬里籍分區；第二節為古體詩用韻
歸納說明，依詩人活躍的時期及其里籍分別討論清領時期臺灣本土詩人古體
詩的韻部；詩人分期的依據與結果，已於第一章第四節討論過，本小節亦依
據該分期結果，分康雍、乾嘉、道咸同、光緒等四期，依序探討各期古體詩
的用韻分部現象；凡個人古體詩作數少於 50 首者，不分里籍合併討論；反之，
詩作數多於 50 首者，則先與其它同期古體詩作分開，獨立歸納韻部，再進一
步與其他同期古體詩作進行共時性的整體用韻觀察；第三節則則就第二節用
韻歸納的觀察結果，分別將陰、陽、入聲韻部的韻部使用情形分別歸納出三
個「韻部獨用混用統計表」（見表 3.3、表 3.4、表 3.5），做一清領時期臺灣本
土文人古體詩整體性的用韻觀察；第四節則附論清臺灣本土文人的「九言詩」
用韻，因詩歌形式與古體詩近似，不計平仄對仗，可每句押韻且不拘一韻到
底，需為偶數句，但來源不同於古體詩，故另列為附論探討其用韻現象。

第五節則針對古體詩（含九言詩）的韻調及獨用、混用韻段進行統計與說明。

第一節　古體詩定義說明與韻字系聯原則

　　本節旨在說明古體詩的定義及分類、用韻類型的區別和韻字系聯的步驟即原則，以下即分三部分進行論述：一、古體詩定義與說明，即以王力（2005.04，頁 18～120 和頁 303～455）、耿振生（1997）、簡明勇（1990）等前輩學者的說法為據，提出本文對古體詩的定義；二、古體詩用韻類型的定義及說明，本文以王力（2005.04）之說為基礎，將古體詩的用韻類型分為「一韻到底」和「換韻」兩大類，並說明本文所採用的古韻通轉系統；三、說明本章韻字系聯歸納的原則及步驟。

一、古體詩定義與說明

　　《全臺詩》內共收錄 922 首臺灣詩人創作的古體詩，本文以此為據，參酌前人如王力（2005.04，頁 18～120 和頁 303～455）、簡明勇（1990）、張夢機（1997）、耿振生（1997）等先進學者的漢語詩歌格律及用韻研究成果後，將古體詩定義為「一別於近體詩，不須平仄對仗、不拘一韻到底，且篇幅不一，每句字數可三言、五言、七言或六言、九言；且別於樂府、山歌等入樂可歌的文類，為一徒誦不歌不入樂的韻文」〔註1〕。據王力《漢語詩律學》定義，古體詩可依平仄對仗的格律及換韻狀況概分為「仿古古風」和「新式古風」兩類；前者又可依每句字數區分為「五言」、「七言」和由漢魏樂府、楚辭、詩經體等變換而來的「雜言詩」〔註2〕；「新式古風」，又稱「入律古風」，

〔註 1〕　見王力《漢語詩律學》，上海教育出版社，2005 年 4 月，頁 18～120、頁 303
　　　　　～455。耿振生，《詩詞曲的格律和用韻》，北京：大象出版社，1997 年 4 月，
　　　　　頁 11。簡明勇，《律詩研究》，臺北：文史哲出版社，1990 年。

〔註 2〕　「雜言詩」：據王力《漢語詩律學》（上海教育出版社，2005.04）定義，「雜言
　　　　　詩」為以五、七言為主體，雜以三言、四言、九言、十言在詩句內的詩體，
　　　　　屬於古體詩的一類。我國詩歌絕大部分為齊言詩，且以偶數句成篇，而雜言
　　　　　詩卻可以在五古、七古中，夾入一些雜言詩句，成為雜言詩，且多數以奇數
　　　　　句成篇。雖無「雜言」之正式名稱，卻有「雜言」之實，然尚不至於雜亂無
　　　　　章法。雜言詩最初出現於樂府，以五言為主，夾雜少量七言、九言之句。又
　　　　　據李立信在〈論亂中有序的「雜言詩」〉文中所言，七古中的雜言詩本為七言
　　　　　中之一體，且以七言為基調，具有極明顯的樂府屬性，但不可入樂；此外，
　　　　　雜言句出現之位置不定，卻自成節奏，有在篇首、篇末、篇中、或首尾者。

乃受近體詩影響而後起，即指某些雖押平聲韻卻不守近體詩對仗要求的作品，與「仿古古風」之別有三：入律、換韻單位以四句一韻為主、多平仄遞用；又可依篇幅長短分為不符合唐人近體平仄譜中的「入韻古律、入韻古絕」和篇幅較長似排律的詩作，因介於近體詩和古體詩之間，與近體詩的區分在於平仄相諧，但未對仗，學者公認此類作品係唐人刻意仿古風而成〔註3〕；部分學者納為「近體詩」範疇，如王力、簡明勇；列為「古體詩」探討者，如耿振生。

本文為求詩歌體系的完整性，採用耿振生之說，以「是否符合唐人平仄譜」為判別依據，將「入律古風」的詩作列入古體詩的範圍進行討論，並依每句字數的多寡，將古體詩分類簡化為「五言古詩」、「七言古詩」和「雜言詩」三大類。「五言古詩」，顧名思義即指「每句五言，篇幅不拘，平仄對仗不拘，通篇也不拘一韻到底」的詩作，清臺灣本土文人的五言古詩總數為412首；「七言古詩」同「五言古詩」的定義，差別僅在每句字數改為七言，清臺灣本土文人的七言古詩總數為341首；「雜言詩」則為「以五言或七言句為主體，其中或雜三言、或四言、或九言、或十言的古體詩作」〔註4〕，清臺灣本土文人的雜言詩總數為 169 首；故五、七言古詩再加雜言詩，清領時期臺灣本土文人古體詩共計922首。

〔註3〕 見王力《漢語詩律學》，上海教育出版社，2005 年 4 月，頁 18～120、頁303～455。耿振生，《詩詞曲的格律和用韻》，北京：大象出版社，1997 年4 月。

〔註4〕 筆者按：雜言古體詩句式較為複雜，為求通篇閱讀順利，僅於註解處舉例說明之。以清乾嘉時期臺灣縣（今臺南）詩人章甫〈困驥歌〉為例，通篇40 句中，含四言句 6 句，三言句 2 句，32 句七言句，為節省篇幅，此處僅節錄全詩中以三言或四言與七言句夾雜的段落，即自第 5 句「君不見呈材自天」始，迄至第 16 句「皮相爾爾」等 12 句為例，「君不見呈材自天」前尚有 4 句七言句，「皮相爾爾」後，尚有 24 句詩句，皆為七言句，皆略之：

（節錄）君不見呈材自天，西極擅美。見非一毛，行可千里。破塵紅，追電紫。秦關冀野得意時，一發萬夫莫能止。胡為乎伯樂杳然，九方已矣。牝牡驪黃，皮相爾爾。顧影自慚伏櫪號，……（節錄）

此處節錄的段落詩句，句式分布為「七－四－四－四－三－三－七－七－七－四－四－四－七」（為節省篇幅，僅以「七」表示「七言句」，同理，「三」為「三言句」，「四」為「四言句」），三言句、四言句和七言句交錯使用，可造成字句跌宕的美感，凡有此類不同字數的句子錯雜使用的詩句，就稱為「雜言詩」。

二、古體詩用韻類型與系聯舉例說明

　　另就古體詩用韻情形而言，王力《漢語詩律學》提到，在古體詩中所押的韻部，可略分為兩種情形：一為一韻到底者，多出現於篇幅較短者；二為有換韻現象者，多出現於篇幅較長的詩作，又可再細分為「通韻」〔註5〕及「轉韻」兩類，「通韻」指的是兩個以上的鄰韻相通，「轉韻」則相對前者而言，泛指非鄰韻的兩個以上韻部在同一首詩中混押〔註6〕；又針對古體詩「轉韻」的類型補充說明，認為古體詩轉韻的類型演變至今，大致有兩種類型，一類是「隨便換韻」，如秦漢古詩，另一類相對於前者，受近體詩押韻作法的影響，對換韻的距離及聲調都有所講究〔註7〕。綜上所述，可知王力的分類依據是以詩韻韻部在通篇詩作中的使用情況做為依據，通篇押同一個詩韻韻部者，即為「一韻到底」之作；反之，則為「換韻」之作；再據韻部之間是否為鄰韻關係，細分為「通韻」或「轉韻」。

　　此一用韻類型的分類系統也為多數學者所認同，如簡明勇（1990）、張夢機（1997）、耿振生（1997），因而本文亦沿用此用韻類型的分法，做為觀察古體詩用韻的標準，但因「通韻」、「轉韻」的名目，易與一般熟知的「通轉」概念混淆，故本文參酌王力說法，並依據清臺灣本土文人古體詩的用韻實貌，考量詩人因語感與方音入韻而不自覺「韻部混押」的可能性後，其後的行文論述中，除「一韻到底」的名目和內涵不變外，王力的「通韻」改稱為「混韻」；「轉韻」則改稱為「換韻」。此外，為顧及實際語音對古體詩歌用韻的影響，本文由「韻段」的角度看待古體詩中的用韻現象較為恰當？追溯王力先生分類系統的來源，係建立在以隋末、唐、五代初時期的古體詩作為材料的用韻觀察上，當時的詩人尚未有普遍性且公認的韻書作為用韻參考，可能對韻部使用尚不熟悉，或誤用方音，而致使王力先生所謂的「通韻」或「隨便

〔註5〕　王力《漢語詩律學》，上海教育出版社，2005年4月，頁327～346。「通韻」指的是鄰韻相通。王力提到古體詩除了押韻之外不受任何格律的束縛，是一種半自由體的詩。用韻比律詩稍寬，一韻獨用固然可以，兩個以上的韻通用也行，但必須是鄰韻。

〔註6〕　王力《漢語詩律學》，上海教育出版社，2005年4月，頁346。筆者按：在此須先補充說明，王力先生針對古體詩用韻提出了「一韻到底」、「換韻」、「通韻」、「轉韻」的用韻概念，而將「通韻」、「轉韻」的內涵包含在「換韻」的概念之內；但其「通」、「轉」之義，不完全等同於韻部通轉中的「通轉」概念。

〔註7〕　王力《漢語詩律學》，上海教育出版社，2005年4月，頁346。

換韻」的現象產生，但就詩人的語感而言，該詩作或韻段實是「一韻到底」之作，若考量此因素，則「一韻到底」者，指「通篇爲單一韻段」的古體詩作，除王力「一韻到底」的概念外，尚包含其「通韻」的部分，即「通篇以 A 韻部爲主，夾雜了符合古韻通轉規定的一個或一個以上的其他韻部，通篇仍可視爲一個韻段」的「混韻」詩作。以下各舉一韻例説明之：

（一）「一韻到底」：即「通篇以單一詩韻韻部入韻的古體詩作」，又可依首句入韻與否分爲兩類，茲舉例説明如下（不同韻段之韻腳，各標以不同的標示，以下皆類此）：

1、兩句一韻，首句不入韻者

如清道光時期淡水廳竹塹（今新竹）詩人林占梅〈後壟道中小憩佃屋〉，通篇八句，隔句押韻，共計四個韻字，一韻到底，成一韻段（本例韻字以 X 標示）：

　　歸途風景暮，放步愛康 莊。落日紅溪樹，奔濤白野 航。酒旗招客興，
　　村笛斷人 腸。待渡沙灘上，柴門已在 望。

押韻字「莊、航、腸、望」皆爲宕攝平聲陽韻字，分別位在第二、四、六、八句，首句不押。

2、兩句一韻，首句入韻者

如清道光時期臺灣縣（今臺南）詩人施瓊芳〈佛手柑〉，通篇十六句成一韻段，計有九個韻字，爲一「兩句一韻且首句入韻」的七言古詩（本例韻字以 X 標示）：

　　佳果爭誇楚郡 柑，別標佛手在閩 南。花應迦葉拈微笑，實比兜羅軟
　　並 探。萬户封侯辭綠圃，六根淨業話香 龕。誰知九月風霜急，已證
　　三生水鏡 談。彈指林中偕竹茂，化身座上與蓮 參。掌承仙子金莖豔，
　　爪擘麻姑玉瓣 甘。肯信包來同橘柚，鎮教現處憶優 曇。相伴只有僧
　　鞋菊，長荷靈峰慧雨 涵。

押韻字「柑、南、探、龕、談、參、甘、曇、涵」分別位在第一、二、四、六、八、十、十二、十四、十六句，皆押咸攝平聲覃韻。

又如清康熙時期臺灣縣（今高雄）詩人鄭大樞〈風物吟十一首之一〉（韻字以 A 表示）：

　　迎年紅紫鬥春 風，四季花開洇露 叢。未字女兒休折採，王昌只在此
　　牆 東。

通篇四句，韻字「風、叢、東」皆爲詩韻「東」韻字，通篇成單一韻段。

3、雜言歌謠

如清咸豐時期淡水廳關渡詩人黃敬〈勸學歌十首之一〉爲一雜言歌行體的古詩，通篇六句四韻，一韻到底，成一韻段：

> 古聖賢，惜光陰。惜光陰，一分値得百分金。那堪枉卻千千丈，誤
> 了白駒沒處尋。

首句不入韻，第三句重複第二句的句式和韻字，韻字「陰、陰、金、尋」分別位在第二、三、四、六句，皆爲深攝開口三等平聲侵韻字。但不脫前述三種韻例型式：前兩句爲和末兩句「兩句一韻，首句不押」，中間兩句爲「每句入韻」。

又如清道光時期淡水廳竹塹（今新竹）詩人鄭用鑑〈感詠三首之二〉爲一雜言古詩，通篇十一句九個韻字，第一句到第七句爲第一個韻段，第八句到第十一句爲第二個韻段，共兩個韻段：

> 朝媚奧，夕媚灶，獲罪於天無所禱。登堂乞鬼憐，出門揖大盜。且
> 乞且盜，鬼笑絕倒。齊人醉飽墦間來，道逢大盜驕心灰。世間富貴
> 爾與我，胡獨閨人涕泣哀。

第一個韻段中，第一句到第三句爲三言雜七言，每句入韻；第四句到第五句爲五言句，兩句一韻，首句不入韻；第六句到第七句爲四言句，每句入韻，六個韻字皆押效攝開口一等去聲號韻字。第二個韻段，爲兩句一韻，首句入韻的七言句，三個韻字皆押蟹攝開口一等灰韻字。通篇由前述「每句入韻」、「兩句一韻，首句不入韻」和「兩句一韻，首句入韻」等三個形式交錯組合而成。

（二）「混押」者，指「通篇以 A 韻部爲主，夾雜了符合古韻通轉〔註8〕規定〔註9〕的一個或一個以上的其他韻部，通篇仍可視爲一個韻段」的「混押」

〔註8〕 筆者按：歷來討論韻部通轉的「通」義、「轉」義及通轉規則者不在少數，諸如《禮部韻略》、王宗道《切韻》、吳棫《韻補》、元陰時夫《韻府群玉》等韻書，皆曾在其序文中談及韻部分合的段落中，或繁或簡的提及其「通轉」依據；近人則如陳新雄〈詩韻的通轉〉（《木鐸》，第 11 期，1987.02）、李添富《晚唐律體詩用韻通轉之研究》（台北：輔仁大學中文研究所碩士論文，1975 年）等，但此「通轉」議題並非本節論述重點，故此處略之不談。

〔註9〕 見陳新雄〈詩韻的通轉〉，《木鐸》，第 11 期，1987 年 2 月。王力《漢語詩律學》，上海教育出版社，2005 年 4 月，頁 327～346。詳見本章第一節第三點「韻字系聯方法與原則」。

〔註 10〕詩作，如清道光淡水廳竹塹（今新竹）詩人鄭用鑑〈郊居遣興三首之二〉（韻部 A 以 Ａ 表示，韻部 B 以 Ｂ 表示，韻部 C 以 Ｃ 表示）：

> 屏跡寡人事，卜居遠塵喧。所忻車轍稀，復喜地境偏。浮華不足念，素性在邱山。日入荷鋤倦，興與孤雲還。有酒當自醉，不念平生言。

通篇十句，韻字「喧、言」為詩韻「元」韻字、「偏」為「先」韻字、「山、還」為「刪」韻字；元刪先三韻部的混用，符合《古今韻略》、《詩韻集成》的古詩通轉規定，且通篇夾雜使用，成單一韻段。

另有一類為每句入韻者：

如清道光時期彰化縣詩人陳肇興〈董逃行〉為七言古詩，通篇十一句，有兩個韻段，第一句到第六句為一韻段，由「語、麌」兩韻混押而成；第七句到第十一句為第二個韻段，由「語、紙、尾」三韻混押而成；每句入韻，計有十一個韻字（不同韻段以不同記號標示之）：

> 我欲問天天不語，妖星十丈橫牛女。天狗墮地夜叉舞，昔日龍虎今魚鼠。走上空山泣風雨，大叫雷公來作主。豐隆不應奈何許，前頭熊羆後狨鬼。白晝磨牙嚼行旅，誰其殺之吾與汝，上書九重報天子。

第一句到第六句的韻字由「語、女、鼠」等遇攝上聲語韻字，間雜以符合《詩韻集成》和《古今韻略》等韻書的古韻通轉規定的遇攝上聲麌韻字「舞、雨、主」，六句六個韻字；第七句到第十一句由「許、旅、汝」等遇攝上聲語韻字，間雜以符合《詩韻集成》和《古今韻略》古韻通轉規定的止攝上聲尾韻字「鬼」，和止攝上聲紙韻字「子」，為五句五個韻字。

（三）「換韻」者，則指通篇中有兩個以上的韻段，如以韻段 A、韻段 B（或更多的韻段 C、韻段 D……）表示，「換韻」即可表現為「A 換 B（換 C 換 D……）」的形式，如清道光時期彰化縣詩人陳肇興〈海中捕魚歌〉（韻段 A 的韻字以 Ａ 表示，韻段 B 的韻字以 Ｂ 表示）：

> 北風吹沙寒凍竹，海魚上潮團一簇。葉葉漁舟破浪來，撐权使艇紛相逐。橫沉巨網截波中，一舉常鱗數百族。小魚戢戢大魚肥，半死半生血猶漉。滿擔挑來到市廛，腥風吹遍夕陽天。得錢沽酒時一醉，不脫蓑衣海上眠。一燈漁火隨潮泊，夜半白魚飛上船。

〔註 10〕筆者按：「混韻」指的是兩個以上的詩韻韻部無規律的夾雜使用現象。

通篇共計 2 個韻段，由「竹、簇、逐、族、路、漉」等詩韻「屋」韻字組合成的 A 韻段結束後，換押「塵、天、眠、船」等詩韻「先」韻字，即韻段 B。又如清道光時期淡水廳竹塹西門（今新竹）詩人林占梅〈寒畫〉（韻段 A 的韻字以 A 表示，韻段 B 以 B 表示，韻段 C 以 Ⓒ 表示，韻段 D 以 D 表示）：

> 陰雲密布風怒 叱，重幕低垂黑如 漆。思向園亭散漫行，寒威逼人不敢 出。解煩無酒轉思 茶，瓶中貯有雨前 芽。榻上銅瓶供綠萼，細評名種煎芳 葩。迷濛窗際失朝 旭，帳底觀書須秉 燭。擁衾側臥猶未溫，喚得貓奴來暖 足。眼飽心舒口舌香，舉體一時皆嗜 欲。黑甜滋味杳難 尋，皋比高坐談古今。山妻頗識其中趣，拔釵擊節湊清吟。吟餘門外雪盈尺，梅香與雪俱沉沉。

通篇共計 4 個韻段，由「叱、漆、出」等詩韻「質」韻字組合成的 A 韻段結束後，換押「茶、芽、葩」等詩韻「麻」韻字，即韻段 B，再換押「旭、燭、足、欲」等詩韻「沃」韻字，即韻段 C，最後換押「尋、今、吟、沉」等詩韻「侵」韻字，即韻段 D。由前兩例來看，無論韻段數爲多少，每個韻段的韻字數不拘，最少兩個。

三、韻字系聯步驟及相關原則

本章古體詩韻部系聯歸納的實際操作方法，原則上與近體詩相同：

1、古體詩分期標準與近體詩相同，仍依詩人活躍時期爲據，分爲康雍（1683～1735）、乾嘉（1735～1820）、道咸同（1820～1874）、光緒（1874～1895）等四期，並依此結果逐期進行韻字的觀察歸納、各韻攝的韻部混用情形。

2、本節體例亦同於近體詩，依陰、陽、入聲韻爲序，再依韻攝羅列平聲韻目，上、去聲韻目則依「平賅上去」的原則列於該平聲韻目之下，依此條理歸納臺籍詩人古體詩韻字；韻字系聯歸納後的韻部名稱，仍採用《詩韻集成》之名，且以其韻目做爲韻腳系聯之憑藉。

3、因古體詩用韻格式繁複，故韻字系聯過程中，若有詩韻通轉現象，則

同時參酌《詩韻集成》和《古今韻略》的古韻通轉系統〔註11〕。若有
不符合古韻通轉系統的特殊混用現象，則參酌《彙音妙悟》或《雅俗
通》所列方音音讀，逐條探討清領時期歷代臺灣詩人的用韻現象。

4、為求韻系完整，僅出現一、兩次的特殊押韻現象，將不列入系聯範圍。
最後依據前述步驟的的分類結果和韻部混用情況，歸結出清領時期臺
灣本土文人的古體詩韻系，並於本章第五節製「清臺灣本土文人古體
詩韻部（單韻韻段）韻字表」總結之。

第二節　古體詩用韻歸納與分部

本節分期承本章第一節「韻字系聯步驟及相關原則」處所言，將清臺灣
本古文人古體詩作依詩人活躍時代為據，分康雍（1683～1735）、乾嘉（1735
～1820）、道光（1820～1850）、咸同（1850～1874）、光緒（1874～1895）等
五期，依序討論各期古體詩韻部使用情形，並據陰聲韻、陽聲韻、入聲韻之
別，分列韻部及該韻部在該期的韻段總數，括號內則依詩人里籍細列各行政

〔註11〕見陳新雄〈詩韻的通轉〉，《木鐸》，第 11 期，1987 年 2 月。王力《漢語詩律
學》，上海教育出版社，2005 年 4 月，頁 327～346。關於清人古體詩歌用韻
所使用的古韻通轉系統，陳新雄提出，自元陰時夫 106 韻的平水韻系統大致
底定後，又經南宋吳棫、清人邵長蘅的分類修訂後，清人作古體詩時的古韻
通轉系統，就大致分為吳氏、邵氏二說，「寬者多從吳氏，嚴者多從邵氏」。
所謂「吳氏」，即指吳棫通轉三例下的古詩韻部分類，《詩韻集成》各韻目下
注之通轉說明，全依此而定；「邵氏」則指清邵長蘅修訂吳棫通轉三例後，於
《古今韻略》各韻目下注所補充的古韻通轉規定。陳說的依據為「吳氏」系
統的材料以詩經、楚辭，因邵長蘅據杜甫、韓愈古風及漢魏六朝古詩用韻情
況後，依陽聲收－m、－n、－ŋ，入聲收－p、－t、－k 的語音系統區別歸類
後，得出《古今韻略》的古詩通轉系統。陳新雄教授也提出，韻部通轉的原
則是主要元音或韻尾須是相近或相同的兩個或兩個以上的韻部。王力則以唐
人古體詩為材料，將唐人的古韻通轉歸納為十五個韻部，分別為「歌部」（歌）、
「麻部」（麻）、「魚部」（魚虞）、「支部」（支微）、「齊部」（齊）、「佳部」（佳）、
「蕭部」（蕭肴豪）、「尤部」（尤）、「陽部」（陽）、「庚部」（庚青）、「蒸部」（蒸）、
「東部」（東冬江）、「真部」（真文元先刪寒）、「侵部」（侵）、「咸部」（覃咸
鹽），以上古體詩通韻韻部皆為平賅上去入。因考量清臺灣本土文人所使用的
詩韻韻書不一，但都不出《詩韻集成》和《古今韻略》的範圍，視詩人用韻
習慣和語感而定，故本文中凡需述及古韻通轉系統相關內容的部分，同時參
酌《詩韻集成》和《古今韻略》的古韻通轉系統；不採用王力古韻通轉系統
之因，為該系統並非清臺灣本土文人作詩押韻的參考書，且其材料僅含唐宋
古體詩，不夠全面。

區域〔註12〕的韻段分部結果，以此觀察各時期各區域的韻部使用偏好情形。

一、康雍時期近體詩之韻部

　　康雍時期可見的古體詩，共計 18 首，29 個韻段；分別出於諸羅縣鄭鳳庭 1 首（簡稱「諸」）、鳳山縣李廷綱 1 首、施陳慶 1 首、李欽文 1 首、施士燡 1 首（皆簡稱「鳳」），和臺灣縣詩人鄭煥文 1 首、鄭大樞 12 首（皆簡稱「臺」）。一韻到底者 14 首，換韻者 4 首；出現「質月 1」、「月屑 1」、「曷屑 1」、「魚虞 1」等混韻現象 4 種，共計 4 個混韻韻段。

（一）陰聲韻
　　1、止攝　　　支韻 1 次（臺 1）
　　　　　　　　紙韻 1 次（鳳 1）
　　2、遇攝　　　虞韻 1 次（鳳 1）
　　　　　　　　麌韻 1 次（鳳 1）
　　　　　　　　遇韻 1 次（鳳 1）
　　　　　　　　（同攝）魚虞混用 1 次（鳳 1）
　　3、效攝　　　蕭韻 1 次（臺 1）
　　4、流攝　　　尤韻 1 次（臺 1）

（二）陽聲韻
　　1、通攝　　　東韻 2 次（臺 2）

〔註12〕　筆者按：此處須先補充說明，本節於統計過程中，雖以該時期的行政區域爲據，但同時參酌詩人里籍的現今所在地，若里籍的現今所在地能確定者，則與不確定者分開統計；如清道光時期中，許廷崙、李喬、吳敦仁皆爲臺灣府詩人，但許廷崙有足夠的方志資料可顯示出，許爲今臺南人，但李喬、吳敦仁卻尚無足夠資料可說明其里籍的今所在地，故本節在行文統計時，會分別羅列其韻部使用的次數，且標以不同的簡稱，如許廷崙標以「臺－南」，李喬及吳敦仁皆標以「臺」；其他相似情形皆類此原則處理。
　　　　此乃承第一章第四節所言，臺灣於清領時期共歷經五次行政區域的重新劃分，而行政劃分不以地理界限爲原則，而以當時移民及墾殖發展情況，來決定行政區域的大小及設縣府治的依據，因而造成康雍乾嘉時期的詩人里籍因該時期區域劃分粗淺，不及道咸同光時期完整且詳細，本文爲求進行整體性的統計，也爲能更準確探討用韻現象是否有區域性之別，故以前述原則進行韻例的行政區域標示。

　　　　　　　　冬韻 1 次（臺 1）

2、臻攝　　　眞韻 1 次（臺 1）

3、山攝　　　元韻 1 次（臺 1）

　　　　　　　　寒韻 1 次（臺 1）

　　　　　　　　先韻 3 次（臺 2、鳳 1）

4、宕攝　　　陽韻 2 次（臺 1、鳳 1）

5、深攝　　　侵韻 1 次（鳳 1）

6、咸攝　　　覃韻 1 次（臺 1）

（三）入聲韻

1、止攝　　　質韻 1 次（諸 1）

　　　　　　　　（異攝）質月混用 1 次（諸 1）

2、山攝　　　屑韻 1 次（諸 1）

　　　　　　　　（同攝）月屑混用 1 次（諸 1）

　　　　　　　　（同攝）曷屑混用 1 次（諸 1）

3、梗攝　　　陌韻 2 次（鳳 2）

4、深攝　　　緝韻 1 次（鳳 1）

二、乾嘉時期古體詩之韻部

　　乾嘉時期可見的古體詩，共計 69 首，149 個韻段；分別出於諸羅縣范學洙 1 首（下文簡稱「諸」）；嘉義縣賴時輝 1 首（下文簡稱「諸－嘉」〔註13〕）；臺灣縣詩人黃清泰 1 首、盧九圍 1 首、潘振甲 1 首（下文簡稱「臺」）；臺灣縣（今臺南）詩人陳輝 3 首、林朝英 1 首、韓必昌 1 首、章甫 49 首（下文簡稱「臺－南」）；章甫因詩作數占該時期 71.01％，獨立標示為「臺－章」；鳳山縣詩人錢元揚 1 首、游化 1 首和卓肇昌 6 首（下文簡稱「鳳」）；臺灣府東港（今屏東東港一帶）詩人陳登科 2 首（下文簡稱「府－屏」）。一韻到底者 47 首，換韻者 22 首；有「魚虞 2」〔註14〕、「御遇 1」、「東冬 1」、「元先 1」、「寒

〔註13〕筆者按：賴時輝為清嘉慶時期詩人，籍貫嘉義縣乃由康雍乾時期的諸羅縣重新劃分而出，但本文因合併乾、嘉兩朝為一期，故此處以「諸－嘉」簡稱之。

〔註14〕筆者按：混韻現象旁的小字，乃用以表示該混韻現象在該分期的韻段總數；本節以下皆類此。

刪 3」、「刪先 1」、「庚青蒸 1」、「屋沃 1」、「屋藥 1」、「屋沃質 1」、「月屑 1」、「月職 1」、「質錫職 1」等 13 種混韻現象，共計 16 個混押韻段。

（一）陰聲韻

1、止攝　　支韻 6 次（臺 2、臺－南 1、鳳 2、臺－章 1）
　　　　　　紙韻 8 次（鳳 1、臺－章 7）
　　　　　　寘韻 6 次（臺 2、鳳 1、臺－章 3）
　　　　　　尾韻 1 次（臺 1）

2、遇攝　　魚韻 1 次（臺 1）
　　　　　　語韻 1 次（臺 1）
　　　　　　御韻 1 次（臺－章 1）
　　　　　　虞韻 3 次（鳳 1、臺－章 2）
　　　　　　麌韻 3 次（臺 1、鳳 1、臺－章 1）
　　　　　　遇韻 3 次（臺 1、臺－章 2）
　　　　　　（同攝）魚虞混用 2 次（臺－南 1、府－屏 1）
　　　　　　（同攝）御遇混用 1 次（臺－南 1）

3、蟹攝　　霽韻 1 次（臺 1）
　　　　　　灰韻 2 次（臺 1、臺－章 1）

4、效攝　　蕭韻 2 次（臺 1、臺－章 1）
　　　　　　篠韻 1 次（臺－章 1）
　　　　　　豪韻 3 次（臺 1、鳳 1、臺－章 1）
　　　　　　皓韻 3 次（臺 1、臺－章 2）

5、果攝　　歌韻 3 次（臺 1、臺－章 2）

6、假攝　　麻韻 1 次（臺－章 1）
　　　　　　馬韻 1 次（臺 1）

7、流攝　　尤韻 6 次（臺－章 2、鳳 3、府－屏 1）
　　　　　　有韻 9 次（臺 2、鳳 1、臺－章 6）

（二）陽聲韻

1、通攝　　東韻 7 次（諸－嘉 1、臺 2、臺－章 2、鳳 1、府－屏 1）
　　　　　　送韻 1 次（鳳 1）

(同攝)東冬混用 1 次 (諸 1)

2、臻攝　　眞韻 4 次 (臺 1、臺－章 3)

震韻 1 次 (臺 1)

文韻 3 次 (臺 1、鳳 1、臺－章 1)

3、山攝　　元韻 2 次 (鳳 1、諸 1)

寒韻 2 次 (諸 1、臺－章 1)

翰韻 5 次 (臺 1、鳳 1、臺－章 3)

刪韻 3 次 (諸 1、臺 1、鳳 1)

先韻 6 次 (臺 1、臺－章 5)

(同攝)元先混用 1 次 (諸 1)

(同攝)寒刪混用 3 次 (鳳 2、臺－章 1)

(同攝)刪先混用 1 次 (府－屛 1)

4、宕攝　　陽韻 4 次 (臺 1、臺－章 3)

養韻 1 次 (臺－章 1)

5、梗攝　　庚韻 4 次 (諸－嘉 1、臺 1、臺－章 1、鳳 1)

梗韻 1 次 (臺 1)

青韻 2 次 (臺－章 2)

(異攝)庚青蒸混用 1 次 (諸 1)

6、深攝　　侵韻 1 次 (臺－章 1)

7、咸攝　　覃韻 1 次 (臺－章 1)

(三) 入聲韻

1、通攝　　屋韻 3 次 (臺 1、臺－章 2)

沃韻 4 次 (臺 1、臺－章 3)

(同攝)屋沃混用 1 次 (臺 1)

(異攝)屋沃質混用 1 次 (臺－南 1)

(異攝)屋藥混用 1 次 (臺 1)

2、止攝　　質韻 2 次 (臺－章 2)

(異攝)質錫職混用 1 次 (鳳 1)

3、山攝　　屑韻 1 次 (臺 1)

（同攝）月屑混用 1 次（臺 1）

（異攝）月職混用 1 次（鳳 1）

4、宕攝　　藥韻 1 次（鳳 1）

5、梗攝　　陌韻 6 次（鳳 5、臺一章 1）

6、曾攝　　職韻 1 次（臺一章 1）

7、咸攝　　葉韻 2 次（臺 1、臺一章 1）

三、道咸同時期古體詩之韻部

　　道咸同時期計 54 年間可見的古體詩，共 739 首，佔了全數古體詩作 80.15％，其中，道光時期的古體詩作即有 504 首，不僅佔該期詩作的 68.20％，也佔了全數古體詩作的 54.66％，遠多於其他時期的古體詩數量，爲清領時期臺灣本土文人古體詩創作的高峰。

　　739 首古體詩作分別出於噶瑪蘭廳詩人李逢時 42 首（簡稱「噶」）；淡水廳八芝蘭（今士林一帶）詩人曹敬 6 首，淡水廳關渡詩人黃敬 15 首、陳樹蘭 1 首，淡水廳大龍峒詩人陳維英 13 首、陳樹蘭 1 首（下文統稱爲「淡北」）；淡水廳竹塹北門（今新竹一帶）詩人鄭用錫、鄭用鑑、鄭如恭、鄭如蘭共 158 首（簡稱「淡竹－鄭」[註15]），淡水廳竹塹西門詩人林占梅 197 首（下文簡稱「淡竹－林」）；彰化縣詩人陳肇興 75 首（下文簡稱「彰」）；嘉義縣詩人賴世英 5 首（簡稱「諸－嘉」）；臺灣縣詩人施士升 1 首、施瓊芳 51 首、施士洁 138 首（爲今臺南人，故下文以「臺－南」統稱）；澎湖廳詩人蔡廷蘭 7 首（下文簡稱「澎」）；臺灣府詩人李喬 2 首、白廷璜 1 首、韋國琛 1 首、吳敦仁 15 首、許式金 3 首、許廷崙 6 首、許青麟 1 首、許青建勳 1 首（皆不確定里籍今所在地，故統稱「府」）。

　　一韻到底者 333 首，換韻者 406 首；共計 1,882 個韻段，其中包含 414 個混押韻段（含 28 個異調混押的韻段[註16]），計有 135 種混韻現象（平賅上去）：「支微 26」、「支微魚 1」、「支微虞 1」、「支微魚虞 1」、「支微齊 6」、「支魚

〔註15〕筆者按：因兩人和道光時期鄭用錫、鄭用鑑系出同門，故沿用「淡竹－鄭」之簡稱。

〔註16〕筆者按：異調混押的十七例皆出於清咸豐時期，分別出於淡水廳竹塹北門詩人鄭如蘭七古 1 首、臺灣縣（今臺南）詩人施士洁 13 首（含七古 7 首、五古 3 首、雜言 3 首）、噶瑪蘭廳（今宜蘭）詩人李逢時七古 1 首。

6」、「支虞1」、「支魚虞1」、「支齊10」、「支灰3」、「微灰1」、「微魚2」、「真霽泰隊1」、「真未霽泰卦隊1」、「真未御霽泰卦隊1」、「真泰卦隊1」、「未泰隊1」、「魚虞38」、「霽泰1」、「泰卦1」、「泰隊4」、「佳灰4」、「卦禡1」、「蕭肴1」、「蕭豪5」、「肴豪1」、「蕭肴豪2」、「歌豪1」、「歌麻2」、「歌麻佳1」（上述30種混韻現象皆屬陰聲韻部的混韻現象）、「東冬21」、「冬江1」、「真文2」、「真元2」、「真文元6」、「真先1」、「真先侵1」、「真侵1」、「文元3」、「文寒1」、「文元刪1」、「元寒3」、「元刪1」、「元先1」、「元寒刪3」、「元寒先1」、「元刪先3」、「元覃1」、「元鹽1」、「寒刪10」、「寒先1」、「寒刪先1」、「刪先4」、「先庚1」、「先陽1」、「先覃1」、「庚青19」、「庚青真1」、「庚青蒸1」、「庚蒸4」、「侵陽1」、「侵咸1」、「侵鹽3」（上述33種混韻現象皆屬陽聲韻部的混韻現象）、「屋沃14」、「屋覺1」、「屋藥4」、「屋沃覺5」、「屋沃藥2」、「屋沃覺藥1」、「屋沃物1」、「屋覺物1」、「屋覺藥1」、「屋沃物藥1」、「沃覺2」、「覺藥3」、「質物2」、「質屑1」、「質物月2」、「質物陌1」、「質物月曷屑2」、「質物月曷點屑1」、「質物月屑1」、「質物月屑錫職1」、「質物月職1」、「質物曷屑1」、「質物陌錫職緝1」、「質月1」、「質月陌職1」、「質月職緝1」、「質陌2」、「質陌錫職1」、「質陌職1」、「質陌職緝1」、「質錫1」、「質錫職1」、「質職9」、「質職緝合葉洽1」、「質緝1」、「質緝合葉洽1」、「物月屑1」、「月屑5」、「月陌2」、「月曷屑2」、「曷點屑1」、「曷洽1」、「藥月1」、「藥物1」、「陌錫9」、「陌錫職17」、「陌錫職緝3」、「陌職28」、「陌職緝2」、「錫職6」、「錫緝1」、「職緝2」、「緝合1」、「緝葉1」、「葉洽3」（上述55種混韻現象為入聲韻部的混韻現象）、「支真2」、「紙真2」、「紙遇1」、「遇霽1」、「紙尾霽1」、「紙霽真6」、「真霽隊卦紙1」、「篠皓號1」、「皓號1」、「哿陌1」、「有宥3」、「送宋董1」、「旱銑諫1」、「霰銑諫2」、「霰銑1」、「梗敬徑1」、「艷琰1」（上述17種混韻現象為異調混用的混韻現象）。

（一）陰聲韻

1、止攝　　支韻95次（噶3、淡北7、淡竹－鄭11、淡竹－林24、彰5、諸－嘉1、臺－南39、府5）

紙韻123次（噶3、淡北5、淡竹－鄭15、淡竹－林36、彰13、臺－南48、府3）

真韻36次（噶6、淡竹－鄭6、淡竹－林6、彰5、臺－南11、府2）

微韻 16 次（噶 2、淡竹－鄭 2、淡竹－林 5、彰 2、臺－南 4、
　　　府 1）

尾韻 1 次（府 1）

未韻 2 次（淡竹－林 2）

（同攝）支微混用 15 次（淡北 1、淡竹－鄭 6、淡竹－林 1、
　　　彰 1 臺－南 6）

（同攝）紙尾混用 5 次（噶 1、淡竹－鄭 1、淡竹－林 1、彰 1、
　　　澎 1）

（同攝）寘未混用 6 次（噶 1、彰 2、臺－南 3）

（異攝）支微虞混用 1 次（噶 1）

（異攝）紙尾薺混用 2 次（淡北 1、臺－南 1）

（異攝）寘未薺混用 3 次（噶 1、淡竹－鄭 1、臺－南 1）

（異攝）紙尾語混用 1 次（彰 1）

（異攝）紙尾語麌混用 1 次（彰 1）

（異攝）支魚混用 1 次（臺－南 1）

（異攝）紙語混用 3 次（噶 2、臺－南 1）

（異攝）寘御混用 2 次（噶 2）

（異攝）支虞混用 1 次（淡竹－林 1）

（異攝）寘遇御混用 1 次（彰 1）

（異攝）未御混用 2 次（淡竹－林 2）

（異攝）支齊混用 1 次（淡竹－林 1）

（異攝）紙薺混用 4 次（淡北 1、臺－南 2）

（異攝）寘霽混用 5 次（噶 1、淡竹－鄭 2、彰 1、臺－南 2）

（異攝）支灰混用 2 次（淡竹－林 1、臺－南 1）

（異攝）紙賄混用 1 次（臺－南 1）

（異攝）微灰混用 1 次（淡竹－鄭 1）

（異攝）未泰隊混用 1 次（臺－南 1）

（異攝）寘未霽泰卦隊混用 1 次（臺－南 1）

（異攝）寘未御霽泰卦隊混用 1 次（臺－南 1）

（異攝）寘霽泰隊混用 1 次（淡竹－鄭 1）

（同攝異調）支寘混用 2 次（臺－南 1、噶 1）

（同攝異調）紙真混用 2 次（淡竹 1、臺－南 1）

（異攝異調）紙尾霽混用 1 次（臺－南 1）

（異攝異調）紙薺真混用 6 次（臺－南 6）

（異攝異調）真霽隊卦紙混用 1 次（臺－南 1）

2、遇攝　魚韻 18 次（噶 1、淡北 1、淡竹－鄭 4、淡竹－林 5、彰 1、臺－南 6）

語韻 5 次（噶 1、淡竹－林 1、彰 1、臺－南 2）

御韻 7 次（噶 1、淡竹－林 4、臺－南 2）

虞韻 27 次（淡北 1、淡竹－鄭 6、淡竹－林 4、彰 1、臺－南 14、府 1）

麌韻 43 次（噶 3、淡北 1、淡竹－鄭 7、臺－南 8）

遇韻 25 次（噶 1、淡北 2、淡竹－鄭 3、淡竹－林 10、彰 2、澎 1、臺－南 9）

（同攝）魚虞混用 9 次（淡竹－鄭 3、臺－南 6）

（同攝）語麌混用 21 次（淡竹－鄭 2、淡竹－林 7、彰 1、臺－南 11）

（同攝）御遇混用 8 次（淡竹－鄭 1、淡竹－林 3、臺－南 4）

（同攝異調）麌遇混用 1 次（淡竹－鄭 1）

（異攝異調）紙遇混用 1 次（淡竹－林 1）

3、蟹攝　齊韻 11 次（淡竹－鄭 3、淡竹－林 7、彰 1、臺－南 1）

薺韻 1 次（淡竹－林 1）

霽韻 16 次（噶 2、淡竹－鄭 3、淡竹－林 6、臺－南 5）

泰韻 1 次（彰 1）

佳韻 3 次（淡竹－林 1、臺－南 2）

蟹韻 1 次（噶 1）

卦韻 5 次（淡竹－鄭 1、淡竹－林 3、臺－南 1）

灰韻 41 次（噶 2、淡北 2、淡竹－鄭 3、淡竹－林 12、彰 5、府 2、臺－南 15）

賄韻 5 次（噶 2、臺－南 3）

隊韻 3 次（淡竹－林 2、府 1）

（同攝）霽泰混用 1 次（淡竹－林 1）

（同攝）泰卦混用 1 次（淡竹－鄭 1）

（同攝）泰隊混用 4 次（淡竹－林 1、臺－南 3）

（同攝）佳灰混用 2 次（淡竹－鄭 1、臺－南 1）

（同攝）卦隊混用 1 次（淡竹－鄭 1）

（同攝）蟹賄混用 1 次（臺－南 1）

（異攝）卦禡混用 1 次（淡竹－鄭 1）

（異攝）泰卦隊寘混用 1 次（臺－南 1）

4、效攝　蕭韻 14 次（淡竹－鄭 5、淡竹－林 3、彰 1、臺－南 5）

宵韻 11 次（淡北 1、淡竹－林 4、臺－南 5、府 1）

豪韻 17 次（噶 1、淡北 1、淡竹－鄭 3、彰 2、臺－南 10）

皓韻 18 次（噶 1、淡北 1、淡竹－鄭 2、淡竹－林 9、彰 2、

臺－南 3）

號韻 6 次（淡竹－鄭 2、淡竹－林 3、臺－南 1）

（同攝）蕭豪混用 2 次（噶 1、臺－南 1）

（同攝）篠皓混用 2 次（淡竹－鄭 2）

（同攝）嘯號混用 1 次（臺－南 1）

（同攝）蕭肴豪混用 2 次（臺－南 2）

（同攝）篠巧混用 1 次（淡北 1）

（同攝）巧皓混用 1 次（臺－南 1）

（異調）皓號混用 1 次（淡竹－鄭 1）

（異調）篠皓號混用 1 次（臺－南 1）

5、果攝　歌韻 32 次（淡北 2、淡竹－鄭 5、淡竹－林 11、彰 1、府 2、

臺－南 11）

哿韻 4 次（臺－南 4）

箇韻 4 次（淡竹－鄭 2、淡竹－林 1、臺－南 1）

（同攝）歌麻混用 2 次（淡竹－鄭 1、臺－南 1）

（異攝）歌麻佳混用 1 次（府 1）

（異調）哿陌混用 1 次（淡竹－鄭 1）

（異攝）歌豪混用 1 次（噶 1）

6、假攝　麻韻 22 次（噶 1、淡北 1、淡竹－鄭 2、淡竹－林 6、彰 3、

府 1、諸－嘉 1、臺－南 7）

　　　　　　馬韻 7 次（淡竹－鄭 1、彰 2、府 1、臺－南 3）

　　　　　　禡韻 11 次（淡北 2、淡竹－鄭 1、淡竹－林 6、臺－南 2）

　7、流攝　　尤韻 67 次（噶 4、淡北 5、淡竹－鄭 8、淡竹－林 17、彰 11、

　　　　　　　　　　府 3、臺－南 19）

　　　　　　有韻 55 次（噶 1、淡北 4、淡竹－鄭 8、淡竹－林 12、彰 7、

　　　　　　　　　　澎 2、臺－南 20、府 1）

　　　　　　宥韻 8 次（淡北 1、淡竹－鄭 1、臺－南 6）

　　　　　　（異調）有宥混用 3 次（淡竹－林 2、臺－南 1）

（二）陽聲韻

　1、通攝　　東韻 44 次（噶 2、淡北 4、淡竹－鄭 4、淡竹－林 8、彰 3、

　　　　　　　　　　臺－南 21、澎 1、府 1）

　　　　　　送韻 3 次（淡北 1、臺－南 2）

　　　　　　冬韻 7 次（噶 1、淡竹－林 3、彰 1、臺－南 2）

　　　　　　（同攝）東冬混用 19 次（淡竹－林 6、彰 4、臺－南 9）

　　　　　　（同攝）董腫混用 1 次（彰 1）

　　　　　　（同攝）送宋混用 1 次（彰 1）

　　　　　　（異攝）腫講混用 1 次（臺－南 1）

　　　　　　（異攝）東冬江混用 1 次（臺－南 1）

　　　　　　（異調）送宋董混用 1 次（彰 1）

　2、江攝　　江韻 1 次（淡竹－鄭 1）

　　　　　　絳韻 1 次（淡竹－林 1）

　3、臻攝　　真韻 49 次（噶 1、淡北 1、淡竹－鄭 6、淡竹－林 14、彰 5、

　　　　　　　　　　臺－南 17、府 4）

　　　　　　軫韻 1 次（臺－南 1）

　　　　　　震韻 3 次（臺－南 3）

　　　　　　文韻 12 次（噶 1、淡北 1、淡竹－鄭 2、淡竹－林 2、彰 1、

　　　　　　　　　　府 1、臺－南 2）

　　　　　　吻韻 1 次（淡竹－林 1）

　　　　　　（同攝）真文混用 2 次（淡竹－林 1、臺－南 1）

　　　　　　（異攝）真文元混用 4 次（臺－南 4）

（異攝）軫吻阮混用 2 次（臺－南 2）

（異攝）眞元混用 2 次（噶 1、彰 1）

（異攝）文元混用次（彰 1、臺－南 1）

（異攝）吻阮混用 1 次（臺－南 1）

（異攝）問願諫混用 1 次（臺－南 1）

（異攝）文寒混用 1 次（臺－南 1）

（異攝）眞先混用 1 次（臺－南 1）

（異攝）眞先侵混用 1 次（淡竹－鄭 1）

（異攝）眞侵混用 1 次（臺－南 1）

4、山攝　　　元韻 23 次（淡竹－鄭 3、淡竹－林 6、彰 6、諸－嘉 1、臺－南 7）

阮韻 1 次（臺－南 1）

願韻 1 次（臺－南 1）

寒韻 13 次（噶 1、淡北 1、淡竹－林 3、彰 1、臺－南 7）

旱韻 2 次（淡竹－鄭 1、臺－南 1）

翰韻 13 次（噶 1、淡竹－鄭 2、淡竹－林 6、彰 3、臺－南 1）

刪韻 16 次（噶 1、淡竹－鄭 1、淡竹－林 4、彰 1、臺－南 9）

潸韻 1 次（淡竹－林 1）

諫韻 1 次（淡竹－林 1）

先韻 77 次（噶 4、淡北 8、淡竹－鄭 10、淡竹－林 31、彰 3、府 3、臺－南 18）

銑韻 2 次（淡竹－林 2）

霰韻 20 次（噶 1、淡北 2、淡竹－鄭 2、淡竹－林 5、彰 5、臺－南 5）

（同攝）元寒混用 1 次（臺－南 1）

（同攝）阮旱混用 2 次（臺－南 2）

（同攝）元刪混用 1 次（臺－南 1）

（同攝）元先混用 1 次（臺－南 1）

（同攝）元寒刪混用 3 次（噶 1、臺－南 2）

（同攝）元刪先混用 2 次（淡竹－鄭 2）

（同攝）阮潸銑混用 1 次（臺－南 1）

（同攝）願翰霰混用 1 次（臺-南 1）

（同攝）寒刪混用 10 次（淡北 1、淡竹-鄭 2、淡竹-林 1、
　　　　彰 4、臺-南 2）

（同攝）刪先混用 3 次（淡竹-鄭 1、彰 1、臺-南 1）

（同攝）潸銑混用 1 次（臺-南 1）

（同攝）翰霰混用 1 次（臺-南 1）

（同攝）翰諫霰混用 1 次（臺-南 1）

（異攝）先庚混用 1 次（臺-南 1）

（異攝）先陽混用 1 次（淡北 1）

（異攝）先覃混用 1 次（淡北 1）

（異攝）阮琰混用 1 次（臺-南 1）

（異攝）願勘混用 1 次（淡竹-鄭 1）

（異調）旱銑諫混用 1 次（臺-南 1）

（異調）霰銑混用 2 次（噶 1、淡竹-鄭 1）

（同攝異調）霰銑諫混用 2 次（淡竹-林 2）

5、宕攝　陽韻 70 次（噶 4、淡北 4、淡竹-鄭 8、淡竹-林 21、彰 4、
　　　　　臺-南 25、澎 3、府 1）

　　　　養韻 5 次（噶 1、淡竹-林 1、臺-南 3）

　　　　漾韻 14 次（噶 2、淡竹-鄭 1、淡竹-林 2、彰 2、臺-南 5、
　　　　　府 2）

6、梗攝　庚韻 70 次（淡北 4、淡竹-鄭 11、淡竹-林 21、彰 6、臺-
　　　　　南 23、澎 2、府 3）

　　　　梗韻 13 次（噶 3、淡北 1、淡竹-鄭 3、淡竹-林 2、彰 1、
　　　　　臺-南 3）

　　　　敬韻 3 次（淡竹-林 1、臺-南 2）

　　　　青韻 12 次（噶 1、淡北 1、淡竹-鄭 1、淡竹-林 8、臺-南
　　　　　1）

　　　　徑韻 4 次（淡竹-林 4）

（同攝）庚青混用 8 次（噶 3、淡北 1、淡竹-鄭 1、臺-南 2、
　　　　府 1）

（同攝）梗迥混用 8 次（淡竹-鄭 1、彰 1、臺-南 6）

（同攝）敬徑混用 3 次（彰 1、臺－南 2）

（異攝）梗迴軫混用 1 次（淡竹－林 1）

（異攝）庚青蒸混用 1 次（臺－南 1）

（異攝）庚蒸混用 4 次（淡北 1、彰 1、臺－南 2）

（同攝異調）梗敬徑混用 1 次（淡竹－林 1）

7、曾攝　　蒸韻 3 次（淡竹－林 1、臺－南 2）

8、深攝　　侵韻 27 次（淡北 1、淡竹－鄭 9、淡竹－林 6、彰 5、臺－南 8、府 2）

寢韻 2 次（噶 1、臺－南 1）

沁韻 1 次（臺－南 1）

（異攝）侵陽混用 1 次（府 1）

（異攝）侵咸混用 1 次（臺－南 1）

（異攝）侵鹽混用 3 次（臺－南 3）

9、咸攝　　覃韻 10 次（淡竹－林 2、臺－南 8）

鹽韻 3 次（噶 1、彰 2）

艷韻 1 次（淡竹－鄭 1）

（同攝異調）艷琰混用 1 次（彰 1）

（三）入聲韻

1、通攝　　屋韻 35 次（噶 1、淡竹－鄭 7、淡竹－林 13、彰 3、臺－南 9、澎 1、府 1）

沃韻 15 次（噶 1、淡竹－鄭 3、淡竹－林 5、諸－嘉 1、臺－南 5）

（同攝）屋沃混用 13 次（淡竹－鄭 4、淡竹－林 3、彰 1、臺－南 4、府 1）

（異攝）屋沃覺混用 5 次（彰 1、諸－嘉 1、臺－南 3）

（異攝）屋沃藥混用 3 次（彰 1、臺－南 2）

（異攝）屋沃覺藥混用 1 次（彰 1）

（異攝）屋沃物混用 1 次（淡竹－林 1）

（異攝）屋沃物藥混用 1 次（淡竹－林 1）

（異攝）屋覺混用 1 次（彰 1）

（異攝）屋覺物混用 1 次（臺－南 1）

（異攝）屋覺藥混用 1 次（淡竹－林 1）

（異攝）屋藥混用 4 次（彰 1、臺－南 3）

（異攝）沃覺混用 2 次（彰 1、臺－南 1）

2、江攝　　　覺韻 3 次（噶 1、淡竹－林 1、臺－南 1）

（異攝）覺藥混用 3 次（臺－南 3）

3、止攝　　　質韻 26 次（噶 2、淡竹－鄭 4、淡竹－林 6、彰 3、臺－南 11）

（異攝）質物混用 2 次（臺－南 2）

（異攝）質物月混用 2 次（臺－南 2）

（異攝）質物月曷屑混用 2 次（臺－南 2）

（異攝）質物月曷黠屑錫混用 1 次（彰 1）

（異攝）質物月屑混用 1 次（臺－南 1）

（異攝）質物月屑錫混用 1 次（臺－南 1）

（異攝）質物月職混用 1 次（臺－南 1）

（異攝）質物曷屑混用 1 次（臺－南 1）

（異攝）質物陌混用 1 次（淡竹－鄭 1）

（異攝）質月混用 1 次（臺－南 1）

（異攝）質月陌錫職混用 1 次（臺－南 1）

（異攝）質月陌職混用 1 次（臺－南 1）

（異攝）質月職緝混用 1 次（臺－南 1）

（異攝）質屑混用 1 次（淡竹－林 1）

（異攝）質陌混用 3 次（淡竹－林 2、臺－南 1）

（異攝）質陌錫職混用 1 次（臺－南 1）

（異攝）質陌職混用 1 次（淡竹－林 1）

（異攝）質陌職緝混用 1 次（臺－南 1）

（異攝）質錫混用 2 次（臺－南 2）

（異攝）質錫職混用 1 次（淡竹－林 1）

（異攝）質緝混用 1 次（淡竹－鄭 1）

（異攝）質緝合葉洽混用 1 次（淡竹－林 1）

（異攝）質職混用 11 次（淡竹－林 2、彰 1、臺－南 8）

（異攝）質職緝合葉洽混用 1 次（臺－南 1）

4、臻攝　　物韻 2 次（淡竹－林 1、臺－南 1）

（異攝）物月屑混用 1 次（臺－南 1）

5、山攝　　月韻 20 次（噶 5、淡北 1、淡竹－鄭 1、淡竹－林 6、彰 1、
　　　　　　　臺－南 5、府 1）

曷韻 3 次（臺－南 3）

黠韻 1 次（淡竹－鄭 1）

屑韻 40 次（噶 3、淡北 1、淡竹－鄭 4、淡竹－林 11、彰 4、
　　　　　　　臺－南 15、府 2）

（同攝）月屑混用 5 次（淡竹－鄭 2、臺－南 3）

（同攝）月曷屑混用 2 次（臺－南 2）

（異攝）月陌混用 2 次（淡竹－林 1、府 1）

（異攝）月陌錫職緝混用 1 次（淡竹－林 1）

（同攝）曷黠屑混用 1 次（彰 1）

（異攝）曷洽混用 1 次（淡竹－鄭 1）

6、宕攝　　藥韻 32 次（淡北 1、淡竹－鄭 3、淡竹－林 14、彰 1、臺－
　　　　　　　南 12、府 1）

（異攝）藥物混用 1 次（淡北 1）

（異攝）月藥混用 1 次（淡竹－林 1）

7、梗攝　　陌韻 46 次（噶 2、淡北 2、淡竹－鄭 6、淡竹－林 11、彰 2、
　　　　　　　臺－南 19、澎 2、府 2）

錫韻 2 次（淡竹－林 2）

（同攝）陌錫混用 5 次（淡竹－鄭 1、淡竹－林 1、臺－南 3）

（異攝）陌錫職混用 16 次（淡竹－鄭 2、淡竹－林 3、彰 4、
　　　　　　　臺－南 7）

（異攝）陌錫職緝混用 3 次（淡竹－鄭 1、淡竹－林 1、臺－
　　　　　　　南 1）

（異攝）陌職混用 30 次（噶 1、淡竹－鄭 2、淡竹－林 3、彰
　　　　　　　5、臺－南 18、府 1）

（異攝）陌職緝混用 2 次（臺－南 2）

（異攝）錫職混用 4 次（淡北 1、臺－南 3）

（異攝）錫緝混用 1 次（臺－南 1）

8、曾攝　　職韻 21 次（竹－鄭 1、淡竹－林 6、彰 5、臺－南 8、府 1）

　　　　　　（異攝）職緝混用 2 次（淡竹－鄭 1、淡竹－林 1）

9、咸攝　　緝韻 10 次（噶 1、淡竹－鄭 1、淡竹－林 1、彰 4、臺－南 3）

　　　　　　（同攝）緝合混用 1 次（淡竹－林 1）

　　　　　　（同攝）緝葉混用 1 次（臺－南 1）

　　　　　　（同攝）葉洽混用 2 次（臺－南 2）

四、光緒時期古體詩之韻部

　　光緒時期可見的古體詩，共計 96 首，分別出於淡水廳詩人楊克彰 1 首、陳登元 1 首、李種玉 1 首、劉育英 5 首（下文以「淡北」統稱之）；彰化縣詩人陳百川 1 首、呂汝修 3 首、施仁思 1 首（下文以「彰」統稱）；嘉義縣詩人林啓東 3 首（下文以「諸－嘉」簡稱）；臺灣府詩人蔡國琳 1 首和許南英 60 首（皆為今臺南人，下文以「府－南」簡稱）；澎湖廳詩人陳梅峰 4 首和曾逢辰 15 首（下文以「澎」統稱）；一韻到底者 53 首，換韻者 43 首；共計 309 個韻段，其中包含 36 個混押韻段，計有 31 種混韻現象（平賅上去）：「支微 1」、「支魚虞 1」、「支齊 2」、「眞泰 1」、「眞隊 1」、「魚虞 1」、「虞有 2」、「蕭肴豪 1」、「麻佳 1」、「江陽 1」、「眞元 1」、「文元 2」、「元先 1」、「刪先 1」、「寒刪 1」、「庚青 1」、「庚陽 1」、「庚蒸 1」、「屋沃 3」、「屋藥 2」、「沃覺 1」、「沃藥 1」、「質月 1」、「質屑 1」、「質職 1」、「質陌職緝 1」、「月屑 2」、「月曷黠屑 1」、「陌錫 1」、「陌職 1」。

（一）陰聲韻

1、止攝　　支韻 11 次（彰 2、諸－嘉 2、府－南 4、澎 3）

　　　　　　紙韻 11 次（淡北 1、彰 1、諸－嘉 1、府－南 7、澎 1）

　　　　　　寘韻 10 次（淡北 1、彰 1、府－南 5、澎 3）

　　　　　　微韻 3 次（彰 2、府－南 1）

　　　　　　（同攝）寘未混用 1 次（府－南 1）

　　　　　　（異攝）紙語虞混用 1 次（淡北 1）

　　　　　　（異攝）紙薺混用 1 次（澎 1）

　　　　　　（異攝）寘霽混用 1 次（澎 1）

　　　　　　（異攝）寘泰混用 1 次（府－南 1）

（異攝）真隊混用 1 次（府－南 1）

2、遇攝　魚韻 2 次（澎 2）

　　　　語韻 1 次（府－南 1）

　　　　御韻 2 次（府－南 2）

　　　　虞韻 6 次（淡北 1、府－南 3、澎 2）

　　　　麌韻 7 次（淡北 2、府－南 4、澎 1）

　　　　遇韻 7 次（府－南 5、澎 2）

　　　　（同攝）御遇混用 1 次（彰 1）

　　　　（異攝）麌有混用 2 次（府－南 2）

3、蟹攝　齊韻 1 次（澎 1）

　　　　薺韻 8 次（淡北 1、府－南 6、澎 1）

　　　　泰韻 2 次（府－南 1、澎 1）

　　　　灰韻 5 次（彰 1、府－南 2、澎 2）

　　　　賄韻 1 次（澎 1）

　　　　隊韻 1 次（府－南 1）

4、效攝　蕭韻 2 次（府－南 1、澎 1）

　　　　嘯韻 3 次（府－南 3）

　　　　肴韻 1 次（澎 1）

　　　　豪韻 2 次（府－南 2）

　　　　皓韻 2 次（府－南 2）

　　　　號韻 1 次（府－南 1）

　　　　（同攝）嘯效號混用 1 次（府－南 1）

5、果攝　歌韻 4 次（府－南 2、澎 2）

　　　　哿韻 1 次（澎 1）

　　　　箇韻 1 次（澎 1）

6、假攝　麻韻 3 次（淡北 1、府－南 1、澎 1）

　　　　（異攝）麻佳混用 1 次（府－南 1）

7、流攝　尤韻 7 次（彰 1、府－南 4、澎 2）

　　　　有韻 14 次（淡北 2、彰 2、府－南 5、澎 5）

　　　　宥韻 1 次（諸－嘉 1）

（二）陽聲韻

　　1、通攝　　東韻 13 次（淡北 1、彰 2、諸－嘉 1、府－南 6、澎 3）

　　2、江攝

　　　　　　　　（異攝）江陽混用 1 次（彰 1）

　　3、臻攝　　眞韻 13 次（淡北 2、彰 1、府－南 7、澎 3）

　　　　　　　　文韻 2 次（府－南 2）

　　　　　　　　問韻 1 次（府－南 1）

　　　　　　　　（異攝）眞元混用 1 次（府－南 1）

　　　　　　　　（異攝）文元混用 2 次（府－南 2）

　　4、山攝　　元韻 2 次（府－南 1、澎 1）

　　　　　　　　寒韻 7 次（淡北 1、諸－嘉 1、府－南 4、澎 1）

　　　　　　　　翰韻 2 次（府－南 2）

　　　　　　　　刪韻 4 次（府－南 1、澎 3）

　　　　　　　　潸韻 1 次（府－南 1）

　　　　　　　　先韻 14 次（淡北 1、諸－嘉 1、府－南 10、澎 2）

　　　　　　　　霰韻 10 次（彰 2、府－南 7、澎 1）

　　　　　　　　（同攝）元先混用 1 次（澎 1）

　　　　　　　　（同攝）刪先混用 1 次（府－南 1）

　　　　　　　　（同攝）寒刪混用 1 次（澎 1）

　　5、宕攝　　陽韻 13 次（彰 2、府－南 8、澎 3）

　　　　　　　　養韻 1 次（府－南 1）

　　　　　　　　漾韻 5 次（彰 1、府－南 4）

　　6、梗攝　　庚韻 9 次（淡北 1、府－南 5、澎 3）

　　　　　　　　敬韻 2 次（府－南 1、澎 1）

　　　　　　　　青韻 5 次（淡北 1、府－南 2、澎 2）

　　　　　　　　（同攝）庚青混用 1 次（彰 1）

　　　　　　　　（異攝）庚陽混用 1 次（諸－嘉 1）

　　　　　　　　（異攝）庚蒸混用 1 次（彰 1）

　　7、曾攝　　蒸韻 1 次（府－南 1）

　　8、深攝　　侵韻 2 次（澎 2）

　　　　　　　　寢韻 1 次（澎 1）

9、咸攝　　覃韻 3 次（諸－嘉 1、府－南 2）

（三）入聲韻

　　1、通攝　　屋韻 7 次（淡北 1、府－南 6）

　　　　　　　沃韻 2 次（府－南 2）

　　　　　　　（同攝）屋沃混用 3 次（府－南 3）

　　　　　　　（異攝）屋藥混用 2 次（府－南 2）

　　　　　　　（異攝）沃覺混用 1 次（澎 1）

　　　　　　　（異攝）沃藥混用 1 次（府－南 1）

　　2、江攝　　覺韻 2 次（府－南 1、澎 1）

　　3、止攝　　質韻 6 次（淡北 1、彰 1、府－南 4）

　　　　　　　（異攝）質月混用 1 次（府－南 1）

　　　　　　　（異攝）質屑混用 1 次（府－南 1）

　　　　　　　（異攝）質職混用 1 次（彰 1）

　　　　　　　（異攝）質陌職緝混用 1 次（府－南 1）

　　4、山攝　　月韻 2 次（府－南 1、澎 1）

　　　　　　　屑韻 5 次（府－南 4、澎 1）

　　　　　　　（同攝）月屑混用 2 次（府－南 1、澎 1）

　　　　　　　（同攝）月曷黠屑混用 1 次（府－南 1）

　　5、宕攝　　藥韻 1 次（府－南 1）

　　6、梗攝　　陌韻 6 次（諸－嘉 1、府－南 4、澎 1）

　　　　　　　（同攝）陌錫混用 1 次（府－南 1）

　　　　　　　（異攝）陌職混用 1 次（澎 1）

　　7、曾攝　　職韻 10 次（淡北 2、彰 1、府－南 5、澎 2）

第三節　詩人用韻分部之圖表歸納

一、換韻與否之統計與分析說明

　　王力曾提及，「漢魏六朝的古詩大多數是一韻到底的」〔註17〕，經筆者觀

〔註17〕王力《漢語詩律學》，上海教育出版社，2005 年 4 月，頁 353。

察，清領時期臺灣本土文人古體詩作，卻是以通篇押兩個以上韻部之詩作居多，計有 474 首，其中混韻者 85 首，換韻者 389 首；而通篇押單一韻部的「一韻到底」之作計有 448 首，佔約 48.59%，但和換韻詩作的總數相差不大；由此可知，清臺灣本土文士在古體詩用韻方面的表現較爲自由奔放。古體詩作的創作類型偏好及用韻偏好，以《全臺詩》所收的清臺灣本土文人古體詩作 922 首，2,469 個韻段（含 31 個「異調混用」〔註18〕的韻段）爲材料，依前述三大古體詩類別分類，再據「換韻與否」和「單一韻段所使用的韻部〔註19〕」等因素，逐筆觀察其用韻表現，編爲「清領時期臺灣詩人古體詩格式統計表」（表 3.1）如下：

【表 3.1 表例說明】

1、「清領時期臺灣詩人古體詩格式統計表」將三個古體詩類分欄列表，依序列出「詩作數量」、「換韻與否」〔註20〕、「韻段數目」等三大欄位。古體詩作的總數，單位爲「首」；後者即指該類古體詩作數在全部古體詩總數中所佔的比例，單位爲「%」。以五言古詩爲例，詩作總數爲 412 首，佔全數古體詩作的 44.64%；其他類型同如此例。

2、「換韻與否」欄，則針對該類古體詩作「一韻到底」、「換韻」的用韻現象進行統計，旨在觀察清詩人的古體詩用韻習慣。「數量比」以「一韻到底：換韻」的方式呈現一韻到底者的數量和換韻者的數量；「換韻比例」欄則延續「數量比」的結果，計算換韻者在該類古體詩總數中的比例。以五言古詩爲例，412 首詩作中，一韻到底者有 252 首，換韻者爲 160 首，換韻比例佔五言古詩詩作總數的 38.83%；其他類型同如此例。

3、「韻段數目」欄位，先剔除 31 個異調混用的韻段，單就 2,438 個韻段進行統計，旨在呈現該類古體詩的韻段總數，及平聲韻、上聲韻、去聲韻、入聲韻等各韻調所佔的韻段數，以「總數（平：上：去：入）」表示。以整

〔註18〕筆者按：異調通押的韻段，意指該韻段由兩個以上不用聲調的不同韻部所組成，如清道光時期林占梅〈雙溪觀石竅泉晚歸燈下作示同遊諸友〉中，有一韻段由「路、互、屨」三韻字所組成，其中「路、互」爲虞韻去聲的「遇」韻字，「屨」爲支韻上聲的「紙」韻字，成一異調通押的韻例。

〔註19〕一般在觀察混韻狀況時，將同一首詩中押同一韻者歸爲同一韻段，因而一首換韻詩中，會出現兩個（含）以上的韻段。

〔註20〕表 3.1 中所謂的「換韻」，採用的是王力的「換韻」義。

體清臺灣本土文人古體詩爲例，2,438 個韻段中，計有 1158 個平聲韻段、441 個上聲韻段、336 個去聲韻段和 505 個入聲韻段。

表 3.1　清領時期臺灣詩人古體詩格式統計表

古體詩類別	詩作數量		換韻與否 一韻到底：換韻（首）		韻段數目（個）* * 由古體詩全數 2,469 個韻段中，剔除 31 個異調混用者的統計結果
	數量	比例	數量比	換韻比例	
五言	412	44.64％	252：160	38.83％	544（228：110：73：133）
七言	341	37.05％	149：192	56.30％	1104（531：191：154：228）
雜言詩〔註21〕	169	18.31％	46：123	72.19％	790（399：142：104：145）
總計	922	100％	448：474	51.41％	2,438（1158：443：331：506）

五言古詩部分，共計 412 首，544 個韻段。一韻到底者計 252 首：押平聲韻 108 首、上聲韻 60 首、去聲韻 35 首、入聲韻 49 首；混韻和換韻者共計 160 首，換韻比例爲 38.83％；就韻段數目來看（見表 3.1），五言古詩部分使用平聲韻的比例爲 41.91％、上聲韻爲 20.22％、去聲韻爲 13.42％、入聲韻爲 24.45％。

七言古詩部分，共計 341 首，1,104 個韻段。一韻到底者，計 149 首：押平聲韻 95 首、上聲韻 30 首、去聲韻 12 首、入聲韻 12 首；混韻和換韻者共計 192 首，換韻比例爲 56.30％；就韻段數目來看，七言古詩部分使用平聲韻的比例爲 47.97％、上聲韻爲 17.25％、去聲韻爲 14.18％、入聲韻爲 20.60％。

雜言詩部分，共計 169 首，790 個韻段。一韻到底者，計 46 首：押平聲韻 27 首、上聲韻 5 首、去聲韻 9 首、入聲韻 5 首；混韻和換韻者共計 123 首，換韻比例爲 72.19％；就韻段數目來看，雜言古詩部分使用平聲韻的比例爲 50.63％、上聲韻爲 17.97％、去聲韻爲 13.04％、入聲韻爲 18.35％。

以下再就平、上、去、入四聲韻部在清領時期臺灣本土文人古體詩中的韻段類型進行統計，製表 3.2，旨在以韻段爲單位，統計清臺灣本土文人古體詩中的單韻韻段和混韻韻段的數量，因「異調混用」的韻段難以歸類其韻調，

〔註21〕　據王力《漢語詩律學》（上海教育出版社，2005.04）定義，「雜言詩」爲以五、七言爲主體，雜以三言、四言、九言、十言在詩句內的詩體，屬於古體詩的一類。

故此表剔除 31 個具「異調混用」現象的韻段，僅就可明確歸納韻調類型的韻段，依序分平聲韻、上聲韻、去聲韻、入聲韻四韻調進行統計。

表 3.2　清臺灣本土文人古體詩的韻段類型統計表

	平聲韻	上聲韻	去聲韻	入聲韻	總計 b
單韻*1	1,022	376	271	319	1,988
混韻*2	136	67	60	187	450
總計*3	1,158	443	331	506	2,438
比　例	47.50%	18.17%	13.58%	20.74%	100%

*1「單韻」，即由單一韻部的韻字組成的韻段。

*2「混韻」，即由兩個或兩個以上的韻部組合而成的韻段。

*3「總計 a」，即該韻調的「單韻」韻段數和「混韻」韻段數的總合；舉平聲韻爲例，即指平聲韻總計有 1158 個韻段，其中包含 1022 個單韻韻段和 135 個混韻韻段。「總計 b」則用以統計「單韻」韻段和「混韻」韻段的韻段總數；如「單韻」韻段總數計 1988 個，其中包含 1022 個平聲韻、376 個上聲韻、271 個去聲韻和 319 個入聲韻的單韻韻段。

綜上所述，並參考表 3.2「清臺灣本土文人古體詩單一韻段的類型統計表」後（見上表），清臺灣本土文人古體詩共計 2,469 個韻段中，包含 31 個異調混用的韻段在內的混韻韻段，計有 481 個，約佔古體詩全部韻段中的 19.48%；換言之，就單一韻段的用韻現象來看，清臺灣本土文人的古體詩仍是押單一韻部者居多，佔 80.52%，而異調混押的韻段又佔混押韻段的 6.44%。再就韻調因素來看，屏除因異調混用而難以歸類的 31 個韻段後，2,438 個韻段中計有 1,158 個平聲韻段，約 47.50%；443 個上聲韻段，約 18.17%；331 個去聲韻段，約 13.58%；506 個入聲韻段，約 20.75%。整體而言，無論是五言古詩、七言古詩或雜言體，平聲韻部仍是清臺灣本土文人古體詩選韻時的偏好，其後依序爲入聲韻、上聲韻、去聲韻。

二、獨用與混用的分析與說明

總結康雍、乾嘉、道咸同、光緒四期的古體詩韻部的獨用和混用的狀況，清臺灣本土文人古體詩作 922 首，2,469 個韻段中，包含 31 個異調混用的韻

段在內的混韻韻段，計有469個，約佔古體詩全部韻段中的19.00%，將近五分之一的比例；因古體詩混韻的成因複雜，故本節先屏除469個混韻韻段的部分，僅就1,988個單韻韻段進行韻字系聯，並以詩韻韻目爲據，依陰聲韻、陽聲韻、入聲韻的順序，將獨用與混用的情形各自歸納爲「古體詩韻部統計表」，以觀察各韻部在清領時期的用韻情形；各統計表下，也將依韻攝順序，逐韻行文說明，各混押現象在清代臺灣本土詩人古體詩的出現總數及各區域的個別出現總數，並以韻攝爲據，逐攝製「各攝混用現象韻字表」表呈現各混押現象的韻腳交涉關係。

【表例說明】

「古體詩陰、陽、入聲韻部統計表例」：同第二章第三節「近體詩陰、陽、入聲韻部統計表例」。

（一）陰聲韻

表3.3 清代臺灣本土文人古體詩陰聲韻尾部分獨用混用統計表

中古韻攝	詩韻韻目	康雍		乾嘉		道光		咸同		光緒	
		獨用	混用	獨用	混用	獨用	混用	獨用	混用	獨用	混用
止	支	2 （1-1-0）		20 （6-8-6）		148 （54-74-20）	【同攝】支微17 【異攝】支微魚1、支微魚虞1、支魚虞1、支虞1、支微齊3、支齊5、眞霽泰隊1、支灰1	106 （41-49-16）	【同攝】支微9 【異攝】支微虞1、支微齊3、支魚6、支齊5、支灰2、眞未霽泰卦隊1、眞未御霽泰卦隊1、眞泰卦隊1 【同攝異調】支眞2、紙眞2 【異攝異調】紙尾霽1、紙霽眞6、眞霽隊卦紙1	32 （11-11-10）	【同攝】支微1 【異攝】支魚虞1、支齊2、眞泰1、眞隊1

中古韻攝	詩韻韻目	康雍 獨用	康雍 混用	乾嘉 獨用	乾嘉 混用	道光 獨用	道光 混用	咸同 獨用	咸同 混用	光緒 獨用	光緒 混用
	微	0		1 (0-0-1)		14 (11-1-2)	【異攝】微灰1、未御2	5 (5-0-0)	【異攝】未泰隊1	3 (3-0-0)	
遇	魚	0	【同攝】魚虞1	3 (1-1-1)	【同攝】魚虞3	21 (12-3-6)	【同攝】魚虞17 【異攝異調】紙遇1	10 (7-2-1)	【同攝】魚虞21	5 (2-1-2)	【同攝】魚虞1
	虞	3 (1-1-1)		9 (3-3-3)		59 (14-29-16)	【同攝異調】遇麌1	36 (13-14-9)		20 (6-7-7)	【異攝】麌有2
蟹	齊	0		1 (0-0-1)		23 (11-1-11)	【同攝】霽泰1、泰卦1、泰隊1	6 (0-0-6)	【同攝】泰隊3	11 (1-0-10)	
	佳	0		0		5 (1-0-4)	【同攝】佳灰2 【異攝】卦禡1	4 (2-1-1)	【同攝】佳灰2	0	
	灰	0		2 (2-0-0)		32 (28-1-3)		18 (14-4-0)		7 (5-1-1)	
效	蕭	1 (1-0-0)		3 (2-1-0)		16 (11-0-5)	【同攝】蕭豪2	9 (3-0-6)	【同攝】蕭肴1、蕭豪3、蕭肴豪2 【異調】篠皓號1	5 (2-0-3)	【同攝】蕭肴豪1
	肴	0		0		0		0	【同攝】肴豪1	1 (1-0-0)	
	豪	0		6 (3-3-0)		24 (5-14-5)	【異調】皓號1	17 (12-4-1)		5 (2-2-1)	
果	歌	0		3 (3-0-0)		23 (20-0-3)	【同攝】歌麻2 【異攝】歌麻佳1 【異調】哿陌1	17 (12-4-1)	【異攝】歌豪1	6 (4-1-1)	
假	麻	0		2 (1-1-0)		25 (13-5-7)		15 (9-2-4)		4 (4-0-0)	
流	尤	1 (1-0-0)		15 (6-9-0)		76 (42-32-2)	【異調】有宥2	56 (26-24-6)	【異調】有宥1	22 (7-14-1)	

　　由上表 3.3 及前一節用韻結果觀察清臺灣本土文人古體詩陰聲韻部，獨用部分所使用的韻目及各韻目的韻段總數〔註22〕，整理如下：

平聲：「支113 微19 魚21 虞37 齊12 佳3 灰49 蕭19 肴1 豪22 歌39 麻27 尤82」等 13 韻，共計 444 韻段。

上聲：「紙143 尾2 語7 麌55 薺1 蟹1 賄6 篠3 皓23 哿5 馬8 有79」等 12 韻，共計 333 韻段。

去聲：「寘51 未2 御10 遇36 霽24 泰3 卦5 隊4 嘯13 號7 箇5 禡10 宥9」等 13 韻，共計 179 韻段。

　　平賅上去，共計 13 個陰聲韻韻部，與《詩韻集成》陰聲韻韻部數量相同；但再就韻調因素細究陰聲韻尾部分的使用情況後，發現平聲韻部分有 13 個陰聲韻部，上聲韻部分有 12 個、去聲韻部分爲 13 個，《詩韻集成》則爲平、上聲韻部分各是 13 個，去聲韻 14 個，就《全臺詩》用韻歸納整理結果對應，《全臺詩》顯然少了「巧」1 個上聲韻部和「效」1 個去聲韻部。

　　清領時期臺灣本土文人的古體詩陰聲韻的混用韻段，經上表 3.3 的整理統計，平賅上去，則歸結出計有「止、遇、蟹、效、果、流」六攝有韻部混用的現象：共計 55 種混韻現象（平賅上去，則爲 39 種），148 個韻段。

1、止攝

（同攝）支微混用 15 次（道／淡竹－鄭 6、淡竹－林 1、彰 1、臺－南 2；咸同／淡北 1、臺－南 4）

（同攝）紙尾混用 5 次（道／淡竹－鄭 1、淡竹－林 1、彰 1、澎 1；咸同／噶 1）

（同攝）寘未混用 7 次（道／彰 2、臺－南 1；咸同／噶 1、臺－南 2；光／府－南 1）

（異攝）紙尾語混用 1 次（道／彰 1）

（異攝）紙尾語麌混用 1 次（道／彰 1）

（異攝）紙尾薺混用 4 次（道／臺－南 1；咸同／淡北 1、臺－南 2）

（異攝）寘未霽混用 3 次（道／淡竹－鄭 1、臺－南 1；咸同／噶 1）

（異攝）支微虞混用 1 次（咸同／臺－南 1）

〔註22〕筆者按：韻目旁的小字爲該韻的韻段數目，本節以下討論陽、入聲韻時，如遇韻目旁有小字所標示的數字，一律用以表示該韻目所使用的韻段數。

（異攝）寘未御霽泰卦隊混用 1 次（咸同／臺－南 1）

（異攝）寘未霽泰卦隊混用 1 次（咸同／臺－南 1）

（異攝）支魚混用 1 次（咸同／噶 1）

（異攝）紙語混用 3 次（咸同／噶 2、臺－南 1）

（異攝）寘御混用 2 次（咸同／噶 2）

（異攝）紙語麌混用 1 次（光／淡北 1）

（異攝）寘御遇混用 1 次（道／彰 1）

（異攝）紙語麌混用 1 次（光／淡北 1）

（異攝）支虞混用 1 次（道／淡竹－林 1）

（異攝）支齊混用 1 次（道／淡竹－林 1）

（異攝）紙薺混用 4 次（道／彰 1；咸同／淡北 1、臺－南 1；光／澎 1）

（異攝）寘霽混用 6 次（道／淡竹－鄭 2、臺－南 1；咸同／噶 1、臺－南 1；光／澎 1）

（異攝）寘霽泰隊混用 1 次（道／淡竹－鄭 1）

（異攝）寘泰混用 1 次（光／府－南 1）

（異攝）寘泰卦隊混用 1 次（咸同／臺－南 1）

（異攝）寘隊混用 1 次（光／府－南 1）

（異攝）支灰混用 2 次（道／淡竹－林 1；咸同／臺－南 1）

（異攝）紙賄混用 1 次（咸同／臺－南 1）

（異攝）微灰混用 1 次（道／淡竹－鄭 1）

（異攝）未御混用 2 次（道／淡竹－林 2）

（異攝）未泰隊混用 1 次（咸同／臺－南 1）

（異攝異調）紙遇混用 1 次（道／淡竹－林 1）

計有同攝混用 3 種 27 次，主要是支、微的混用；異攝混現象 30 種 45 次，（平賅上去，則爲 21 種）主要與遇、蟹兩攝相混。

2、遇攝

（同攝）魚虞混用 12 次（雍／鳳 1；乾／臺－南 1、府－東 1；道／淡竹－鄭 2；咸同／淡竹－鄭 1、臺－南 6）

（同攝）語麌混用 21 次（道／淡竹－鄭 2、淡竹－林 7、彰 1；咸同／臺－南 11）

（同攝）遇御混用 10 次（乾／臺－南 1；道／淡竹－鄭 1、淡竹－林 3、
　　　　臺－南 1；咸同／臺－南 3；光／彰 1）

（同攝異調）遇霽混用 1 次（道／淡竹－鄭 1）

（異攝）霽有混用 2 次（光／府－南 2）

（異攝）紙尾語混用 1 次（道／彰 1）

（異攝）紙尾語霽混用 1 次（道／彰 1）

（異攝）支微虞混用 1 次（咸同／臺－南 1）

（異攝）支魚混用 1 次（咸同／噶 1）

（異攝）紙語混用 3 次（咸同／噶 2、臺－南 1）

（異攝）寘御混用 2 次（咸同／噶 2）

（異攝）紙語霽混用 1 次（光／淡北 1）

（異攝）寘御遇混用 1 次（道／彰 1）

（異攝）紙語霽混用 1 次（光／淡北 1）

（異攝）支虞混用 1 次（道／淡竹－林 1）

（異攝）寘未御霽泰卦隊混用 1 次（咸同／臺－南 1）

（異攝）未御混用 2 次（道／淡竹－林 2）

（異攝異調）紙遇混用 1 次（道／淡竹－林 1）

計有同攝現象 4 種 44 次，以魚、虞兩韻混用爲主；異攝混用現象 14 種
19 次，平賅上去，以支、魚兩韻混用最多，其次是未、御兩韻的混用。還有，
「遇、霽」、「紙、遇」等上、去聲混用的現象。

3、蟹攝

（同攝）佳灰混用 2 次（道／淡竹－鄭 1；咸同／臺－南 1）

（同攝）蟹賄混用 1 次（道／臺－南 1）

（同攝）卦隊混用 1 次（道／淡竹－鄭 1）

（同攝）霽泰混用 1 次（道／淡竹－林 1）

（同攝）泰隊混用 5 次（道／淡竹－鄭 1、淡竹－林 1；咸同／臺－南 3）

（同攝）卦泰混用 1 次（道／淡竹－鄭 1）

（異攝）卦禡混用 1 次（道／淡竹－鄭 1）

（異攝）佳歌麻混用 1 次（道／府 1）

（異攝）紙尾薺混用 4 次（道／臺－南 1；咸同／淡北 1、臺－南 2）

（異攝）寘未霽混用 3 次（道／淡竹一鄭 1、臺一南 1；咸同／噶 1）

（異攝）寘未御霽泰卦隊混用 1 次（咸同／臺一南 1）

（異攝）寘未霽泰卦隊混用 1 次（咸同／臺一南 1）

（異攝）支齊混用 1 次（道／淡竹一林 1）

（異攝）紙薺混用 4 次（道／彰 1；咸同／淡北 1、臺一南 1；光／澎 1）

（異攝）寘霽混用 6 次（道／淡竹一鄭 2、臺一南 1；咸同／噶 1、臺一南 1；光／澎 1）

（異攝）寘霽泰隊混用 1 次（道／淡竹一鄭 1）

（異攝）寘泰混用 1 次（光／府一南 1）

（異攝）寘泰卦隊混用 1 次（咸同／臺一南 1）

（異攝）寘隊混用 1 次（光／府一南 1）

（異攝）支灰混用 2 次（道／淡竹一林 1；咸同／臺一南 1）

（異攝）紙賄混用 1 次（咸同／臺一南 1）

（異攝）微灰混用 1 次（道／淡竹一鄭 1）

（異攝）未泰隊混用 1 次（咸同／臺一南 1）

計有同攝現象 6 種 11 次，以泰、隊兩韻混用爲主；異攝混用現象 17 種 31 次，平賅上去，主要和止攝支韻混用，最多的是支、齊的混用。還有，「遇、霽」、「紙、遇」等上、去聲混用的現象。

4、效攝

（同攝）蕭肴豪混用 2 次（咸同／臺一南 2）

（同攝）嘯效號混用 1 次（光／府一南 1）

（同攝）蕭豪混用 2 次（咸同／噶 1、臺一南 1）

（同攝）篠皓混用 2 次（道／淡竹一鄭 2）

（同攝）嘯號混用 1 次（咸同／臺一南 1）

（同攝）篠巧混用 1 次（咸同／淡北 1）

（同攝）巧皓混用 1 次（咸同／臺一南 1）

（同攝異調）皓號混用 1 次（道／淡竹一鄭 1）

（異攝）歌豪混用 1 次（咸同／噶 1）

計有同攝現象 8 種 11 次，以蕭、豪兩韻爲主；異攝混用現象 1 次，爲效攝豪韻與果攝歌韻的混用。

5、果攝

（異攝）歌麻混用 2 次（道／淡竹－鄭 1、臺－南 1）

（異攝）歌豪混用 1 次（咸同／噶 1）

（異攝異調）哿陌混用 1 次（道／淡竹－鄭 1）

（異攝）佳歌麻混用 1 次（道／府 1）

計有異攝混用 4 種 5 次，以歌、麻兩韻爲主，歌韻和豪韻爲其次；有一個上聲哿韻、梗攝陌韻的混用。

6、假攝

（異攝）卦禡混用 1 次（道／淡竹－鄭 1）

（異攝）佳歌麻混用 1 次（道／府 1）

（異攝）歌麻混用 2 次（道／淡竹－鄭 1、臺－南 1）

計有異攝混用 3 種 4 次，以麻、歌兩韻爲主；卦、禡兩韻，即佳、麻兩韻的混用爲其次。

7、流攝

（同攝異調）有宥混用 2 次（道／淡竹－林 2）

（異攝）夔有混用 2 次（光／府－南 2）

計有同攝混用 1 種 2 次，爲尤韻上、去聲的混用；遇攝混用現象 1 種 2 次，爲有韻和遇攝夔韻的混用。

綜上整理，清領時期臺灣本土文人古體詩陰聲韻混韻現象的結果，除假攝皆爲同攝混用外，其他六攝除同攝混用外，尚分別與其他韻攝有混用現象存在，而止、遇、效、果、流五攝更出現了異調混用的現象。

（二）陽聲韻

表 3.4 清代臺灣本土文人陽聲韻尾部分統計表

中古韻攝	詩韻韻目	康雍 獨用	康雍 混用	乾嘉 獨用	乾嘉 混用	道光 獨用	道光 混用	咸同 獨用	咸同 混用	光緒 獨用	光緒 混用
通	東	2 (2-0-0)		8 (7-0-1)	【同攝】東冬 1	20 (20-0-0)	【同攝】東冬 15 【異調】送宋董 1	27 (24-0-3)	【同攝】東冬 6 【異攝】東冬江 1	13 (13-0-0)	
通	冬	1 (1-0-0)		0		5 (5-0-0)		2 (2-0-0)	【異攝】冬江 1	0	
江	江	0		0		2 (1-0-1)		0		0	【異攝】江陽 1
臻	真	1 (1-0-0)		5 (4-0-1)		34 (33-0-1)	【同攝】真文 2 【異攝】真元 1、真先 1、真先侵 1	19 (16-1-2)	【異攝】真文元 6、真元 1、真侵 1	13 (13-0-0)	【異攝】真元 1
臻	文	0		3 (3-0-0)		8 (7-1-0)	【異攝】文元 1、文寒 1、文元刪 1	6 (6-0-0)	【異攝】文元 2	3 (2-0-1)	【異攝】文元 2
山	元	1 (1-0-0)		2 (2-0-0)	【同攝】元先 1	19 (18-0-1)	【同攝】元寒 1、元寒刪 1、元刪先 3 【異攝】元覃 1	6 (5-1-0)	【同攝】元寒 2、元刪 1、元先 1、元寒刪 2、元寒先 1 【異攝】元鹽 1	2 (2-0-0)	【同攝】元先 1
山	寒	1 (1-0-0)		7 (2-0-5)	【同攝】寒刪 3	17 (5-1-11)	【同攝】寒刪 8	11 (8-1-2)	【同攝】寒刪 2、寒先 1、寒刪先 1 【異調】旱銑諫 1	9 (7-0-2)	【同攝】寒刪 1
山	刪	0		3 (3-0-0)	【同攝】刪先 1	11 (9-1-1)	【同攝】刪先 2	7 (7-0-0)	【同攝】刪先 2	5 (4-1-0)	【同攝】刪先 1

中古韻攝	詩韻韻目	康雍		乾嘉		道光		咸同		光緒	
		獨用	混用	獨用	混用	獨用	混用	獨用	混用	獨用	混用
山	先	3 (3-0-0)		6 (6-0-0)		63 (49-2-12)	【異調】霰銑 1、霰銑諫 2	37 (29-0-8)	【異攝】先庚 1、先陽 1、先覃 1【異調】霰銑 1	24 (14-0-10)	
宕	陽	2 (2-0-0)		5 (4-1-0)		50 (41-1-8)		38 (29-4-5)		19 (13-1-5)	
梗	庚	0		5 (4-1-0)	【異攝】庚青蒸 1	58 (51-6-1)	【同攝】庚青 7【異攝】庚青眞 1、庚蒸 1【異調】梗敬徑 1	29 (20-7-2)	【同攝】庚青 12【異攝】庚青蒸 1、庚蒸 3	11 (9-0-2)	【同攝】庚青 1【異攝】庚蒸 1、庚陽 1
梗	青	0		2 (2-0-0)		13 (9-0-4)		3 (3-0-0)		5 (5-0-0)	
曾	蒸	0		0		2 (2-0-0)		1 (1-0-0)		1 (1-0-0)	
深	侵	1 (1-0-0)		1 (1-0-0)		20 (20-0-0)	【異攝】侵陽 1	11 (7-2-2)	【異攝】侵咸 1、侵鹽 3	3 (2-1-0)	
咸	覃	1 (1-0-0)		1 (1-0-0)		4 (4-0-0)		6 (6-0-0)		3 (3-0-0)	
咸	鹽	0		0		3 (2-0-1)	【異調】艷琰 1	1 (1-0-0)		0	
咸	咸	0		0		0		0		0	

　　由上表 3.4 及前一節用韻結果觀察清臺灣本土文人古體詩陽聲韻部，獨用部分所使用的韻目及各韻目的韻段總數，整理如下：

　　平聲：「東 66 冬 8 江 1 眞 67 文 18 元 28 寒 23 刪 23 先 101 陽 89 庚 83 青 19 蒸 4 侵 31 覃 15 鹽 3 咸 0」等 16 韻，共計 578 韻段。

　　上聲：「講 1 軫 1 吻 1 阮 1 旱 2 濟 2 銑 3 養 15 梗 14 寢 3」等 10 韻，共計 43 韻段。

　　去聲：「絳 1 送 4 震 4 問 1 願 1 諫 1 翰 20 霰 30 敬 5 徑 4 漾 18 沁 2 艷 1」等 13 韻，共計 92 韻段。

　　平賅上去，共計 17 個陽聲韻部，與《詩韻集成》陽聲韻部的數量相同。但再就韻調因素細究陰聲韻部的使用情況後，發現平聲韻部分有 16 個陽聲韻尾部分，上聲韻部分有 10 個、去聲韻部分爲 13 個；《詩韻集成》則有平聲韻部 17 個，上聲韻部 16 個，去聲韻部 16 個，就《全臺詩》用韻歸納整理結果對應，《全臺詩》顯然少了「咸」1 個平聲韻部、「董、腫、迥、感、琰、豏」等 6 個上聲韻部和「宋、勘、陷」等 3 個去聲韻部。

　　清領時期臺灣本土文人的古體詩陽聲韻的混用韻段，經上表 3.4 的整理統計，平賅上去，則歸結出計有「通、江、臻、山、梗、深、咸」七攝有韻部混用的現象；共計 47 種混韻現象（平賅上去，則爲 33 種），122 個韻段。

1、通攝

　　（同攝）東冬混用 20 次（乾／諸－嘉 1；道／淡竹－林 6、彰 4、臺－南 3；咸同／臺－南 6）

　　（同攝）董腫混用 1 次（道／彰 1）

　　（同攝）送宋混用 1 次（道／彰 1）

　　（同攝異調）送宋董混用 1 次（道／彰 1）

　　（異攝）東冬江混用 1 次（咸同／臺－南 1）

　　（異攝）腫講混用 1 次（咸同／臺－南 1）

　　計有同攝混用 4 種 23 次，以東、冬兩韻爲主；異攝混用 2 種 2 次，平賅上去，以冬、江兩韻爲主，其次是東、冬、江三韻相混的現象。

2、江攝

　　（異攝）江陽混用 1 次（光／彰 1）

　　（異攝）東冬江混用 1 次（咸同／臺－南 1）

　　（異攝）腫講混用 1 次（咸同／臺－南 1）

　　無同攝混用現象。計有 3 種異攝混用現象，共 3 次，爲江與通、宕兩攝的相混，平賅上去，以冬、江兩韻爲主，東、冬、江三韻相混和江、洋陽兩韻混用的現象爲其次。

3、臻攝

　　（同攝）眞文混用 2 次（道／淡竹－林 1、臺－南 1）

　　（異攝）眞文元混用 4 次（咸同／臺－南 4）

　　（異攝）眞元混用 3 次（道／彰 1；咸同／噶 1；光緒／府－南 1）

（異攝）眞先混用 1 次（道／臺－南 1）

（異攝）文元混用 4 次（道／彰 1；咸同／臺－南 1；光緒／府－南 2）

（異攝）吻阮混用 1 次（咸同／臺－南 1）

（異攝）文寒混用 1 次（道／臺－南 1）

（異攝）軫吻阮混用 2 次（咸同／臺－南 2）

（異攝）問願諫混用 1 次（道／臺－南 1）

（異攝）眞侵混用 2 次（道／淡竹－林 1；咸同／臺－南 1）

（異攝）軫梗迥混用 1 次（道／淡竹－林 1）

計有同攝混用現象 1 種 1 次；異攝混用現象 10 種 20 次，臻攝與山、深、梗等三攝有混用現象，其中主要爲臻、山兩攝的相混，以文、元兩韻混用爲最多，眞、元兩韻相混的現象爲其次。

4、山攝

（同攝）元寒混用 1 次（咸同／臺－南 1）

（同攝）阮旱混用 2 次（道／臺－南 1；咸同／臺－南 1）

（同攝）元寒刪混用 3 次（道／臺－南 1；咸同／噶 1、臺－南 1）

（同攝）元刪混用 1 次（咸同／臺－南 1）

（同攝）元刪先混用 2 次（道光／淡竹－鄭 2）

（同攝）阮潸銑混用 1 次（道光／臺－南 1）

（同攝）元先混用 3 次（乾嘉／諸 1；咸同／臺－南 1；光緒／澎 1）

（同攝）寒刪混用 14 次（乾／鳳 2、臺－南 1；道／淡竹－鄭 2、淡竹－林 1、彰 4、臺－南 5；咸同／淡北 1、臺－南 1；光緒／澎 1）

（同攝）刪先混用 5 次（嘉／府－東 1；道／淡竹－鄭 1、彰 1；咸同／臺－南 1；光／府－南 1）

（同攝）潸銑混用 1 次（咸同／臺－南 1）

（同攝）翰霰混用 2 次（咸同／臺－南 2）

（同攝）願翰霰混用 1 次（咸同／臺－南 1）

（同攝異調）霰銑混用 1 次（道／淡竹－鄭 1）

（同攝異調）霰銑諫混用 2 次（道／淡竹－林 2）

（異攝）先庚混用 1 次（咸同／臺－南 1）

（異攝）先陽混用 1 次（咸同／淡北 1）

（異攝）先覃混用 1 次（咸同／淡北 1）

（異攝）阮琰混用 1 次（咸同／臺－南 1）

（異攝）願勘混用 1 次（道／淡竹－鄭 1）

（異攝）眞文元混用 4 次（咸同／臺－南 4）

（異攝）眞元混用 3 次（道／彰 1；咸同／噶 1；光緒／府－南 1）

（異攝）眞先混用 1 次（道／臺－南 1）

（異攝）文元混用 4 次（道／彰 1；咸同／臺－南 1；光緒／府－南 2）

（異攝）吻阮混用 1 次（咸同／臺－南 1）

（異攝）文寒混用 1 次（道／臺－南 1）

（異攝）軫吻阮混用 2 次（咸同／臺－南 2）

（異攝）問願諫混用 1 次（道／臺－南 1）

計有同攝混用現象 14 種 39 次，主要以寒、刪相混爲主，元韻與寒、刪、先三韻各自混用爲其次。異攝混用現象 7 種 16 次，山攝主要和臻攝混用，與梗、宕、咸三攝的各自相混則爲其次；又以「元文」和「元眞」最多。

5、宕攝

（異攝）庚陽混用 1 次（光／諸－嘉 1）

（異攝）先陽混用 1 次（咸同／淡北 1）

（異攝）侵陽混用 1 次（道／府 1）

無同攝混用現象。異攝混用現象 3 種共 3 次，爲陽韻分別和山攝先韻、梗攝庚韻、深攝侵韻的相混。

6、梗攝

（同攝）庚青混用 9 次（道／淡竹－鄭 1、府 1；咸同／噶 3、淡北 1、臺－南 2；光緒／彰 1）

（同攝）梗迥混用 8 次（道／淡竹－鄭 1、彰 1、臺－南 2；咸同／臺－南 4）

（同攝）敬徑混用 3 次（道／彰 1；咸同／臺－南 2）

（同攝）梗敬徑混用 1 次（道／淡竹－林 1）

（異攝）庚青蒸混用 2 次（乾／諸 1；咸同／臺－南 1）

（異攝）庚蒸混用 5 次（道／彰 1；咸同／淡北 1、臺－南 2；光緒／彰 1）

（異攝）庚陽混用 1 次（光／諸－嘉 1）

（異攝）軫梗迥混用 1 次（道／淡竹－林 1）

（異攝）先庚混用 1 次（咸同／臺－南 1）

計有同攝混用現象 4 種 21 次，主要為庚、青兩韻的相混；異攝混用現象 5 種 10 次，主要為梗、曾兩攝的相混，以庚、蒸兩韻混用最多，庚韻和陽、先、眞三韻等三韻各自相混的現象為其次。

7、曾攝

（異攝）庚青蒸混用 2 次（乾／諸 1；咸同／臺－南 1）

（異攝）庚蒸混用 5 次（道／彰 1；咸同／淡北 1、臺－南 2；光緒／彰 1）

無同攝混用現象。異攝混用現象 2 種共 7 次，以蒸、庚兩韻相混次數最多，其次為蒸、庚、青的相混現象。

8、深攝

（異攝）侵陽混用 1 次（道／府 1）

（異攝）侵鹽混用 1 次（咸同／臺－南 1）

（異攝）侵咸混用 1 次（咸同／臺－南 1）

（異攝）眞侵混用 2 次（道／淡竹－林 1；咸同／臺－南 1）

無同攝混用現象。異攝混用現象 4 種共 5 次，侵韻分別與臻攝眞韻、宕攝陽韻和咸攝的鹽、咸兩韻相混，以侵、眞兩韻相混的次數最多，其次為與咸攝的相混。

9、咸攝

（同攝異調）艷琰混用 1 次（道／彰 1）

（異攝）先覃混用 1 次（咸同／淡北 1）

（異攝）阮琰混用 1 次（咸同／臺－南 1）

（異攝）願勘混用 1 次（道／淡竹－鄭 1）

（異攝）侵鹽混用 1 次（咸同／臺－南 1）

（異攝）侵咸混用 1 次（咸同／臺－南 1）

計有同攝混用現象 1 種 1 次，為鹽韻上、去聲的混用；異攝混用現象 5 種共 5 次，平賅上去，咸攝主要與山攝相混，其次與深攝侵韻相混。

綜上整理，清領時期臺灣本土文人古體詩陽聲韻混韻現象的結果，除江、深、曾、宕四攝皆與他攝混用，而無同攝相混的現象外，其他五攝除同攝混用外，尚分別與其他韻攝有混用現象存在，而通、咸兩攝更出現了異調混用的現象。

（三）入聲韻

表 3.5　清代臺灣本土文人入聲韻尾部分統計表

中古韻攝	詩韻韻目	康雍		乾嘉		道光		咸同		光緒	
		獨用	混用	獨用	混用	獨用	混用	獨用	混用	獨用	混用
通	屋	0		3	【同攝】屋沃1【異攝】屋沃質1、屋藥1	24	【同攝】屋沃9【異攝】屋沃覺1、屋沃覺藥1、屋沃物1、屋沃藥1、屋沃物藥1、屋覺1、屋覺藥1、屋藥1	11	【同攝】屋沃4【異攝】屋沃覺4、屋沃藥2、屋覺物1、屋藥3	7	【同攝】屋沃3【異攝】屋藥2
通	沃	0		4		10	【異攝】沃覺1	5	【異攝】沃覺1	2	【異攝】沃覺1、沃藥1
江	覺	0		0		2	【異攝】覺藥3	1		2	
止	質	1	【異攝】質月1	2	【異攝】質錫職1	16	【異攝】質物月1、質物月曷黠屑錫1、質物陌1、質屑1、質陌2、質陌職1、質陌職緝1、質職3、質錫1、質錫職1、質緝1、質緝合葉洽1、質組合葉洽1	10	【異攝】質物月2、質物月曷屑2、質物月屑1、質物月屑錫1、質物月職3、質物職1、質物曷屑1、質月1、質月陌錫職1、質月陌職1、質月職緝1、質陌1、質陌錫職1、質錫1、質職5、質職緝合葉洽1	6	【異攝】質月1、質屑1、質職1、質陌職緝1
臻	物	0		0		1		1	【異攝】物月屑1	0	
山	月	0	【同攝】月屑1	0	【同攝】月屑1【異攝】月職1	10	【同攝】月屑2【異攝】月陌2、月陌錫職緝1	10	【同攝】月屑3、月曷屑2	2	【同攝】月屑2、月曷點屑1

中古韻攝	詩韻韻目	康雍		乾嘉		道光		咸同		光緒	
		獨用	混用	獨用	混用	獨用	混用	獨用	混用	獨用	混用
山	曷	0	【同攝】曷屑1	0		0	【同攝】曷黠屑1 【異攝】曷洽1	3		0	
山	黠	0		0		0		1		0	
山	屑	1		1		24		16		5	
宕	藥	0		1		23	【異攝】藥月1	9	【異攝】藥物1	1	
梗	陌	2		6		32	【同攝】陌錫4 【異攝】陌錫職10、陌錫職緝1、陌職13	14	【同攝】陌錫1 【異攝】陌錫職6、陌錫職緝1、陌職17、陌職緝2	6	【同攝】陌錫1 【異攝】陌職1
梗	錫	0		0		2		0	【異攝】錫職4、錫緝1	0	
曾	職	0		1		15		7		10	
深	緝	1		0		6	【同攝】緝合1	4	【異攝】緝葉1	0	
咸	合	0		0		0		1		0	
咸	葉	0		2		0		0	【同攝】葉洽2	0	
咸	洽	0		0		0		0		0	

　　由上表3.5和上述各攝入聲韻尾部分的分部歸納結果來看，清臺灣本土文人古體詩入聲韻部，獨用部分所使用的韻目及各韻目的韻段總數為「屋45沃21覺4質35物2月22曷3黠1屑46藥33陌59錫2職33緝11合1葉2」等16韻，共計319韻段；與《詩》的17個入聲韻尾部分相比，就《全臺詩》用韻歸納整理結果對應，《全臺詩》顯然少了「洽」1個入聲韻尾部分；細究韻部分合內容後，《詩》的洽韻字在清臺灣本土文人古體詩中，雖無單獨使用的韻例，但分別與《詩》的曷韻、葉韻字有混用現象。

　　混用部分如下，計有「通、江、臻、山、宕、梗、深、咸」等八攝入聲韻有混用現象，以下依韻攝分論之：

1、通攝

（同攝）屋沃混用 17 次（乾／臺 1；道／淡竹－鄭 4、淡竹－林 3、彰 1
　　　　、府 1；咸／臺－南 4；光／府－南 3）

（異攝）屋沃覺混用 5 次（道／彰 1；咸／臺－南 3；同／諸嘉 1）

（異攝）屋沃覺藥混用 1 次（道／彰 1）

（異攝）屋沃質混用 1 次（乾／臺－南 1）

（異攝）屋沃物混用 1 次（道光／淡竹－林 1）

（異攝）屋沃物藥混用 1 次（道光／淡竹－林 1）

（異攝）屋沃藥混用 3 次（道／彰 1；咸／臺－南 2）

（異攝）屋覺混用 1 次（道／彰 1）

（異攝）屋覺物混用 1 次（咸／臺－南 1）

（異攝）屋覺藥混用 1 次（道／淡北－林 1）

（異攝）屋藥混用 7 次（乾／臺 1；道／彰 1；咸／臺－南 3；光／府－
　　　　南 2）

（異攝）沃覺混用 3 次（道／彰 1；咸／臺－南 1；光／澎 1）

（異攝）沃藥混用 1 次（光／府－南 1）

有同攝混用現象 1 種 17 次，主要為屋、沃兩韻的混用；異攝混用現象 12
種共 26 次，主要為通、江、宕三攝入聲字相混，以屋、藥兩韻相混的次數最
多，其次為「沃、覺」、「沃、藥」、「屋、藥」三組韻字；其次為與臻攝質、
物兩韻的相混。

2、江攝

（異攝）覺藥混用 3 次（道／臺－南 3）

（異攝）屋沃覺混用 5 次（道／彰 1；咸／臺－南 3；同／諸嘉 1）

（異攝）屋沃覺藥混用 1 次（道／彰 1）

（異攝）屋覺混用 1 次（道／彰 1）

（異攝）屋覺物混用 1 次（咸／臺－南 1）

（異攝）屋覺藥混用 1 次（道／淡北－林 1）

（異攝）沃覺混用 3 次（道／彰 1；咸／臺－南 1；光／澎 1）

計有同攝混用現象 1 種 3 次，主要為覺、藥兩韻的混用；異攝混用現象 6
種共 12 次，主要為覺韻與屋、沃兩韻的相混，其次為覺、藥兩韻的相混，再
其次為覺、物兩韻的相混。

3、臻攝

（同攝）質物混用 2 次（咸／臺－南 2）

（異攝）質物月混用 2 次（道／臺－南 1；咸／臺－南 1）

（異攝）質物月曷點屑錫混用 1 次（道／彰 1）

（異攝）質物月曷屑混用 2 次（咸／臺－南 2）

（異攝）質物月屑混用 1 次（咸／臺－南 2）

（異攝）質物月屑錫混用 1 次（咸／臺－南 1）

（異攝）質物月職混用 3 次（咸／臺－南 3）

（異攝）質物曷屑混用 1 次（咸／臺－南 1）

（異攝）質物陌混用 1 次（道／淡－竹 1）

（異攝）質物職混用 1 次（咸／臺－南 1）

（異攝）質月混用 3 次（康／諸 1；咸／臺－南 1；光／府－南 1）

（異攝）質月陌職混用 1 次（咸／臺－南 1）

（異攝）質月職緝混用 1 次（咸／臺－南 1）

（異攝）質月陌錫職混用 1 次（咸／臺－南 1）

（異攝）質屑 2 次（道／淡竹－林 1；光／府－南 1）

（異攝）質陌 3 次（道／淡竹－林 2；咸／臺－南 1）

（異攝）質陌錫職 1 次（咸／臺－南 1）

（異攝）質陌職 1 次（道／淡竹－林 1）

（異攝）質陌職緝 2 次（道／臺－南 1；光緒／府－南 1）

（異攝）質職混用 9 次（道／淡竹－林 2、彰 1；咸／臺－南 5；光緒／彰 1）

（異攝）質職緝合葉洽混用 1 次（道／臺－南 1）

（異攝）質錫混用 1 次（道／臺－南 1）

（異攝）質錫職混用 2 次（乾／鳳 1；道／淡竹－林 1）

（異攝）質緝混用 1 次（道／淡竹－鄭 1）

（異攝）質緝合葉洽混用 1 次（道／淡竹－林 1）

（異攝）物月屑混用 1 次（咸同／臺－南 1）

（異攝）物藥混用 1 次（咸同／淡北 1）

（異攝）屋沃質混用 1 次（乾／臺－南 1）

（異攝）屋沃物混用 1 次（道光／淡竹－林 1）

（異攝）屋沃物藥混用 1 次（道光／淡竹－林 1）

（異攝）屋覺物混用 1 次（咸／臺－南 1）

　　計有同攝混用現象 1 種 2 次，爲質、物兩韻的混用；異攝混用現象 30 種共 50 次，主要爲質、職兩韻的相混，其次爲質韻與屑、月、錫、緝、陌、職、合、葉、洽、屋、沃、藥等 12 個入聲韻部的相混。

　　4、山攝：共計 9 種混韻現象，19 個韻段。

（同攝）月曷屑混用 2 次（咸同／臺－南 2）

（同攝）月曷黠屑混用 1 次（光緒／府－南 1）

（同攝）月屑混用 9 次（康／諸 1；乾／臺 1；道／淡竹－鄭 2；咸同／
　　　　　臺－南 3；光緒／府－南 1、澎 1）

（同攝）曷黠屑混用 1 次（道／彰 1）

（同攝）曷屑混用 1 次（康／諸 1）

（異攝）月陌混用 2 次（道／淡竹－林 1、府 1）

（異攝）月陌錫職緝混用 1 次（道／淡竹－林 1）

（異攝）月職混用 1 次（乾／鳳 1）

（異攝）曷洽混用 1 次（道／淡－竹 1）

（異攝）質物月混用 2 次（道／臺－南 1；咸／臺－南 1）

（異攝）質物月曷屑混用 2 次（咸／臺－南 2）

（異攝）質物月屑混用 1 次（咸／臺－南 2）

（異攝）質物曷屑混用 1 次（咸／臺－南 1）

（異攝）質物月曷黠屑錫混用 1 次（道／彰 1）

（異攝）質物月屑錫混用 1 次（咸／臺－南 1）

（異攝）質物月職混用 3 次（咸／臺－南 3）

（異攝）質月混用 3 次（康／諸 1；咸／臺－南 1；光／府－南 1）

（異攝）質月陌職混用 1 次（咸／臺－南 1）

（異攝）質月職緝混用 1 次（咸／臺－南 1）

（異攝）質月陌錫職混用 1 次（咸／臺－南 1）

（異攝）質屑 2 次（道／淡竹－林 1；光／府－南 1）

（異攝）物月屑混用 1 次（咸同／臺－南 1）

（異攝）藥月混用 1 次（道／淡竹－林 1）

計有同攝混用現象 5 種 14 次，主要爲月、屑兩韻的混用，其次爲曷、屑

兩韻的混用；異攝混用現象 18 種共 26 次，以質、月兩韻間的相混次數為最多，其次與物、職、陌、藥韻的相混。

5、宕攝：共計 1 種混韻現象，1 個韻段。

（異攝）藥月混用 1 次（道／淡竹－林 1）

（異攝）屋沃覺藥混用 1 次（道／彰 1）

（異攝）屋沃藥混用 3 次（道／彰 1；咸／臺－南 2）

（異攝）屋沃物藥混用 1 次（道光／淡竹－林 1）

（異攝）屋覺藥混用 1 次（道／淡北－林 1）

（異攝）屋藥混用 7 次（乾／臺 1；道／彰 1；咸／臺－南 3；光／府－南 2）

（異攝）沃藥混用 1 次（光／府－南 1）

（異攝）覺藥混用 3 次（道／臺－南 3）

（異攝）物藥混用 1 次（咸同／淡北 1）

無同攝混用現象；異攝混用現象 8 種共 18 次，主要為藥、屋兩韻間的相混，其次為「沃、藥」、「覺、藥」兩組韻字；再其次則為藥韻與月、物兩韻的相混。

6、梗攝：共計 7 種混韻現象，60 個韻段。

（同攝）陌錫混用 6 次（道／淡竹－鄭 1、淡竹－林 1、臺－南 2；咸同／臺－南 1；光緒／府－南 1）

（異攝）陌錫職混用 16 次（道／淡竹－鄭 2、淡竹－林 3、、彰 4、臺－南 1；咸同／臺－南 6）

（異攝）陌錫職緝混用 2 次（道／淡竹－鄭 1、淡竹－林 1）

（異攝）陌職混用 29 次（道／淡竹－鄭 2、淡竹－林淡竹－林 3、彰 5、臺－南 2、府 1；咸同／噶 1、臺－南 16；光緒／澎 1）

（異攝）陌職緝混用 2 次（咸同／臺－南 2）

（異攝）錫職混用 4 次（咸同／臺－南 4）

（異攝）錫緝混用 1 次（咸同／臺－南 1）

（異攝）質物月曷黠屑錫混用 1 次（道／彰 1）

（異攝）質物月屑錫混用 1 次（咸／臺－南 1）

（異攝）質物陌混用 1 次（道／淡－竹 1）

（異攝）質月陌職混用 1 次（咸／臺－南 1）

（異攝）質月陌錫職混用 1 次（咸／臺－南 1）

（異攝）質陌 3 次（道／淡竹－林 2；咸／臺－南 1）

（異攝）質陌錫職 1 次（咸／臺－南 1）

（異攝）質陌職 1 次（道／淡竹－林 1）

（異攝）質陌職緝 2 次（道／臺－南 1；光緒／府－南 1）

（異攝異調）曶陌混用 1 次（道／淡竹－鄭 1）

（異攝）質錫混用 1 次（道／臺－南 1）

（異攝）質錫職混用 2 次（乾／鳳 1；道／淡竹－林 1）

（異攝）月陌混用 2 次（道／淡竹－林 1、府 1）

（異攝）月陌錫職緝混用 1 次（道／淡竹－林 1）

（異攝）陌錫職混用 16 次（道／淡竹－鄭 2、淡竹－林 3、、彰 4、臺－
　　　南 1；咸同／臺－南 6）

　　計有同攝混用現象 1 種 6 次，主要爲屋、沃兩韻的混用；異攝混用現象
21 種共 26 次，主要爲梗、曾、深三攝入聲字的相混，以陌、錫、職三韻相混
的次數最多，其次爲質、錫、職三韻的相混；再其次爲與山攝的月、曷、黠、
屑韻的相混；此外，尙出現一特殊的陌、曶相混現象。

7、曾攝

（異攝）質物月職混用 3 次（咸／臺－南 3）

（異攝）質物職混用 1 次（咸／臺－南 1）

（異攝）質月陌職混用 1 次（咸／臺－南 1）

（異攝）質月職緝混用 1 次（咸／臺－南 1）

（異攝）質月陌錫職混用 1 次（咸／臺－南 1）

（異攝）質陌錫職 1 次（咸／臺－南 1）

（異攝）質陌職 1 次（道／淡竹－林 1）

（異攝）質陌職緝 2 次（道／臺－南 1；光緒／府－南 1）

（異攝）質錫職混用 2 次（乾／鳳 1；道／淡竹－林 1）

（異攝）質職混用 9 次（道／淡竹－林 2、彰 1；咸／臺－南 5；光緒／
　　　彰 1）

（異攝）質職緝合葉洽混用 1 次（道／臺－南 1）

（異攝）月陌錫職緝混用 1 次（道／淡竹－林 1）

（異攝）月職混用 1 次（乾／鳳 1）

（異攝）陌錫職緝混用2次（道／淡竹－鄭1、淡竹－林1）

（異攝）陌職混用29次（道／淡竹－鄭2、淡竹－林淡竹－林3、彰5、臺－南2、府1；咸同／噶1、臺－南16；光緒／澎1）

（異攝）陌職緝混用2次（咸同／臺－南2）

（異攝）錫職混用4次（咸同／臺－南4）

無同攝混用現象；異攝混用現象17種共62次，主要爲陌、職兩韻的相混，其次爲質、職兩韻的相混，再其次爲錫、月、陌、合、葉、洽等韻的相混。

8、深攝：共計2種混韻現象，2個韻段。

（異攝）緝合混用1次（道／淡竹－林1）

（異攝）緝葉混用1次（咸同／臺－南1）

（異攝）質月職緝混用1次（咸／臺－南1）

（異攝）質陌職緝2次（道／臺－南1；光緒／府－南1）

（異攝）質職緝合葉洽混用1次（道／臺－南1）

（異攝）質緝合葉洽混用1次（道／淡竹－林1）

（異攝）質緝混用1次（道／淡竹－鄭1）

（異攝）月陌錫職緝混用1次（道／淡竹－林1）

（異攝）陌錫職緝混用2次（道／淡竹－鄭1、淡竹－林1）

（異攝）陌職緝混用2次（咸同／臺－南2）

（異攝）錫緝混用1次（咸同／臺－南1）

無同攝混用現象；異攝混用現象11種共14次，以職、質兩韻和緝韻相混的次數最多，其次爲和陌、月韻之間的相混，再其次則與咸攝合、葉兩韻的相混。

9、咸攝：共計1種混韻現象，2個韻段。

（同攝）葉洽混用2次（咸同／臺－南2）

（異攝）質緝合葉洽混用1次（道／淡竹－林1）

（異攝）質職緝合葉洽混用1次（道／臺－南1）

（異攝）曷洽混用1次（道／淡－竹1）

（異攝）緝合混用1次（道／淡竹－林1）

（異攝）緝葉混用1次（咸同／臺－南1）

計有同攝混用現象1種2次，主要爲葉、洽兩韻的混用；異攝混用現象5

種共 5 次，以緝韻與合、葉、洽三韻相混的次數最多，其次爲質、曷、職三韻間的相混現象。

綜觀上述清領時期臺灣本土文人古體詩各攝入聲韻部的混韻現象，除江、宕兩攝入聲韻部僅爲異攝混用現象，深、咸兩攝皆爲同攝混用現象外，其他四攝同攝混用和異攝混用現象兼具，共計 59 種混韻現象。

透過上述內容，可清楚觀察清領時期臺灣本土文人古體詩的用韻狀況，今進一步透過古體詩平、上、去聲韻部在近體詩單韻詩作中的「平均韻段數」〔註23〕，以觀察文人的用韻偏好，因 481 個混韻韻段難以歸結其所屬的 106 韻的韻部歸屬，故此處並不列入「平均韻段數」的計算範圍，僅以 1,988 個單韻韻段爲對象，平聲韻的「平均韻段數」爲 34.07 個（韻段）／（韻部），以此爲據，參酌各韻部的韻段總數來看，韻段總數超過「平均韻段數」的韻部，計有「支 113」、「虞 37」、「灰 49」、「歌 39」、「尤 82」等 5 個陰聲韻部，和「東 66」、「眞 67」、「先 101」、「陽 89」、「庚 83」等 5 個陽聲韻部；上聲韻的「平均韻段數」爲 17.09 個（韻段）／（韻部），以此爲據，參酌各韻部的韻段總數來看，韻段總數超過「平均韻段數」的韻部，計有「紙 143」、「薺 55」、「皓 23」、「有 79」等 4 個陰聲韻部，10 個陽聲韻部皆未超過「平均韻段數」；去聲韻的「平均韻段數」爲 10.42 個（韻段）／（韻部），以此爲據，參酌各韻部的韻段總數來看，韻段總數超過「平均韻段數」的韻部，計有「寘 51」、「遇 36」、「霽 24」、「嘯 13」等 4 個陰聲韻部，和「翰 20」、「霰 30」、「漾 18」等 3 個陽聲韻部；入聲韻的「平均韻段數」爲 19.94 個（韻段）／（韻部），以此爲據，參酌各韻部的韻段總數來看，韻段總數超過「平均韻段數」的韻部，計有「屋 45」、「沃 21」、「質 35」、「月 22」、「屑 46」、「藥 33」、「陌 59」、「職 33」等 8 個入聲韻部。

據王力《漢語詩律學》寬韻、中韻、窄韻、險韻四類之分，清領時期臺灣本土文人古體詩中，超過「平均韻段數」的 10 個平聲韻韻部中，「支、虞、

〔註23〕　筆者按：此處的「平均韻段數」，即將「清領時期臺灣本土文人的古體詩總數」依平、上、去、入聲韻部之別，分別除以「清領時期臺灣本土文人古體詩中所使用的平、上、去、入聲韻部的獨用韻段總數」，而所得數據的單位爲「個（韻段）／個（韻部）」。旨在探求「清領時期臺灣本土文人古體詩所使用的 30 個平聲韻部，在全數近體詩 1,022 個平聲韻段中所佔的平均韻段數」；上、去、入聲的「平均韻段數」亦依此計算，用以觀察清領時期臺灣本土文人古體詩作的「韻部」使用偏好的判斷依據。

尤、東、眞、先、陽、庚」等 8 個韻部，皆屬王力的「寬韻」，「灰、歌」等 2 個韻部，則屬王力的「中韻」範圍；上、去、入聲韻部，王力則未說明寬、中、窄、險韻各爲哪些韻部，但平賅上去，上聲韻部分，「紙、霽、有」等 3 個韻部屬於王力的「寬韻」，「皓」則屬王力的「中韻」範圍；去聲韻部分，「寘、遇、漾、霰」等 4 個韻部，皆屬王力的「寬韻」，「霽、嘯、翰」等 3 個韻則屬王力的「中韻」範圍。

　　由此可見，清領時期臺灣本土文人古體詩的用韻偏好，以「寬韻」和「中韻」的韻目爲優選；再由前述韻部的韻段總數來看，屬於陰聲韻者的平、上、去聲韻部總計 13 個，韻段數計有 744 個，陽聲韻尾部分則爲 8 個韻部，共計 474 個韻段，可得如下兩個結論：（一）以陰、陽聲韻部分別在寬、中韻所佔的韻部總數來看，清臺灣本土文人的古體詩用韻偏好爲「平聲韻部分，陽聲韻部和陰聲韻部相同；上、去聲韻部分，則是陰聲韻部多於陽聲韻部」；（二）若以陰、陽聲韻部在寬韻和中韻所佔的韻段總數來看，平聲韻部分，以陰聲韻部的「寬韻」偏好程度爲最，「支 113」、「先 101」兩韻部則爲清領時期臺灣本土文人古體詩選韻的前兩個順位；上聲韻部分，不見陽聲韻部，偏好使用陰聲韻部的「寬韻」韻部，如「紙 143」、「有 79」、「霽 55」；去聲韻部分，也以陰聲韻的韻段總數較高，如「寘 51」，陽聲韻則以「霰 30」爲最。

第四節　附論清臺灣本土文人九言詩用韻

　　清臺灣本土詩人的古典詩歌創作，除近體詩、古體詩、試帖詩、六言詩之外，尚有 1 首「九言詩」，因詩歌形式與古體詩近似，不計平仄對仗，可每句押韻且不拘一韻到底，需爲偶數句，但來源不同於古體詩，故另列爲附論探討其用韻現象。

一、九言詩的定義及韻例說明

　　「九言詩」做爲一詩體，歷來討論者並不多〔註 24〕，僅在某些詩話或筆記材料中見到零星紀錄；如嚴羽《滄浪詩話》卷二〈詩體〉所言，「九言起於

〔註 24〕 截至本文定稿，可見文獻如孫尚勇〈九言詩考〉，聊城大學學報（社會科學版），山東：聊城大學文學院，2005 年。又，郭進良〈九言詩及其創作初探〉，發表於網路論壇：http://www.zhengjicn.com/xy/cz/sg/200704/2334.html，2005 年。專書部分則有林庚《新詩格律與語言的詩化》，經濟日報出版社，2001 年。

高貴鄉公（三國魏廢帝曹髦）」，本爲雜言詩的句式之一，後據梁蕭統《文選·序》記載，「自炎漢中葉，厥塗漸異，退傅有在鄒之作，降將著河梁之篇，四言五言，區以別矣，又少則三字，多則九言，各體互興，分鑣並驅。」九言詩漸變爲一詩體，分爲絕句、律詩、古體三類，清人況周頤《續眉廬叢話》曾言，「九言詩，昔人間有作者。長句勁氣，于古體爲宜，若作九言律體，亦如七言律之妥貼易施，則求之名人集中，殆亦僅見。」〔註25〕便說明了歷來可見的九言詩作極爲稀少，但以其九言長句的特性來看，多半見於古體詩作中，雖也有九言律詩之作，但更是少見，吳喬《圍爐詩話·卷一》就提出九言律詩「只可謂之詩餘耳」〔註26〕之說。綜上所述，九言詩爲一「每句九字，句數不限但需爲偶數句，且一韻到底之詩體」，若爲九言律詩則須加上「每句前兩字之下的平仄格律同於七律的平仄譜，偶數句押韻，首句押韻與否依七律平仄譜而定」的條件〔註27〕。

　　《全臺詩》僅輯有清臺灣本土文人的九言詩作 1 首，爲一「九言六句，不計平仄對仗，且每句押韻的古體詩作」，見於咸豐時期臺灣縣（今臺南）詩人施士洁〈高朗山文學出示彭紀南提帥墨梅索題戲仿九言體〉一詩，其韻例如下：

　　　　八十叟畫六十五叟 詩，爲梅寫照墨瀋光陸 離。

　　　　詩人高適永永珍藏 之，其詩與畫人與梅皆 奇。

　　　　我曹紙上各有眞須 眉，歲寒三友共葆松竹 姿。

全詩一韻到底，韻腳「詩、離、之、奇、眉、姿」6 字皆爲詩韻「支韻」字；共計 6 句 6 個韻腳，通篇成一韻段。

第五節　古體詩（九言詩）韻調及獨、混用之統計與說明

　　前述古體詩及九言詩都是相較於近體詩歌，用韻規定較爲寬鬆的詩體，

〔註25〕見〔清〕況周頤《續眉廬叢話》，收錄於唐圭璋《詞話叢編》，北京：中華書局，2005 年。

〔註26〕見〔清〕吳喬《圍爐夜話》卷一，台北：廣文書局，1969 年。原文爲「宋末元初有九言律詩，大是蛇足，只可謂之詩餘耳。」

〔註27〕詳見林庚《新詩格律與語言的詩化》，經濟日報出版社，2001 年，頁 97。林庚先生據其「半逗律」，提出九言律詩的句式可分爲「四五」或「五四」組合，依據唐人近體平仄譜的平仄規律進行變化後，九言律詩有 108 種形式。

今綜觀古體詩 2,469 個韻段和九言詩 1 個韻段的用韻現象，混韻比例爲 19.48％，較近體詩的混韻比例 3.21％來得高，可見古體詩的用韻現象的確比近體詩複雜多樣。今屏除古體詩 31 個異調混用的韻段，就古體詩中可依平、上、去、入四聲區分的 450 個混用韻段與古體詩單韻韻段 1,988 個、九言詩 1 個韻段爲對象，一併計算單一韻調的韻段總數及其比例後，列表如下（見表 3.6）：

【表例 3.6】

1、清領時期臺灣本土文人的九言詩作僅一首，且爲單韻韻段。

2、此處古體詩混韻欄的對象爲屏除 31 個異調混用韻段後的 450 個古體詩混韻韻段。

3、此韻段總計欄爲「古體詩、九言詩的單韻韻段」+「異調混用不計的所有混韻韻段」的韻段總和。

4、乃依*3 欄位的數據所得的比例結果。

表 3.6　清臺灣本土文人古體詩（含九言詩）韻部韻調比較表

			平聲韻	上聲韻	去聲韻	入聲韻	總計
單韻	古體詩	韻段數	1,022	376	271	319	1,988
		比例	51.41%	18.91%	13.63%	16.05%	100%
	九言詩 *1	韻段數	1	0	0	0	1
		比例	100%	0%	0%	0%	100%
混韻	古體詩 *2	韻段數	136	67	60	187	450
		比例	30.22%	14.89%	13.33%	41.56%	100%
韻段總計*3			1,159	443	331	506	2,439
韻段比例*4			47.52%	18.17%	13.58%	20.73%	100%

由表 3.6 的比較結果可知：僅就單韻韻段來看，清領時期臺灣本土文人在選韻用韻的習慣上，仍以平聲韻爲優先：綜觀古體詩和九言詩 1,989 個韻段，由平、上、去、入四聲的韻段比例來看，平聲韻段爲 51.42％、上聲韻段爲 18.91％、去聲韻段爲 13.63％、入聲韻段爲 16.05％，平聲韻段佔約單韻韻段總數的一半；可見，清領時期臺灣本土文人在詩歌古體詩歌的創作方面仍習慣選

用平聲韻部爲韻字。不同於單韻韻段，清領時期臺灣本土文人古體詩的混韻韻段則以入聲韻部所佔的韻段比例爲最，約 41.56％，其次爲平聲韻段 30.22％、上聲韻段 14.89％、去聲韻段 13.33％。但就單、混韻韻段合併觀察後的整體性表現來看，各韻調所佔比例的結果與單韻韻段較爲接近，以平聲韻所佔比例最高，約 47.52％，其次爲入聲韻段 20.73％、上聲韻段 18.17％、去聲韻段 13.58％。

另由表 3.6 可明顯看出清領時期臺灣本土文人的九言詩僅一首，並非混韻詩作，故下文僅以古體詩的混韻韻段爲對象，依平、上、去、入等四個韻調的個別韻部在古體詩總計 2,469 個韻段中的獨用、混用的次數，分別列四個「韻部獨用混用比例統計表」以觀察清領時期臺灣本土文人的用韻實貌（見下表 3.7、3.8、3.9、3.10）：

表 3.7　清領時期臺灣本土詩人古體詩（含九言詩）韻部獨用混用比例統計表（平聲韻部分）

陰聲	支	微	魚	虞	齊	佳	灰	蕭	肴	豪	歌	麻	尤			
獨用*1	113	19	21	37	12	3	49	19	1	22	39	27	82			
混用*2	21	17	13	14	1	3	5	4	2	5	4	3	0			
陽聲	東	冬	江	真	文	元	寒	刪	先	陽	庚	青	蒸	侵	覃	鹽	咸
獨用	66	8	1	67	18	28	23	23	101	89	83	19	4	31	15	3	0
混用	21	21	2	12	11	21	19	25	14	4	18	11		5	1	1	1

*1 「獨用」欄，指該韻部的獨用韻段總數，如該欄與「支韻」對應的欄位內容爲「113」，即支韻在台灣本土文人古體詩作中獨用韻段的總數爲 113 個；其他獨用欄位皆同此理。

*2 「混用」欄，指該韻部的混用韻段總數，如該欄與「支韻」對應的欄位內容爲「21」，即支韻在台灣本土文人古體詩作中與其他韻部混用的韻段總數爲 21 個；其他獨用欄位皆同此理。

由表 3.7 觀察清領時期臺灣本土文人古體詩（含九言詩）平聲韻 30 個韻部的獨、混用情形：除僅見獨韻現象的「尤韻」、僅見混韻現象的「咸」韻外。其他的 28 個平聲韻部都與其他韻部有混用情形；比較各韻部獨、混用的次數後，可分爲三類：一爲獨用次數遠多於混用次數者，如「支」、「魚」、「虞」、

「齊」、「灰」、「蕭」、「豪」、「歌」、「麻」、「尤」、「東」、「眞」、「文」、「元」、「先」、「陽」、「庚」、「青」、「侵」、「覃」、「鹽」等21個韻部;二為混用次數遠多於獨用次數者,如「肴」、「冬」、「江」、「蒸」、「咸」等 5 個韻部,意謂著該韻與其他韻部混用的情況在清領時期臺灣本土文人古體詩歌的用韻實貌中已成為一種趨勢,另一原因則可能是因為韻窄字少而易與其他韻讀相近的韻部混用,「肴」、「江」、「咸」等三韻即被王力歸為險韻一類,「蒸」韻則為窄韻,「冬」韻雖為王力所謂中韻一類,但自《廣韻》以降,韻書中皆有註解言東冬兩韻通用,而在宋、金元、明代泉漳文士等近體詩用韻中,也以東冬混用的比例大於或等於冬韻獨用的比例;最後一類則是獨、混次數相同或相近者,如「微」、「佳」、「寒」、「刪」等4個韻部。

表 3.8　清領時期臺灣本土詩人古體詩(含九言詩)韻部獨用混用比例統計表(上聲韻部分)

陰聲	紙	尾	語	麌	薺	蟹	賄	篠	巧	皓	哿	馬	有	
獨	143	2	7	55	1	1	6	3	0	23	5	8	79	
混	22	11	28	27	8	1	2	3	2	4	1	0	4	
陽聲	董	腫	講	軫	吻	阮	旱	潸	銑	養	梗	迥	寢	琰
獨	0	0	1	1	1	1	2	2	3	15	14	0	3	0
混	2	2	1	3	7	1	2	5	0	0	10	9	0	2

再由表 3.8 觀察清領時期臺灣本土文人古體詩上聲韻 27 個韻部的獨、混用情形:除「馬」、「養」、「寢」等 3 個僅見獨用現象的韻部,和「巧」、「董」、「腫」、「迥」、「琰」等 5 個未曾在清領時期臺灣本土文人古體詩作中獨用而僅見混韻現象的韻部之外,其他 19 個上聲韻部皆是獨、混用現象兼具。今比較上聲韻各韻部獨、混用的次數後,可分為三類:一為獨用次數遠多於混用次數者,如「紙」、「麌」、「賄」、「皓」、「哿」、「馬」、「有」、「養」、「寢」、「旱」等 10 個韻部,而「旱」以外,其他 9 個韻部和該韻部相承的 9 個平聲韻部有著一致性的獨、混用現象,皆獨用次數遠多於混用次數者;二為混用次數遠多於獨用次數者,如「尾」、「語」、「薺」、「巧」、「董」、「腫」、「軫」、「吻」、

「阮」、「迥」、「琰」等 11 個韻部，意謂著該韻與其他韻部混用的情況，在清領時期臺灣本土文人古體詩歌的用韻實貌中，已成為一種趨勢，另一原因則可能是因為韻窄字少而易與其他韻讀相近的韻部混用，如「巧」、「琰」；最後一類則是獨、混用次數相同或相近者，如「講」、「蟹」、「篠」、「潸」、「銑」、「梗」等 6 個韻部。

表 3.9　清領時期臺灣本土詩人古體詩（含九言詩）韻部獨用混用比例統計表（去聲韻部分）

陰聲	寘	未	御	遇	霽	泰	卦	隊	嘯	效	號	箇	禡	宥	
獨	51	2	10	36	24	3	5	4	13	0	7	5	10	9	
混	25	15	16	13	13	13	6	12	2	1	3	0	1	2	
陽聲	送	宋	絳	震	問	願	諫	翰	霰	敬	徑	漾	沁	勘	艷
獨	4	0	1	4	1	1	1	20	30	5	4	18	2	0	1
混	2	2	0	0	1	3	2	3	6	4	4	0	0	1	1

　　再由表 3.9 觀察清領時期臺灣本土文人古體詩去聲韻 29 個韻部的獨、混用情形：「箇」、「絳」、「震」、「漾」、「沁」等 5 個韻部僅見韻部獨用的韻例，未見上述五韻和其他韻部混用的韻段，「效」、「宋」、「勘」等 3 個韻部則僅見混用韻段，未見該韻獨用，其他 21 個韻部則獨、混用現象兼具。比較古體詩作去聲韻各韻部獨、混用的次數後，可分為三類：一為獨用次數遠多於混用次數者，如「寘」、「遇」、「霽」、「嘯」、「號」、「禡」、「宥」、「箇」、「送」、「絳」、「震」、「翰」、「霰」、「漾」、「沁」等 15 個韻部；二為混用次數遠多於獨用次數者，如「未」、「御」、「泰」、「隊」、「效」、「宋」、「願」、「諫」、「勘」等 9 個韻部，意謂著該韻與其他韻部混用的情況，在清領時期臺灣本土文人古體詩歌的用韻實貌中，已成為一種趨勢；最後一類則是獨、混用次數相同或相近者，如「卦」、「問」、「敬」、「徑」、「艷」等 5 個韻部。

　　綜觀表 3.7、表 3.8、表 3.9，清領時期臺灣本土文人古體詩的平聲 30 韻中，「支」、「虞」、「肴」、「豪」、「佳」、「麻」、「尤」、「歌」、「冬」、「陽」、「侵」等 11 韻相承的上、去聲韻部有著一致性的獨、混用現象：平賅上去，「肴」、「冬」

兩韻及其相承的上、去聲韻部皆為混用次數大於獨用次數、「佳」韻則是獨、混用次數相同或相近，其他 8 個韻部則是獨用次數遠多於混用次數。平聲韻及其相承的上、去聲韻在該韻獨、混用情形中，有著互不一致的現象者，如「文」、「江」、「先」、「青」、「覃」、「鹽」等 6 個韻部；相承的平、上、去聲韻部中，僅有兩個相承的韻部在該韻獨、混用情形中表現一致者，如「魚」、「微」、「齊」、「灰」、「蕭」、「東」、「真」、「元」、「寒」、「刪」、「庚」、「蒸」、「咸」等 13 個韻部。綜上所述，單就韻部獨、混用的比例來看，並非所有韻部都和其相承韻部有著一致的用韻表現，這應是與上、去聲韻部的字數較少，而比相承的平聲韻部更易於和其他韻部混用的關係。

表 3.10　清領時期臺灣本土詩人古體詩（含九言詩）韻部獨用混用比例統計表（入聲韻部分）

入	屋	沃	覺	質	物	月	曷	點	屑	藥	陌	錫	職	緝	合	葉	洽
獨	45	21	4	35	2	22	3	1	46	33	59	2	33	11	1	2	0
混	31	32	15	45	20	34	10	3	23	19	69	37	77	14	3	5	5

　　再由表 3.10 觀察清領時期臺灣本土文人古體詩入聲韻 17 個韻部的獨、混用情形：僅「洽」韻在清領時期臺灣本土文人古體詩中完全沒有獨用的韻例，在目前可見的 5 個韻段中，皆是和其他入聲韻部混用；其他 16 個入聲韻部則獨、混用情形皆具。比較各韻部獨、混用的次數後，「沃」、「覺」、「質」、「物」、「月」、「點」、「陌」、「錫」、「職」、「緝」、「合」、「葉」、「洽」等 13 個入聲韻部的混用次數多於獨用次數，僅「屋」、「屑」、「藥」等 3 個入聲韻部的獨用次數較混用次數多，可見清領時期臺灣本土文人古體詩歌入聲韻部的用韻狀況更為複雜，而呈現出多數弱勢者韻部的混用韻例多於獨用韻例的趨勢。

　　綜上所述，表 3.7、3.8、3.9、3.10 等四個韻部獨用、混用次數統計表，旨在看出觀察各韻獨、混用的比例，可粗略得知各詩韻韻部在清領時期臺灣本土文人古體詩歌用韻現象；至於，各韻內實際與他韻混用的韻字和混用的因素則詳待第四章第一、二、三節綜討論與分析。

第四章　清領時期臺灣本土文人詩歌用韻語音現象分析

　　本章主要就前述第二、三章中，近體詩與古體詩的韻部歸納結果所反映的用韻現象，做一綜合性的探討，旨在觀察清領時期臺灣本土文士的詩歌用韻，希望透過近體詩和古體詩的分別觀察，更清晰的釐清韻部分合之間的關聯，並觀察其中究竟有多少存古與時音的成分。

　　第一、二、三節，以近（含試帖詩、六言詩）、古體詩（含九言詩）用韻現象中的混韻韻段為論述對象，就第二、三章的圖表歸納及用韻分部結果進行綜合性探討，依陰聲韻部、陽聲韻部、入聲韻部的順序分節，做一綜合性探討；體例上，各節皆依韻攝分敘韻部分合：第一節為清領時期臺灣本土文人古典詩歌陰聲韻部用韻現象析論，循「止、遇、蟹、效、果、假、流」攝順序；第二節為陽聲韻部用韻現象析論，循「通、江、臻、山、宕、梗、曾、深、咸」攝順序；第三節為入聲韻部用韻現象析論，循「通、江、臻、山、宕、梗、曾、深、咸」攝順序，析論其用韻現象。第四節，則以區域性的文人用韻現象為論述主軸，進行清領時期各區域用韻現象的歷時性觀察，觀察區域由北至南分為「淡水廳竹塹以北（統稱『淡北』）」、「淡水廳竹塹（統稱『淡竹』）」、「彰化縣」、「臺灣府及臺灣縣今臺南一帶（統稱『今臺南』）」、「鳳山縣今高雄鳳山屏東一帶（統稱『鳳山縣』）」、「澎湖廳（統稱『澎湖』）」等六大區域的用韻特色。

　　上述本章各節，凡近體詩符合《詩韻集成》分部、古體詩符合《詩韻集

成》或《古今韻略》古韻通轉規定者〔註1〕，皆視爲常例，相異者則探究其因；此外，無論常例與否，皆就韻字的方音韻讀，觀察方音因素對詩人用韻的影響性。最後再依清領時期臺灣本土文人實際用韻予以分部。

　　凡遇「混韻」韻段，本章皆循如下三步驟判斷其韻部分合的歸屬：

（1）是否符合《詩》、《古》的古韻通轉系統？符合者，系聯歸納爲同一韻類。

（2）承（1），不符合者，觀察歷代詩文用韻現象是否有普遍性的前例可尋；若有，且在清領時期臺灣本土文人古體詩用韻中，亦爲一普遍性的現象，則系聯爲同一韻類，且意謂著該韻段爲一正進行中的音變趨勢；反之，若在歷代迄清的詩文用韻現象中僅爲個例，則不系聯爲一類，並參酌該韻段的韻字在方音韻書中是否爲同一韻部〔註2〕。

（3）承（2），若該韻段韻字在方音韻書中亦非同一韻部，則可將該韻段視爲詩人的個別性用韻現象，或不愼「出韻」而致。

（4）本章文中凡提及《詩》、《古》韻部擬音者，皆以王力《漢語詩律學》爲準則；凡提及閩方音韻讀者，皆以《漢語方音字匯》〔註3〕標音爲主，並參酌洪惟仁《彙音妙悟與古代泉州音》〔註4〕、馬重奇《閩台閩南方音韻書比較研究》〔註5〕等相關著作。

〔註1〕見陳新雄〈詩韻的通轉〉，《木鐸》，第11期，1987年2月。陳新雄教授指出，自元陰時夫106韻的平水韻系統大致底定後，又經清人吳棫、邵長蘅的分類修訂後，清人作古體詩時的古韻通轉系統，就大致分爲吳氏、邵氏二說，「寬者多從吳氏，嚴者多從邵氏」。所謂「吳氏」，即指吳棫通轉三例下的古詩韻部分類，《詩韻集成》各韻目下注之通轉說明，全依此而定；「邵氏」則指清邵長蘅修訂吳棫通轉三例後，於《古今韻略》各韻目下注所補充的古韻通轉規定。清臺灣本土文人所使用的詩韻韻書不一，但都不出《詩韻集成》和《古今韻略》的範圍，視詩人用韻習慣和語感而定，故本文中凡需述及古韻通轉系統相關內容的部分，同時參酌《詩韻集成》和《古今韻略》的古韻通轉系統。

〔註2〕筆者按：因本文旨在探求清代臺灣本土文人古體詩用韻的整體性面貌，而非個人或個別區域性的古體詩韻系，故方音入韻的現象，不列爲本文韻部系聯的依據之一，僅用於韻部混用現象的參酌討論依據。

〔註3〕《漢語方音字匯》，北大中文系語言學教研室，2008.03。

〔註4〕洪惟仁，《彙音妙悟與古代泉州音》，國立中央圖書館台灣分館，1996.06。

〔註5〕馬重奇，《閩台閩南方言韻書比較研究》，中國社會科學出版社，2008.09。

第一節　清領時期臺灣本土文人詩歌用韻陰聲韻混用綜論

【各攝混用現象韻字表・表例說明】（下文如有類似表格出現，皆同此表例）

1、本表旨在呈現清領時期臺灣本土文人近體詩（含試帖詩、六言詩）和古體詩（含九言詩）等詩作中，韻部混用韻例的韻字關聯。

2、表格內容依序為中古韻攝、詩韻韻部、韻腳；韻腳和詩韻韻部的呈現順序對齊中古韻攝出現的順序。若合用韻例為同一韻攝的不同韻部韻字，則韻攝欄位只標示韻攝名一次，兩韻部間相對應的詩韻韻目則以「‖」隔開，並在最後一個詩韻韻目下，以小字標示該混用現象在清領時期臺灣本土士近體詩作中出現過的韻段總數，相對應的韻腳對齊詩韻韻部的順序，兩韻的韻腳間以「‖」隔開，如下例「支微混用」，「支」、「微」二韻皆屬止攝韻，故中古韻攝欄中僅以一「止」字標示之。此外，「詩韻韻部」欄另於韻部名稱旁，以小字標示該混韻現象在近體詩（含試帖詩、六言詩）及古體詩（含九言詩）中的混韻次數，混韻次數皆為平賅上、去聲後的總計結果，如下表「近 20 古 28」，即表示「支微混用」現象在清領時期臺灣本土文人近體詩（含試帖詩、六言詩）中出現過 20 次，在清領時期臺灣本土文人古體詩（含九言詩）中共出現 28 次。

中古韻攝	詩韻韻部	韻　　腳
止	支 ‖ 微 近 20 古 28	時絲雌厄兒宜炊移慈隨儀枝為姿持癡知吹蕤窺悲絲支飢詩遲思辭儀糜碑師 ‖ 幃霏非徽飢飛機輝饑稀衣

3、承上，若合用韻例為不同韻攝，則在兩攝之間以「空格」隔開，如下例：

中古韻攝	詩韻韻部	韻　　腳
止　遇	支 ‖ 魚 近 7 古 6	期師詩嬉祠時 ‖ 書渠除諸魚居初疏餘舒

此例意指，「支魚混用」現象在清領時期臺灣本土文人近體詩作中共出現 7 次，為「止遇異攝混押」，韻腳「期師詩嬉祠時」為「詩韻韻部」欄中對應順序的支韻字，韻腳「書渠除諸魚居初疏餘舒」則為魚韻字。

4、承上，若合用韻例間的韻腳無法系聯為一類，但實屬同一《詩韻集成》韻

部，則先以「‖」區隔兩詩韻韻部的韻腳字，以下例「佳灰混用」的韻腳欄位為例，先以「‖」分為佳韻和灰韻兩組韻字，即韻腳「埋排佳」為佳韻字，「臺才災哀限」為灰韻字；再以「（）」涵蓋同一《詩韻集成》韻部的韻字，括號內又以「／」區隔兩組無法系聯的同韻部韻字，故「（埋／排佳）即表示，「埋」和「排佳」皆為佳韻字，但因屬不同合用韻例，且無法系聯，故以「／」間隔之：

中古韻攝	詩韻韻部	韻　　腳
蟹	佳‖灰 近2古4	（埋／排佳）‖（臺才災哀／限）

同理，「（臺才災哀／限）」即表示，「臺才災哀」和「限」皆為灰韻字，但係屬不同合用韻例。

5、承上例，詩韻韻部欄「佳‖灰」若無特殊註明，為便於混用現象的整體性觀察，不以合用韻例的韻字數多寡決定韻部排列順序，而以《詩韻集成》韻目順序為排序準則，故「佳灰混用」和「灰佳混用」在本文合併以「佳‖灰」統計總數，其他韻例以此類推。

6、詩韻韻部處的混韻現象乃以平聲韻目為代表，實際韻例若有平、上、去聲調之別，則依聲調次序在韻腳欄處分列舉出韻字。如下表：

中古韻攝	詩韻韻部	近　體　詩		古　體　詩	
		韻　腳	分部區域	韻　腳	分部區域
止遇	支‖魚 近7古6	期師詩嬉祠時‖書渠除諸魚居初疏餘舒	道咸同／彰1、竹1、南2光緒／彰2、南1	持‖豬驢	咸同／噶1
				（矢水耳子死／諟／喜）‖（語許汝／御／女去）	咸同／噶2、臺一南1
				（致／至）‖（據／去）	咸同／噶2

以平聲「支‖魚」為代表，「韻腳」欄及「分布區域」欄則依平、上、去聲的順序分三列各舉韻字及分布區域，即近體詩下，僅有支、魚兩韻平聲韻字的混

用現象，古體詩下，因支、魚兩韻平聲的「支魚混用」及其相承的上聲「紙語混用」、去聲「寘御混用」兼具，故分為三列，各舉韻字、分布區域及時間。

7、承上，若非三聲具全者，則於「詩韻韻部」欄內的平聲韻目旁以小字標示聲調，如下表：

中古韻攝	詩韻韻部	近 體 詩		古 體 詩	
		韻　腳	分部區域	韻　腳	分部區域
止	支上‖支去 近 0 古 1			技‖崇二棄	咸同／臺－南 1

此例為「紙寘混用」，以「支上」代替「紙」韻、「支去」代替「寘」韻。

一、陰聲韻：平賅上去，共計 13 個陰聲韻部

（一）止攝一

表 4.1.1　清領時期臺灣本土文人「止攝」韻部混用表

中古韻攝	詩韻韻部	近 體 詩		古 體 詩	
		韻　腳	分部區域	韻　腳	分部區域
止	支‖微 近 20 古 28	時絲雌厄兒宜炊移慈隨儀枝為姿持癡知吹蕤窺悲絲支飢詩遲思辭儀麾碑師‖幃霏非徽飢飛機輝饑稀衣	乾嘉／鳳 1 道咸同／噶 1、淡北 1、竹 4、彰 2、南 5、鳳 2 光緒／彰 1、南 3	時欺期之池肌飢移旗醫為私施持滋宜蓍遲維知悲思慈咿馳兒疲癡曦眉‖微衣依饑犧機譏飛歸揮稀菲霏扉圍違希歔晞肥	道／淡竹－鄭 6、淡竹－林 1、彰 1、臺－南 2 咸同／淡北 1、臺－南 4
				紙几止子已水市李里視徙抵捶旨指委詭起鄙豕喜靡掎杞兕蟻梓矣咫燬觜爾‖尾	道／淡竹－鄭 1、淡竹－林 2、彰 1、澎 1 咸同／噶 1
		（吹／地忝異）‖（味／貴）	道咸同／竹 1 光緒／南 1	（事畀臂餌試義志智企輕致避駟誼施備寄意戲地淚利／邃墜）‖（氣慰畏／蔚）	道／彰 2、臺－南 1 咸同／噶 1、臺－南 2 光／府－南 1

中古韻攝	詩韻韻部	近體詩		古體詩	
		韻 腳	分部區域	韻 腳	分部區域
止	支上‖支去 近0古1			技‖崇二棄	咸同／臺一南1
止 遇	支‖魚 近7古6	期師詩嬉祠時‖書渠除諸魚居初疏餘舒	道咸同／彰1、竹1、南2 光緒／彰2、南1	持‖豬驢	咸同／噶1
				（矢水耳子死／諰／喜）‖（語許汝／御／女去）	咸同／噶2、臺一南1
				（致／至）‖（據／去）	咸同／噶2
止 遇	支‖虞 近1古1	崎‖枯烏粗	道咸同／竹1	崎‖蘇蕪紆廚軀無呼娛朱驅殊趨俱逾愉孤愚	道／淡竹一林1
止 遇	微‖魚 近1古2	磯‖疏餘居如徐	光緒／彰1		
				胃味‖去距	道／淡竹一林2
止 止 遇	支‖微‖魚 近0古1			起豕理紙死耝水美裡履底士綺是耳止齒豕子此里‖尾‖宁	道／彰1
止 止 遇	支‖微‖虞 近0古1			池比兒危悲時馳絲‖衣‖儒軀	咸同／臺一南1
止 遇 遇	支‖魚‖虞 近0古2			裡里史此俟起耳以爾止梓士比已靡水始死徙理旨弛是視喜紀邐使葰軌髓子履‖御黍語處‖取主	光／淡北1
				二媚戲治事至使備位義誼臂醉‖去御‖聚	道／彰1
止 止 遇 遇	支‖微‖魚‖虞 近0古1			子‖鬼‖旅汝許鼠語女‖舞雨主	道／彰1

中古韻攝	詩韻韻部	近 體 詩		古 體 詩	
		韻 腳	分部區域	韻 腳	分部區域
止 遇	紙‖遇 近0古1			路互‖履	道／淡竹－林1
止 蟹	支‖齊 近10古11	提鸝基知旗池痴遲時兒詞期璃‖鼙嘶溪雞西題稽啼嵇閨樓低堤迷	道咸同／竹6、南2 光緒／嘉1、南1	神蠡‖隄傒	道／淡竹－林1
				旨止死比趾已裡似是水此始靡矣媲砥底起‖柢米禮	道／彰1 咸同／淡北1、臺－南1 光／澎1
				（地醉／季四淚侍異饋忌致飼／媚／几）‖（近世濟歲／契／涕／勢）	道／淡竹－鄭2、臺－南1 咸同／噶1、臺－南1 光／澎1
止 蟹	寘‖泰 近0古1			醉‖會大	光／府－南1
止 蟹	支‖灰 近1古4			思吹‖開才臺哉鮐梅胎孩咍栽	道／淡竹－林1 咸同／臺－南1
				視裡喜水紫爾趾耳蟻死旨使己咫綺李‖嵬	咸同／臺－南1
		睡‖對	道咸同／淡竹－林1	騎忌智地類‖隊	光／府－南1
止 蟹	微‖灰 近2古1	巍‖開材來限雷枚醅	道咸同／竹1 光緒／南1	飛依稀歸‖回	道／淡竹－鄭1
止 蟹	微‖齊 近1古0	扉璣飛‖棲	道咸同／竹1		
止 止 蟹	支‖微‖齊 近0古7			紙子士喜否鄙梓矣矢旨指以止此比趾死企里裡理鯉視起已杞杞履耳恥李委美倚綺是軌擬恃髓婢蟻侈徙徒咫豕燬幾始齒‖匪偉鬼尾‖禮啓米邸是洗	道／臺－南1 咸同／淡北1、臺－南2

中古韻攝	詩韻韻部	近體詩		古體詩	
		韻　腳	分部區域	韻　腳	分部區域
				字吹幟寄嗣吏智記誌器備至致刺利示義棄砌意地醉祕邃事餌媚穗賜企∥貴氣∥裔制細計勢翳愒	道／淡竹－鄭1、臺－南1 咸同／噶1
止 止 蟹	支∥微∥灰 近1古0	嬉時陂湄遲怡螭絲垂鷥眉馳帷池脾期詩持∥沂∥苔	光緒／南1		
止 止 蟹 蟹 蟹 蟹	眞∥未∥霽∥泰∥卦∥隊 近0古1			悸懟避∥諱∥歲繫蛻例∥泰會外害大太丐檜∥怪界疥械快拜債∥對礙肺退再塞悔態	咸同／臺－南1
止 蟹 蟹 蟹	眞∥霽∥泰∥隊 近0古1			祕瑞異媚意萃置棄地恣志翅至珥次∥繫∥繪∥隊	道／淡竹－鄭1
止 蟹 蟹 蟹	眞∥泰∥卦∥隊 近0古1			媚∥會外∥喟∥輩碎	咸同／臺－南1
止 蟹 蟹	未∥泰∥隊 近0古1			費∥奈∥再	咸同／臺－南1
止 止 遇 蟹 蟹 蟹 蟹	眞∥未∥御∥霽∥泰∥卦∥隊 近0古1	・		次自企器事戲賜記志試義誼地至恚瘁刺置遂意侍寄累忌位議悸贄寄寺字疐醉致誌異欷地墜驥棄∥尉∥著∥世弊替歲第繫惠偈諦逝慧契詣繼∥會外∥拜畫介話墜∥隊對肺在輩代再愛廢喙退醉	咸同／臺－南1
止 假	支∥麻 近1古0	時誰∥蟆	道咸同／臺－南1		
止 止 遇	支∥微∥虞	奇期涯思馳炊	道咸同／彰1		

中古韻攝	詩韻韻部	近體詩		古體詩	
		韻　腳	分部區域	韻　腳	分部區域
蟹假	‖灰‖麻 近1古0	茨基悲漪葹疲 噫茲摛辭資施 宜疑怡厄遺箕 飴籬籬差頤瀰 貌知儀提持疵 箎麾貲欺之犧 蚩隨糜嬉支斯 蜊巇兒脾窺雌 羸驪岐陲葵絺 吹旗纍蕤漓枝 澌灑嗤遲垂瀰 罷衰為時奇治 慈貽脂釐規偲 觭篦綏訾痍師 危離詩司‖饑 ‖貔‖苔‖鉈			
止深	支‖侵 近1古0	詩姿移吹窺差遲‖琴	道咸同／淡竹1		

止攝字包含了《詩韻集成》支、微二韻，今由表 4.1.1 觀察止攝字（平眙上去）的用韻現象，近體詩部分，除同攝混用的現象外，也與遇、蟹、假三攝有混用現象；古體詩部分，除支、微兩韻同攝混用的情形外，尚有止、遇兩攝混用，止、蟹兩攝混用，止、遇、蟹三攝混用，及兩個上、去聲異調混用的韻段，分別爲「紙遇混用」、「紙寘混用」；另外在試帖詩部分，止攝字出現與深攝侵韻字混用的現象。

1、同攝混用

《詩韻集成》及《古今韻略》的古韻通轉分類中，皆以支微相通、紙尾相通、寘未相通。支、微兩韻同攝混用的現象，自中唐以來，迄至宋、金、明的近體詩，皆爲近體詩協韻通轉的常例，在清領時期臺灣本土文人的近體詩中共出現 20 次，古體詩中出現 28 次，且時間跨越乾、嘉、道、咸、同、光等朝代、區域遍佈全臺南北，可見，「支微混用」爲清領時期臺灣本土文人近、古體詩的用韻常例。再就方音文、白讀來看，此 48 例中的支韻字皆讀／i／，微韻字文讀音皆爲／ui／，白讀音則／i／或／ui／，韻字皆以主要元音相同而混用。

2、止、遇攝混用

止、遇兩攝混用的現象有「支魚」、「支虞」、「微魚」、「支微魚」、「支微

虞」、「支魚虞」、「支微魚虞」等七種，前三種古、近體詩皆有，後四種則僅見於古體詩中。就近體詩部分而言，唐、宋、金元時期未見止、遇兩攝混用的韻例，明代漳泉文人近體詩中則有 9 個「支魚混用」的韻例；今細究清領時期臺灣本土文人近體詩中與止攝字混用的遇攝字，與支韻字混用的遇攝字，其中古來源皆爲《廣韻》魚、虞兩韻，即以／i／爲主要元音者，無《廣韻》模韻字，且聲母分屬精、莊、章組；與微韻混用的遇攝字，其中古來源則多爲《廣韻》模韻字，即以／u／、／o／、／ue／或爲主要元音或韻尾者，再由方音來看，支韻字皆以／i／爲主要元音，魚韻字也以／i／或／ĩ／爲主要元音，主要元音相近或相同而可混用，故此現象應是清領時期臺灣本土文人一方面受時音影響、一方面受方音文讀層影響而致的韻部混用現象，可視爲漳泉腔的方音特色。

　　「支虞混用」的韻段在古、近體詩中各出現過 1 次，皆爲道咸同時期淡水廳竹塹西門詩人林占梅的用韻現象；且皆以支韻「崎」字和「蘇蕪紆廚軀無呼娛朱驅殊趨俱逾愉孤愚」等虞韻字相押，構成一止、遇異攝混用現象。《詩》、《古》的古韻通轉分類中，皆無此兩韻可通用的注解，故此處詩人以支韻「崎」字和虞韻諸字相押，並非古體詩用韻通轉的常例；今由方音入韻的可能性來看，支韻「崎」字爲止攝開口三等溪母字，文讀音爲／－i／，白讀音則爲／－ia／或／－ua／，據馬重奇（2001）研究指出，「支韻字中凡從『奇』、『義』得聲者，閩台閩南方音白讀音中有變爲／－ia／韻者，也有變爲／－ua／韻者」〔註6〕；虞韻「蘇廚無蕪呼朱殊趨孤」的文、白讀音爲／－u／，「紆娛軀驅俱逾愉愚」的文讀音爲／－u／，白讀音爲／－i／，而詩作中實際與「崎」字相鄰的韻字爲文、白讀皆爲／－u／的「殊、趨」二字，並無相同或相近的主要元音或韻尾可混用，故此現象應非詩人方音入韻而致。再由字義來看，「崎」字多與「嶇」字連用，爲一同義詞，而「嶇」字爲虞韻字，文、白讀皆爲／－u／，與上述所有虞韻字係屬同一韻部，且韻讀相同而可相押；綜上所述，「支虞混用」的韻段疑是詩人誤以「崎」字爲「嶇」字入韻所致。

　　「微魚混用」即止攝微韻和遇攝魚韻字的混用現象，近體詩出現 1 次，爲光緒時期彰化縣詩人的用韻現象，古體詩出現 2 次，皆爲淡水廳竹塹西門詩人林占梅的用韻現象。《詩韻集成》和《古今韻略》的古韻通轉分類中，皆

〔註6〕馬重奇，《閩台閩南方言韻書比較研究》，福建人民出版社，2001。

無此兩韻可通用的注解，故「微魚混用」並非用韻常例。再就方音入韻的可能性來看，「磯、胃、味」三字為微韻字之屬，「胃」字的文讀音為／－ui／，「磯、味」字的文讀音為／－i／；「疏、餘、居、如、徐」為魚韻字，「去、距」為魚韻去聲字，文、白讀皆為／－i／；故知上述韻字乃因主要元音／－i／相同而可混用，「微魚混用」現象乃受詩人方音入韻的影響而致。

「紙尾語混用」即支、微、魚三韻上聲字的混用現象，僅出現 1 次。出現在道光時期彰化縣詩人陳肇興〈蘇學士南海笠屐圖〉中，「起豸理紙死耜水美裡履底士綺是耳止齒豸子此里」為支韻上聲字，「尾」為微韻上聲字，「宁」為魚韻上聲字；《詩韻集成》和《古今韻略》的古韻通轉分類中，紙尾兩韻皆歸為可通用之屬，但都不見與語韻通用之例。就閩語文讀音來看，支韻上聲字「起豸理紙死耜水美裡履底士綺是耳止齒豸子此里」、微韻上聲字「尾」的文讀音皆為／－i／，「尾」字白讀音為／－ue／，「宁」字文讀音為／－e／，白讀音為在淡水廳以北讀／－u／，彰化縣、淡水廳竹塹、今臺南一帶讀／－i／，本例作者為彰化縣人，故受方音入韻影響，「宁」以白讀音和其他韻字以主要元音皆讀／－i／而可混用；可見，「紙語尾混用」並非古體詩用韻的傳統習慣。

「支魚虞混用」未見於近體詩，僅見於古體詩中，並非古體詩用韻通轉的常例，除明代漳泉文人用韻外，未見相關韻例，魚韻「御黍語處」上聲字文讀為／－u／，白讀為／－i／，虞韻上聲字「取主」文讀為／－u／，白讀音在噶、臺灣縣今臺南一帶、彰化縣鹿港一帶讀／－i／，故此處應是以白讀音的主要元音相同而可混用；同理，支韻去聲字「二媚戲治事至使備位義誼臂醉」、魚韻去聲字「去御」、虞韻去聲字「聚」皆以魚、虞兩韻的白讀音和支韻文讀音以主要元音相同，皆讀／－i／而混用。

同理者，尚有「支微虞混用」、「支微魚虞混用」等韻例，皆非歷代近、古體詩用韻常例，但明代泉漳文士用韻現象中已有前例；前者的虞韻「儒軀」以白讀音／－i／和文讀音／－i／的支、微韻字以主要元音相同而可混用；後者同樣因選用的魚、虞韻字有白讀音／－i／而可和支、微韻字相押；皆為方音入韻之例。

3、止、蟹兩攝混用

止、蟹兩攝混用的現象有「支齊」、「寘泰」、「支灰」、「微齊」、「微灰」、「支微齊」、「寘未霽泰卦隊」、「寘霽泰隊」、「寘泰卦隊」、「未泰隊」等十種；以下平賅上去分群討論：

　　平賅上去，含「賨泰混用」在內的「支齊混用」現象，近體詩中出現 10 次，古體詩中出現 12 次；《詩》、《古》皆以支、齊古可通轉。支韻平聲字「提鸝基知旗池痴遲時兒詞期璃」、上聲字「旨止死比趾已裡似是水此始靡矢媲砥底起」、去聲字「地醉季四淚侍異饋忌致飼媚几」文、白讀音爲／－i／、／－ui／、／－ei／，齊韻平聲字「鼙嘶溪雞西題稽啼稊閨棲低堤迷」、上聲字「柢米禮」文讀音爲／－ui／，白讀音爲／－e／、／－ue／，去聲字「逝世濟歲契涕勢」白讀音爲／－i／，上述韻字以文讀音皆有／－i／而可混用；泰韻字「會大」則以白讀音／－ui／、／－ua／和文讀音／－ui／的賨韻字「醉」，以主要元音皆爲／－u／而可混用。

　　支、微、齊三韻混用的韻段，平賅上去共計 7 例，皆爲古體詩的用韻現象；分別出現在道光時期臺南詩人施瓊芳〈華亭孝子明經姜熙建賓興田詩以誌美〉中，韻字「鄙梓喜止裡里視起履恥此李比耳委子美祀士綺鯉企是軌旨擬」爲支韻上聲的紙韻字，文讀音爲／－i／；「偉」爲微韻上聲的尾韻字，文讀音爲／－ui／；「禮米啓」爲齊韻上聲的薺韻字，文讀音爲／－i／；「賨未薺混用」的韻段出現在道光時期臺南詩人施瓊芳〈題白邑侯紅旗報捷圖〉中，韻字「器備致刺至示義棄砌意地字吹幟寄利嗣吏智記」爲賨韻字，文讀音爲／－i／；「氣」爲未韻字，文讀音爲／－i／；爲中古止攝字；「勢計細制」爲薺韻字，爲中古蟹攝字，文讀音爲／－i／，白讀音爲文讀音爲／－e／或／－ei／；。在《詩韻集成》和《古今韻略》的古韻通轉分類中，紙尾兩韻皆歸爲可通用之屬，但都不見與薺韻通用之例；賨未兩韻皆歸爲可通用之屬，但都不見與薺韻通用之例，故知「支微齊混用」並非古體詩用韻常例。再由閩方音來看，上述韻字的文讀音皆爲／－i／，以主要元音相同而可混用，故「支微齊混用」乃詩人方音入韻而致。

　　止攝字和蟹攝齊韻字混用的現象始於中唐，僅爲個案，晚唐以後逐漸增多，至宋代近體詩中逐漸成爲用韻常例，而止攝字的合口部分也自南宋時期開始與蟹攝灰韻字開始出現混用的現象；金元時期的近體詩中，支、微兩韻與蟹攝齊韻字混用的比例爲齊韻獨用比例的 42%左右，說明了支、微、齊三韻的音讀受北方音影響已漸漸混同；清領時期臺灣本土文人的止攝字與蟹攝齊韻字、灰韻字混用的比例遠低於金元時期，僅約 21.11%，可見清領時期臺灣本土文人近體詩用韻較金元詩人嚴謹，但道咸同光緒年間的淡水廳竹塹、諸羅縣今嘉義一帶、臺灣縣今臺南一帶皆有止、蟹兩攝混用的韻例出現，也

顯示出兩攝混用的現象並非單一詩人的出韻現象，更可能是受閩方音文讀層影響的一種用韻現象。

「支灰混用」、「微灰混用」兩種止、蟹攝的混用現象，皆僅發生在今臺南、淡水廳竹塹地區一帶，《詩》和《古》皆未以支、灰相通，或以微、灰相通；故上述兩種混韻現象應是方音入韻影響而致，今就韻書文讀層和閩語讀音來看，支韻字「思吹」、支韻上聲字「視裡喜水紫爾趾耳蟻死旨使己咫綺李」、支韻去聲字「睡騎忌智地類」文讀音為／－i／，白讀音為／－i／或／－ui／，「騎綺」字白讀尚有／－iã／，「使」另有白讀為／－u／；灰韻字「開才臺哉鮐胎梅孩咍栽枚醅」文讀音皆為／－ai／、灰韻上聲字「嵬」、灰韻去聲字「隊」文讀音皆為／－ui／，「開限雷枚」字另有文讀／－ui／，「嵬醅」另有白讀為／－i／；微韻字「巍飛依稀歸」文讀音為／－i／或／－ui／；由此看來「支灰混用」韻例乃以支韻的白讀／－i／和灰韻的白讀／－ui／，以主要元音／－i／相同而混用。「微灰混用」則以微韻文讀音和灰韻白讀音皆為／－ui／，主要元音、韻尾皆相同而混用。

4、止、假攝的混用

止、假兩攝混用的現象，未見於歷代近體詩，也僅在清領時期臺灣本土文人的近體詩用韻中出現過一次，為咸豐年間臺南詩人施瓊芳的用韻現象，韻字「誰」為止攝支韻字，「蟆」為假攝麻韻字；就方音音讀來看，「誰」字文讀音為／－ui／，白讀音／－e／、／－ue／、／－ĩa／，「蟆」字文讀音／－a／，白讀音為／－ɔ／，故本例實為支韻個別韻字的方音表現，支韻字中目前僅有「誰、爾、徙、紙、羈」和從「奇」、「義」得聲的韻字有／－ĩa／的白讀音可和麻韻字混用；此處即以支韻字「誰」字特有的白讀音／－ĩa／與文讀音／－a／的麻韻字以主要元音相同而混用；為一方音入韻的表現。

5、止、深攝的混用

止、深兩攝混用的現象，未見於含清領時期臺灣本土文人在內的歷代古、近體詩中，目前僅見於清領時期臺灣本土文人的試帖詩中，為詩人個別性的方音入韻現象；侵韻「琴」字文、白讀皆為／－im／，詩人以此字和支韻字混用，應是因其主要元音和支韻字同為／－i－／而混用。

6、止、遇、蟹、假四攝混用

即「支微虞灰麻」混用的韻例，僅出現一次，為道光年間彰化縣詩人陳

肇興的用韻現象，通篇以文讀音／－i／、白讀音爲／i／或／－ui／的止攝支韻字爲主，止攝微韻字「譏」文讀爲／－i／、白讀音爲／－ui／，遇攝虞韻字「貙」文讀爲／－u／，白讀音爲／－i／、蟹攝灰韻字「苔」文讀爲／－ai／，白讀音爲／－e／或／－ue／、假攝麻韻字「鉈」白讀音爲／a／或／o／，但《廣韻》、《集韻》收有「式支切」的又音，爲支韻字，故此處詩人應是以「鉈」字的支韻又音入韻；歷代近體詩中未見此特例，由方音來看，除「苔」字外的其他韻字皆有白讀音／i／和支韻字相同而混用，以詩意來看，「苔」字應是因形近而爲「笞」字的誤用，「笞」爲支韻字，文白讀皆爲／i／；綜上所述，本例屏除韻字誤用、又音的因素，實爲止、蟹攝的「支微虞混用」，上述韻字以白讀音的主要元音相同而可混用，爲一方音入韻的現象。

7、同攝的異調混用

僅在咸同時期的臺南詩人施士洁的古體詩中出現過一次，爲支韻上、去聲的混用，未見於其他詩人的古、近體詩作中。紙韻「技」字爲中古止攝開口三等群母字，應是受到「全濁上歸去」的音變規律影響，改讀去聲而與寘韻混用；以方音來看，紙韻「技」／－i／，寘韻「祟」／－ui／、「二」／－i／、「棄」／－i／，皆讀去聲，且主要元音同讀爲高元音而可混用。

8、止、遇攝的異調混用

紙遇混用的韻段，即止攝支韻上聲字和遇攝虞韻去聲字的混用現象，僅有一次，出現在淡水廳竹塹西門詩人林占梅〈雙溪觀石竅泉晚歸燈下作示同遊諸友〉中，韻字「履」爲支韻上聲的紙韻字，中古爲止攝字；「路互」爲虞韻去聲的遇韻字，中古爲遇攝字，爲一支遇攝上去聲混用的特殊韻段；《詩韻集成》和《古今韻略》的古韻通轉分類中，皆無此兩韻可通用的注解。再就文讀音來看，「路互」押／－o7／、「履」押／－i2／，無法混用；泉州方音中，「路互」押／－o6／、「履」押／－i3／，也無法混用；但與「履」字義同形近的「屢」字則有文讀音／－i7／，白讀音／－ui7／，故此處疑似詩人誤以「履」爲「屢」字而致。

（二）遇攝一

表 4.1.2 清領時期臺灣本土文人「遇攝」韻部混用表

中古韻攝	詩韻韻部	近 體 詩		古 體 詩	
		韻 腳	分部區域	韻 腳	分部區域
遇	魚‖虞 近 20 古 44	虛居魚餘除初疏蔬如胥裾書廬‖躕都驅呼愚軀夫湖娛廚孤隅奴珠殊襦盧乎蕪徒圖	道咸同／竹 3、彰 1、鳳 1、南 6 光緒／南 1	魚漁閭余餘除舒初疏蔬如筊居車虛墟廬鋤渠驢豬書苴‖夫無隅糊鋪蘇蘆烏途株誅殊徒娛輸榆乎呼臚衢鬚躕圖奴桴芻區驅軀儒濡愚腴	雍／鳳 1 乾／臺一南 1、府一東 1 道／淡竹一鄭 2 咸同／淡竹一鄭 1、臺一南 7
		許語女煮侶‖府脯武古苦主鼠侮伍五雨股阻土羽父補舞乳	道咸同／南 1	語鼠許侶渚煮與女汝處所御舉俎貯楚旅‖土古苦雨戶午五伍虎舞鼓股矩賭睹堵膴撫數父武主祖阻浦補輔圃取魯虜譜府侮羽乳字	道／淡竹一鄭 2、淡竹一林 7、彰 1 咸同／臺一南 11
		處覷助去‖度趣露悟誤附樹暮步澍布住路素	道咸同／竹 7	御處去絮助語‖遇吐路霧露渡趣樹澍注住炷駐悟句具屢泝訴布步鑄故顧暮慕賦惡素妒	乾／臺一南 1 道／淡竹一鄭 1、淡竹一林 3、臺一南 1 咸同／臺一南 3 光／彰 1
遇 流	虞上‖尤上 近 0 古 3			古苦組虎取腐土魯愈祖補宇府雨竇侮嫵取羽‖偶藪	道／彰 1 光／府一南 2
遇	虞上‖虞去 近 0 古 1			霧渡樹趣圃路故慕‖羽	道／淡竹一鄭 1

　　遇攝字包含了《詩韻集成》魚、虞兩韻，除與止攝有混用現象，已於止攝處論述分析外，由表 4.1.2 觀察遇攝字的混用現象，近體詩皆為同攝混用的韻例，古體詩則以同攝混用現象居多，此外，尚與流攝韻字混用，也出現一例虞韻上、去聲的異調混韻現象。

　　1、魚、虞兩韻的同攝混用

　　「魚虞混用」為遇攝字混韻現象的主要趨勢，古、近體詩共計 65 次；《詩

韻集成》及《古今韻略》的古韻通轉分類中，皆以魚虞相通、語麌相通、御遇相通，故此混韻現象爲古體詩用韻通轉的常例。就閩語音讀來看，此處魚、虞兩韻韻字的文讀音皆爲／－u／，故以主要元音相同而可混用。

近體詩部分，魚、虞兩韻混用的韻例始於初、盛唐，敦煌詩中亦有魚、虞混用的韻例，但次數不多，宋代近體詩時已成爲近體詩協韻通轉的常例，而在金元近體詩中，兩韻混用的次數幾乎和各自獨用的次數一樣多，可見不少魚、虞兩韻字的主要元音或韻尾應是相同的，使魚、虞兩韻無法截然劃分，因而清領時期臺灣本土文人近體詩中，兩韻混用的比例雖較金元時期的比例少，但這應是詩人用韻較前代嚴謹之故。

2、遇、流兩攝混用

「麌有混用」在清臺灣本土文人古體詩用韻中共出現 3 次，分別出於道光時期彰化縣詩人陳肇興、光緒時期臺灣府今臺南一帶的詩人許南英的古體詩中，並非古體詩用韻通轉的常例；今由閩語方音來看，麌韻「古苦組虎取腐土魯愈祖補宇府雨麌侮嫵取羽」文讀音爲／－ɔ／或／－u／，白讀音爲／－ɔ／或／－iū／，有韻「偶藪」文讀音爲／－ɔ／，上述韻字以文讀音的主要元音相同而混用。

3、虞韻上、去聲的異調混用

僅有一例，出現在道光時期淡水廳竹塹詩人鄭用錫的古體詩中，並非古體詩用韻通轉的常例，而是詩人體現時音的用韻現象，麌韻「羽」字爲中古喻母上聲字，與「霧渡樹趣路故慕圃」等遇韻字混用，無前例可循。今由韻書文讀層來看，「羽」字亦僅有陰上聲的讀音，上述遇韻字中僅「圃」字的白讀音亦讀陰上聲，但兩者並未連用，和「羽」字連用的韻字「趣」爲陰去聲、「樹」字爲陽去聲，亦無關聯性，但就今新竹一帶的閩語白讀音而言，來源爲泉州腔，陰上聲的調值爲「41」，陰去聲的調值爲「21」，故有可能是陰上、陰去聲在詩人語感中以混淆不清，「羽」字已因此變讀爲去聲，故可和遇韻字混用；又，今察《廣韻》、《集韻》、《韻會》中收有「王遇切」的又音，故此例也可能是詩人以此又音與上述遇韻字混用而致的存古表現。

（三）蟹攝一

表 4.1.3　清領時期臺灣本土文人「蟹攝」韻部混用表

中古韻攝	詩韻韻部	近　體　詩		古　體　詩	
		韻　腳	分部區域	韻　腳	分部區域
蟹	齊‖佳 近2古0	啼低／題齊‖牌／儕	道咸同／竹1 光緒／竹1		
蟹	佳‖灰 近2古4	（埋／排佳）‖（臺才災哀／限）	道咸同／竹1 光緒／淡北1	（埋／涯街）‖（開來／灰）	道／淡竹－鄭1 咸同／臺－南1
				駭解‖悔	道／臺－南1
				快芥‖態瀣	道／淡竹－鄭1
蟹	齊去‖泰 近0古1			柢底髀涕抵‖昧	道／淡竹－林1
蟹	泰‖灰去 近0古5			（外大／害／汰會）‖（菜瀣岱輩獪籟奈壒／載在／隊）	道／淡竹－鄭1、淡竹－林1 咸同／臺－南3
蟹	佳去‖泰 近0古1			界壞誡‖害賴昧外貝蓋帶壒大	道／淡竹－鄭1
蟹	齊上‖齊去 近0古1			啓米醴‖裔世婿第曳砌計濟憩蕙歲禊	光／澎1
蟹假	佳‖麻 近6古1	偕齋蛙懷佳儕骸‖華花斜家誇加嗟叉槎賒瓜霞遮沙衙笆紗涯葩牙嘉芭奢耶	道咸同／淡北1、竹4 光緒／南1	畫挂‖下	道／淡竹－鄭1
蟹假	灰‖麻 近1古0	來苔才‖涯加霞叉紗家	光緒／彰1		

　　蟹攝字包含了《詩韻集成》齊、佳、灰三個韻部，除與止、遇攝有混用現象，已於止攝處論述分析外，由表 4.1.3 觀察蟹攝字的混用情形，無論近體詩或古體詩，除同攝混用外，皆和假攝字有混用現象，古體詩中另有一齊韻上、去聲的同攝異調混用現象，以下將就蟹攝字在清領時期臺灣本土文人詩作中所出現的三類同攝混用、蟹假攝混用、同攝異調混用現象分別論述之：

　　1、齊、佳、灰三韻的同攝混用

　　蟹攝的同攝混用現象計有「齊佳混用」、「佳灰混用」、「霽泰混用」、「泰隊混用」、「卦泰混用」等五種。

　　「齊佳混用」的現象共計 2 次，皆爲淡水廳竹塹地區的詩人用韻現象，僅見於近體詩，未見於古體詩，回溯歷代近體詩亦未出現此混韻現象。清領時期臺灣本土文人近體詩中的兩個「齊佳混用」現象，一爲詩人以齊韻「啼低」二字與佳韻「牌」字混用，「啼、低」二字文白兩讀皆爲／－e／，「牌」字文讀音爲／－ai／，白讀音在淡水廳今臺北新竹一帶爲／－ue／，三韻字應以主要元音相同而混用，可見此韻例乃作者受方音白讀音影響而致；另一個「齊佳混用」的韻例爲齊韻「題齊」二字與佳韻「儕」混用，「題齊」二字文、白讀皆爲／－e／，「儕」字《詩韻集成》未收，《集韻》、《韻會》註：「床皆切，音柴，等輩也」，閩方音文讀音爲／－ai／，因與齊韻「齊」字相押，疑爲詩人受偏旁類化影響而讀如「齊」字，進而以「齊、儕」相押，造成此例「齊佳混用」的現象。綜上所述，「齊佳混用」的用韻現象，應係清領時期臺灣本土文人受方音文讀音和聲符類化影響而致。

　　「佳灰混用」的現象最初見於中、晚唐的近體詩中，但僅是極少數的案例〔註7〕，至宋、金元近體詩中已成爲常例；今在清領時期臺灣本土文人的近、古體詩作中皆有韻例，平賅上去共計六例，但綜觀其因，可分爲以下兩類：

（1）佳韻「埋」字與灰韻「臺才災哀開來」等字混用：七字的閩方音文讀音皆以／－ai／爲韻母，白讀音在噶、今臺南一帶爲／－e／、淡水廳、彰化縣一帶爲／－ue／或／－ui／，以方音韻讀相同而可混用。相同混用情況的還有佳韻去聲「快芥」與灰韻去聲「態瀣」的混用，「態瀣」、「芥」在噶、今臺南一帶爲／－e／、淡水廳、彰化縣一帶爲／－ue／或／－ui／，「快」白讀音爲／－ua／或／－uai／，四字以閩語文讀音皆爲／－ai／，故四韻字以白讀音的主要元音相同、韻尾爲／e／或／a／而混用。

（2）佳韻「排佳涯街」與灰韻「煨灰」等字混用：「排街」二字白讀音爲／－e／或／－ue／，「佳涯」二字閩語白讀音爲／－e／、／－ia／、／－a／，「煨、灰」文讀音爲／－ui／，白讀音則爲／－e／或／－ue／，故知此六韻字以主要元音相同而可混用，乃詩人受方音白讀音影響而致。同理混用者，尚有佳韻上聲「駭解」與灰韻上聲

〔註7〕見耿志堅〈全金詩用韻考〉，《彰化師範大學學報》第四期，1993.06。「佳灰混用」的韻例實爲中古皆韻與中古灰、咍韻混用，見於牟融、李山甫、李中、羅隱、韓偓等人的近體詩作中。

「悔」字混用的韻例，「駭解」文讀音爲／－ai／，白讀音則爲／－
e／或／－ue／，「悔」字文讀爲／－ui／，白讀爲／－ui／或／－
ue／，以白讀音的主要元音相同而可混用。

「霽泰混用」、「泰隊混用」、「卦泰混用」皆爲蟹攝去聲字在古體詩中的
混韻現象，未見於清領時期臺灣本土文人的近體詩作中。《詩》及《古》的古
韻通轉中，皆以止攝支韻字和齊、佳、灰三韻分別相通。齊、佳、灰三韻可
在古體詩中通用之注未見於《詩韻集成》及《古今韻略》之中，故前述三種
同攝混用的韻例，應是受韻書文讀層所影響。「霽泰混用」的韻段出現在道光
時期淡水廳竹塹西門詩人林占梅〈池上夜坐〉中，韻字「柢底睥涕抵」爲霽
韻字，文讀音爲／－e／，白讀音爲／－i／，「眛」爲泰韻字，文讀音爲／－
ãi／，白讀音爲／－uĩ／，以白讀音的主要元音相同而可混用。「泰隊混用」
計 5 例，皆爲古體詩用韻現象，分別爲「外大」與「荣瀥岱輩獪籟奈壒」以
皆有／－ai／的文讀音而可相押，「害」與「載在」也以皆有／－ai／的文讀音
而可相押，「汰會」則分別以白讀音／－ua／、／－ue／與白讀音爲／－ui／
的「隊」字以主要元音相同而可混用。

2、蟹、假兩攝的混用

有「佳麻混用」、「灰麻混用」兩種。「佳麻混用」爲宋、金元近體詩的用
韻常例，「灰麻混用」的現象未見於歷代近體詩中，較可能是詩人方音入韻而
致，今觀其文讀音，灰韻「來、苔、才」三字文讀音爲／－ai／，麻韻「涯」
字文讀音有／－ia／、／－a／，麻韻二等字「加、霞、叉、紗、家」五字文
讀音／－a／或／－ia／，白讀音爲／－a／或／－e／，故上述韻字應是以皆
有／－a／的文讀音而混用。

3、同攝異調的混用

僅有齊韻上、去聲字混用一種，出現在光緒時期澎湖廳詩人的古體詩中，
齊韻上聲薺韻字「啓米體」和齊韻去聲霽韻字「裔世婿第曳砌計濟憩蕙歲褉」
等字混用，歷代古、近體詩中皆未有前例。今就方音入韻的可能性來看，「啓
米體」三字皆讀陰上，而霽韻「濟」字陰上、陰去兼具，今查韻字次序爲「裔
世婿第曳砌啓計濟憩米蕙歲褉體」（以 A 標示者爲薺韻字，以 Ａ 標示者爲齊、
霽韻兼具），薺韻字夾雜在霽韻字之間，可見上述韻字就詩人語感而言，應已
出現陰上、陰去不分或十分相近的現象，和泉州音部分區域出現的變調現象

相同〔註8〕；此外，張屏生〈澎湖縣離島地區閩南話刺方音的音韻現象〉〔註9〕也曾就方音調查結果提出澎湖諸多方音點的陰上調值爲 5531，陰去調值爲 5311，爲偏泉腔的一種表現；就張屏生教授的調查結果，澎湖地區的陰上、陰去聲雖調值不同，但有著相似的調型，而易使發音者產生相近的語感，故本韻例應是詩人語感問題而致。

（四）效攝一

表 4.1.4　清領時期臺灣本土文人「效攝」韻部混用表

中古韻攝	詩韻韻部	近體詩		古體詩	
		韻　腳	分部區域	韻　腳	分部區域
效	蕭‖肴 近3古1	（潮鷦寮簫/條寥消）‖（巢/蛟）	道咸同/南1 光緒/南2		
				了擾‖飽巧狡	咸同/淡北1
效	肴‖豪 近2古1	（郊巢梢/茅苞交）‖（高/袍）	道咸同/噶1、竹1		
				狡‖保寶	咸同/臺一南1
效	蕭‖豪 近2古6	嚚‖毛旄刀嗷	道咸同/淡北1、竹1	標消聊‖陶高	咸同/噶1、臺一南1
				繞兆表‖皓造抱飽草寶藻槁道好老掃	道/淡竹一鄭2
				（燎/眺照嘯）‖（鑿/盜）	咸同/淡北1、臺一南1
效	蕭‖肴‖豪 近0古3			（驕焦霄囂謠/妖）‖（交茅坳/嘲）‖（毫高鼇敖豪刀皋遭曹/逃）	咸同/臺一南2
				嘯調曜眺笑窾肖料‖敲‖到好少	光/府一南1
效	豪上‖豪去 近0古1			道‖噪	道/淡竹一鄭1

〔註8〕洪惟仁，《彙音妙悟與古代泉州音》，國立中央圖書館台灣分館，1996.06。

〔註9〕張屏生，〈澎湖縣離島地區閩南話刺方言的音韻現象〉，未刊稿，發表於 http://www.wretch.cc/blog/jacknt0601/14622027。

中古韻攝	詩韻韻部	近　體　詩		古　體　詩	
		韻　腳	分部區域	韻　腳	分部區域
效	蕭上‖蕭去 近 0 古 2			召‖邀銷調聊 寥宵昭迢條朝 超霄樵鵰招刁 彫鑣挑颻潮饒 翹橋搖遙蕭桃 譙嶠澆嶢喬繇 描嚻燒跳標飄 鴞朝苗橈輻腰 僑杓傲	道／臺－南 2
效 果	豪‖歌 近 5 古 5	（饕勞高曹／ 騷）‖（多何坡 ／河柯羅）	道咸同／淡北 2、鳳 1 光緒／南 2	高‖娥	咸同／噶 1

　　效攝字包含了《詩韻集成》蕭、肴、豪三個韻部，今由表 4.1.4 觀察效攝字的用韻現象，無論近體詩或古體詩的混韻現象，皆以同攝混用為主，此外皆只和果攝歌韻字有混用現象，此外，尚有皓、號兩韻上去聲混用的現象，蕭、嘯兩韻平、去聲混用的韻例，以下將分為同攝混用、效果兩攝混用和同攝異調混用三大類分別論述之。

　　1、蕭、肴、豪三韻的同攝混用

　　效攝的同攝混用現象，計有「蕭肴」、「肴豪」、「蕭豪」、「蕭肴豪」等四種同攝韻部的混用現象，此外，無論近、古體詩，效攝豪韻字皆與果攝歌韻字有混用現象，共 10 例，不僅跨越道咸同光時期，且臺灣南北部皆有此類韻例。《詩》、《古》皆以蕭、肴、豪三韻古可相通，故知蕭、肴、三韻間彼此混用的現象為近、古體詩用韻常例。

　　故知，「蕭肴混用」的韻段中，蕭韻字「潮鶺寮簫條寥消」文、白兩讀皆為／－iau／，肴韻字「巢蛟」文讀音為／－au／，以主要元音和韻尾相同而混用。「肴豪混用」的韻段中，肴韻字「郊巢稍茅苞交」文、白讀音皆為／－au／，豪韻字「高袍」則以／－au／的白讀音，以主要元音、韻尾皆相同而與肴韻字混用。「蕭豪混用」中，蕭韻「嚻」字文、白讀音皆為／－iau／，豪韻「毛旄刀嗷」字文讀為／o／或／ɔ／，白讀音為／－au／，以主要元音、韻尾相同而混用。歷代近體詩中，「蕭肴豪混用」的韻例首見於中唐白居易以蕭、豪兩韻混用，晚唐之後，迄至宋金元明時期皆為近體詩協韻通轉的常例，故由此可知，清領時期臺灣本土文人蕭、肴、豪三韻

的同攝混用現象除體現時音外，也是沿襲晚唐以來近體詩的協韻常例。

2、同攝異調混用

有蕭韻平、去聲的「蕭嘯混用」和豪韻上、去聲的「皓號混用」兩種；皆非古體詩用韻通轉的常例。

「蕭嘯混用」出現在道光時期臺南詩人施瓊芳的古體詩〈送四兄昭玉六弟昭澄附海舟西歸晉省應試鄉闈〉中，通篇僅第二句末字以嘯韻「召」字入韻，其他韻字「邀銷調聊寥宵昭迢條朝超霄樵鷳招刁彫鑣挑颻潮饒翹橋搖遙蕭桃譙嶠澆嶢喬繇描囂燒跳標飄鴞朝苗橈軺腰僑杓徼」皆爲蕭韻字；「召」字爲中古效攝澄母開三去聲字，歷代各類韻文及各地方音音變中，皆未曾見過全濁去聲演變爲陰平聲的現象，《廣韻》、《集韻》、《韻略》、《詩韻集成》、《古今韻略》等韻書中，皆僅收去聲，未見收平聲之又音，但以召字爲聲符的招、昭、貂等常用韻字爲平聲，且招、召字二字皆有「呼喚、召喚」之意，故詩人應是受此聲符類化的影響，而誤用召字入韻。

「皓號混用」則爲道光時期淡水廳竹塹詩人鄭用鑑的用韻現象，以皓韻「道」字和號韻「噪」字混用，今由閩語文讀層來看，「道」字文讀爲／－au4／全濁定母陽上聲字，「噪」字文讀音爲／－au5／次濁心母陰去聲字，據洪惟仁（2004、2003）、韋煙灶、曹治中（2008）研究指出〔註10〕，「……臺灣大部分口音、廈門及漳州等地則將陽上及陰去聲的古全濁及次濁聲母白讀字併入陽去調……」，因而「道」字在臺灣地區詩人語感中應是讀如陽去聲，而與號韻「噪」字混用，故此例反映出閩語白讀音聲調變化的特色。

3、效、果兩攝的混用

爲效攝豪韻字與果攝歌韻字混用的現象，「歌豪混用」現象追溯歷代近體詩，在南宋和明代的近體詩中皆爲協韻通轉的常例，但未見於金元時期的近體詩。古體詩中亦有一例，見於咸同時期噶瑪蘭廳詩人李逢時的古體詩中，《詩韻集成》及《古今韻略》皆未以歌豪兩韻相通，故此混韻現象並非古體詩用

〔註10〕 張振興，《臺灣閩南方言記略》，臺一版，臺北：文史哲出版社，1997年。周長楫主編，《閩南方言大詞典》，福州：福建人民出版社，2006年。洪惟仁，〈音變的動機與方向：漳泉競爭與臺灣普通腔的形成〉，國立清華大學語言研究所博士論文，2003年。洪惟仁〈變化中的臺灣話〉，《第五屆臺灣語言及其教學國際學術研討會論文集》，臺中：靜宜大學，1～34，2004。韋煙灶、曹治中，〈桃竹苗地區臺灣閩南語口音分布的區域特性〉，《地理學報》no.53，49～83，2008年。

韻通轉的常例，但就韻書文讀層和閩語文讀音來看，歌韻「多何坡河柯羅」文讀音爲／－ə／，豪韻「勞高曹」文讀音爲／－ə／，「饕騷」則爲／－ou／；而其白讀音在泉州腔、今臺北、新竹、鹿港、澎湖一帶讀爲／o／，在漳州腔、今臺南、宜蘭一帶讀爲／ɔ／〔註11〕；可見「歌豪混用」皆爲詩人閩語白讀音入韻的現象。

故就閩語方音來看效攝字的混用現象，蕭韻字文、白讀皆爲／－iau／，肴韻字文、白兩讀皆爲／－au／，與豪韻白讀音相同，但肴韻有部分白讀音爲／－a／或／－ua／，豪韻文讀音則爲／－ə／與果攝歌韻字的文讀音相同；因而效攝字的混用現象，除韻書文讀層的影響外，也是時音的反映。

（五）果攝一

表 4.1.5　清領時期臺灣本土文人「果攝」韻部混用表

中古韻攝	詩韻韻部	近 體 詩		古 體 詩	
		韻　腳	分部區域	韻　腳	分部區域
果 假	歌‖麻 近 0 古 3			歌多禾和科何柯苛磨那挲峨羅窩‖華樺譁窪花奢誇媧家沙嘉爹羓霞睒斜些痲加蛇差爬牙嗟渣疤鴉	道／淡竹－鄭1、臺－南1
				破‖罵嫁罷化吒嘏	咸同／臺－南1
果 梗	哿‖陌 近 1 古 0			我可‖客	道／淡竹－鄭1

果攝字包含了《詩韻集成》歌韻，除與效攝有混用現象，已於效攝處論述分析外，今由表 4.1.5 觀察果攝字的用韻現象，近體詩部分，果攝字歌韻獨用的韻段數有 297 個。古體詩部分，分別與假、梗攝的入聲字有混用現象，以下分別說明之：

〔註11〕張振興，《臺灣閩南方言記略》，臺一版，臺北：文史哲出版社，1997 年。王福堂，《漢語方言語音的演變和層次》，北京：語文出版社，2005 年。周長楫主編，《閩南方言大詞典》，福州：福建人民出版社，2006 年。

1、果、假二攝混用

「歌麻混用」的韻段共計 3 個，分別出現在道光時期的淡水廳竹塹詩人鄭用錫及臺灣縣今臺南一帶的詩人施瓊芳、施士洁的古體詩中，《詩韻集成》及《古今韻略》之中，皆以歌麻兩韻可於古體詩中通用，故此混用現象爲一常例。今就方音入韻的可能性來看，果攝平聲字「歌何柯苛多禾和科磨那掌峩羅窩」、去聲字「破」等韻字文讀音皆爲／－ə／或／－ou／，「破磨掌」白讀爲／－ua／、其他歌韻字白讀音在今宜蘭、臺南一帶和漳州腔爲／－ue／，在今新竹、彰化鹿港、澎湖一帶讀／－e／，與泉州腔、廈門腔白讀音相同；此處與果攝字混用的假攝平聲字「華樺譁窪花奢誇媧家沙嘉爹　霞賒斜些痂加蛇差爬牙嗟渣疤鴉」、去聲字「罵嫁罷化吒暇」文讀爲／－a／、／－ia／、／－ua／，白讀皆讀如／－e／或／－ɛ／，故就方音音讀來看，果、假攝韻字混用現象主要發生在假攝二等字，因上述韻字的白讀音皆有／－e／的音讀，而以主要元音和果攝字白讀相同而可混用。

2、果攝與梗攝入聲字混用

果攝上聲字與梗攝入聲字混用的現象，並非古體詩用韻通轉的常例，因《詩》、《古》、《彙》及《雅》等韻書中皆未有哿、陌兩韻相通的前例，爲道咸同時期淡水廳竹塹詩人鄭用鑑的用韻現象；今由方音音讀來看，哿韻「我可」文讀爲／－ə／、／－o／，白讀音爲／－ua／；陌韻「客」押／－ok／，詩人以入聲陌韻字和果攝字混用，可能是「客」字的入聲韻尾／－k／已弱化爲喉塞音或消失，讀如／－o／，而可與果攝字混用，乃詩人體現時音的用韻現象。

（六）假攝一

清領時期臺灣本土文人近、古體詩用韻中，假攝字幾乎都是獨用，近體詩部分僅有平聲麻韻字與止攝平聲支韻字有一詩人個別性的特殊混用現象，已於止攝支韻處討論；古體詩部分，則僅與果攝歌韻有混三例混用現象，已於果攝處說明，此處皆不再贅述。

（七）流攝—

表 4.1.6　清領時期臺灣本土文人「流攝」韻部混用表

中古韻攝	詩韻韻部	近 體 詩		古 體 詩	
		韻　腳	分部區域	韻　腳	分部區域
流	尤上‖尤去 近 0 古 2			友手牖叟久柳口酉畝藪口酒咎母厚首狗有後剖垢偶醜九玖杇忸右斗‖秀扣	道／淡竹—林 2

　　清領時期臺灣本土文人近、古體詩用韻中，除與遇攝有混用現象，已於遇攝處論述分析外，流攝字皆是獨用，未和其他韻攝字混用，由表 4.1.6 觀察流攝字的用韻現象，僅古體詩部分出現一同攝異調的混用現象，在清道光時期淡水廳竹塹詩人林占梅的詩作中，出現了尤韻的上、去聲混用的現象，此例出現在道光時期淡水廳竹塹西門詩人林占梅〈黃莘田端硯歌〉兩首中，韻字「友手牖叟久柳口酉畝藪口酒咎母首狗有後剖垢偶醜九玖杇忸右斗厚」為尤韻上聲字，「秀扣」為尤韻去聲字；為一上去異調的混用現象。今查《詩》、《廣》，「秀扣」兩字僅收去聲字，但以「秀」字為聲旁的「琇」、「綉」兩字除上聲音讀外，另有去聲音讀收錄於「宥」韻，故文人或因聲旁類化而將「秀」字誤讀為上聲而與有韻字混用；同理，「扣」字或因其聲旁「口」字讀為上聲字，文人亦因聲旁類化而誤用韻字。

第二節　清領時期臺灣本土文人詩歌用韻陽聲韻混用綜論

　　陽聲韻：平賅上去，共計 17 個陽聲韻部，與《詩韻集成》陽聲韻部的數量相同。

（一）通攝一

表4.2.1　清領時期臺灣本土文人「通攝」韻部混用表

中古韻攝	詩韻韻部	近體詩		古體詩	
		韻腳	分部區域	韻腳	分部區域
通	東‖冬 近42 古22	（工紅空戎功蟲通東中公翁筒桐同風楓罿庸叢／終）‖（春筇從重松宗濃鐘容蓉封濃恭蛩龍峰／冬）	乾嘉／南3 道咸同／噶2、淡北1、竹9、彰3、南14、鳳3、府1 光緒／南6	東工虹紅功鴻中沖衷公翁童瞳同桐銅風宮空穹窮通終隆籠瓏熊雄崇叢融戎蟲‖宗容蓉丰封峰逢農穠溈雍饔龍衝重鍾從供彤松	乾／諸－嘉1 道／淡竹－林6、彰4、臺－南3 咸同／臺－南6
				動‖溈	道／彰1
				眾恫闚諷空粽痛弄仲棟‖倖訟共壅用縱送重	道／彰1
通	東去‖冬去‖東上 近0 古1			閧‖用供重從‖動	道／彰1
通　江	冬‖江 近1 古1	瀧‖淙江尨	道咸同／竹1	種‖棒	咸同／臺－南1
通　通　江	東‖冬‖江 近0 古1			東躬烘穹濛風中同宮夢熊工舡紅蟲窮豐翁嵩聲雄‖松容春筇邛鐘蹤重龍從峰縫溈宗‖腔雙降龐	咸同／臺－南1
通　宕	東‖陽 近3 古0	（紅／空）‖（娘張防狂霜／長廊香）	道咸同／竹2 光緒／南1		
通　宕	冬‖陽 近1 古0	濃‖堂	道咸同／嘉1		
通　效	東‖蕭 近1 古0	蔥箾忠‖霄〔註12〕	光緒／彰1		
通　梗	冬‖庚 近1 古0	重蛩龍‖榮	乾嘉／鳳1		

〔註12〕此例出於今臺中神岡一帶詩人呂汝修〈水仙花〉組詩二，《全臺詩》編者於「霄」字下按語：「出韻。」

　　通攝字包含了《詩韻集成》東、冬二韻，由表 4.2.1 觀察通攝字的用韻現象，近體詩部分除同攝混用的「東冬混用」外，尚與江攝江韻、宕攝陽韻、效攝蕭韻和梗攝庚韻有韻字混用的現象。古體詩部分除「東冬」、「董腫」、「送宋」等同攝混用現象外，也與江攝字有混用現象，此外，尚有同攝異調的「送、宋、董」三韻混用的現象。

1、同攝混用

　　平賅上去，即「東冬混用」現象，近、古體詩共計 64 例，《詩》、《古》亦皆以東、冬兩韻古可通用，唐宋已降至明代漳泉地區文人用韻皆為用韻常例；今再就閩方音文、白讀音觀察之，東韻諸字如平聲字「東工虹紅桐銅瓏熊雄崇叢融戎蟲」、上聲字「動」、去聲字「眾恫鬨諷空粽痛弄仲棟」的文讀音皆為／－ɔŋ／，白讀音皆為／－aŋ／；冬韻平聲字「宗容蓉丰封峰逢農穠雍饔龍衝重鍾從供彤松」、去聲字「俸訟共甕用縱送重」的文讀音皆為／－ɔŋ／，白讀音皆為／－aŋ／，故無論文讀或白讀，此處所用的東、冬兩韻字皆因韻讀相同而混用。

2、通、江兩攝混用

　　有「東冬江混用」和「冬、江兩韻上聲字混用」兩種，《詩》和《古》皆以東韻古通冬江，可見通、江兩攝字的混用情形為古體詩用韻通轉的常例；再由方音來看，東韻「東躬烘穹濛風中同宮夢熊工訌紅蟲窮豐翁嵩聾雄」文讀音為／－ɔŋ／，白讀音為／－aŋ／；冬韻「松容舂筇邛鐘蹤重龍從峰縫洶宗」和腫韻「種」文讀音／－ɕioŋ／、白讀音為／－aŋ／；江韻「腔雙降龐」和講韻「棒」皆押／－ɕiaŋ／，上述韻字以白讀音的主要元音、韻尾皆相同而可混用。

3、通、宕兩攝混用

　　有「東陽混用」和「冬陽混用」兩種，分別出現在淡水廳竹塹、今臺南、嘉義一帶。《詩》和《古》皆未以陽韻古通東、冬，可見通、宕兩攝字的混用情形並非古體詩用韻通轉的常例；再由方音來看，東韻「紅空」文讀音為／－ɔŋ／，白讀音為／－aŋ／；冬韻「濃」文讀音／－ɔŋ／、白讀音為／－aŋ／；陽韻「娘張防狂霜長廊香堂」皆押／－aŋ／，白讀音在今臺南地區為／－iaŋ／，今宜蘭、新竹、彰化縣一帶為／－ɔŋ／，「東陽混用」在淡竹一帶以東韻文讀音和陽韻白讀音有著相同的主要元音和韻尾而混用；在今臺南一帶則

以陽韻白讀音／－iaŋ／和東韻白讀音／－aŋ／以主要元音、韻尾都相同而混用；換言之，今臺南、新竹一帶雖都有「東陽混用」現象，但在詩人語感上的表現並不相同。

「多陽混用」發生在今嘉義一帶，多韻「濃」字文讀音爲／－ɔŋ／，白讀音爲／－aŋ／，陽韻「堂」字文讀爲／－aŋ／，白讀爲／－ɔŋ／，上述韻字爲文白相混下的結果，或以多韻文讀音和陽韻白讀音／－ɔŋ／相混，或反之以多韻白讀音和陽韻文讀音／－aŋ／相混，無論何者，皆以主要元音、韻尾相同而混用。

4、通、梗兩攝混用

僅「多庚混用」一種，出現在乾嘉時期的鳳山縣地區。《詩》和《古》皆未以多、庚古可相通，故通、梗兩攝韻字的混用情形並非古體詩用韻通轉的常例；再由方音來看，多韻「重蛩龍」文讀音爲／－ɔŋ／，白讀音爲／－iɔŋ／；庚韻「榮」文讀音爲／－iŋ／、白讀音爲／－iɔŋ／；故詩人以多、庚兩韻的白讀音／－iɔŋ／有相同的主要元音、韻尾而混用。

5、同攝異調混用

送宋董混用的韻例出現在道光時期彰化詩人陳肇興〈後從軍行傲杜後出塞體五首其二〉中，韻字「動」爲一東韻上聲的董韻字，「供」爲二多韻去聲宋韻字。《詩韻集成》和《古今韻略》皆以送、宋兩韻可於古體詩作中混用，故「鬨、用、供、重」四字混用爲古體詩用韻現象的常例；但《詩》、《古》兩書皆未以宋、送兩韻與董韻混用，今詩人以「動」字與宋、送兩韻混用一方面可能是受「全濁上歸去」的音變規律影響，「動」爲中古全濁定母通攝開口一等上聲字，在此時可能已符合音變規律而改讀去聲，而可與宋、送兩韻混用。再由閩語方音來看，「供」讀如 kiong3，「動」讀如 tong7，可見在作者語感裡，陰去與陽去聲在當時已十分接近，而可混用。

（二）江攝—【獨用】

表 4.2.2　清領時期臺灣本土文人「江攝」韻部混用表

中古韻攝	詩韻韻部	近　體　詩		古　體　詩	
		韻　腳	分部區域	韻　腳	分部區域
江宕	江‖陽 近 0 古 1			降‖妝王	光／彰 1

　　江攝字包含了《詩韻集成》江韻一部，除與通攝相混，已於通攝處論述分析外，今由表 4.2.2 觀察江攝字的用韻現象，清領時期臺灣本土文人古、近體詩中，江韻皆以獨用為主，僅有一首古體詩出現「江陽混用」的用韻現象。《詩韻集成》和《古今韻略》皆未以江陽相通，故此韻例並非古體詩用韻通轉的常例；竺家寧（2007）〔註13〕：

> 　　江韻和唐陽韻在現代方音裏已不易分別，不過，《廣韻》裡江韻和唐陽韻的排列相隔很遠…可見江韻的中古音應該比較接近東冬鍾。我們可以假定江韻念－oŋ……江韻則大概在南宋以後，才轉唸成－aŋ……後世有許多地方都把江韻念為－ang，於是就和唐陽韻的字沒有差別了。

今以韻書文讀層來看，江韻「降」文讀音為／－aŋ／〔註14〕，白讀為／－ɔŋ／，陽韻「妝王」文讀音為／－ɔŋ／，白讀音在漳州腔、今臺南一帶讀／－aŋ／，為存古表現，今彰化鹿港、臺北、澎湖、新竹一帶讀／－ɔŋ／與閩語文讀音相同；綜上所述，里籍設於彰化縣的文人應是以江韻的白讀音和陽韻的文讀音／－ɔŋ／入韻，因主要元音、韻尾相同而混用。

〔註13〕　竺家寧，《聲韻學》，臺北：五南圖書公司，2007 年。
〔註14〕　據竺家寧（2007）之說，中古之前江韻的文讀音為／－ɔŋ／，今韻書所見的文讀層則為南宋之後開始的中古文讀音；故從聲韻變化的脈絡可佐證，漳系／－aŋ／比泉系／－ɔŋ／更能反映唐、宋的中原口音；閩南語部分文讀的形成是在唐、宋及其以後漸次演變而成的。

（三）臻攝一

表 4.2.3　清領時期臺灣本土文人「臻攝」韻部混用表

中古韻攝	詩韻韻部	近體詩		古體詩	
		韻腳	分部區域	韻腳	分部區域
臻	眞‖文 近2古2	（新/旻）‖（芹軍聞/曛壎文）	乾嘉/南1 道咸同/南1	（循/醇）‖（氛/芬雲）	道/淡竹－林1、臺－南1
臻 山	眞‖元 近5古3	春新綸貧身鶉薪親辛伸神人倫臣陳旬仁鄰呻因珍塵巡頻峋巾醇眞‖恩痕	道咸同/噶1、竹2 光緒/彰1、南1	眞人仁倫巾貧身鶉薪親辛呻伸神臣陳旬鄰因珍塵巡頻峋醇春馴‖孫恩	道/彰1 咸同/噶1 光緒/府－南1
臻 山	眞‖先 近0古1			茵塵‖顚	道/臺－南1
臻 山	文‖元 近17古5	軍群君分聞勤粉勛閫紋焚雲曛‖尊坤屯存墩溫門琨盆痕昏魂論冤原言園孫	康雍/鳳1 道咸同/竹4、彰2、南5、鳳3 光緒/南2	雲文群軍焚勳君‖昏屯論坤門	道/臺－南1 咸同/臺－南1 光緒/府－南2
				隱‖遠	咸同/臺－南1
臻 山	文‖寒 近0古1			君‖安	道/臺－南1
臻 臻 山	眞‖文‖元 近0古6			人倫輪蓁賓神紳新濱民珍麟春陳垠旬峋均筠塵‖文軍君群裙云雲聞醺勳氳芬紛勤‖元軒言垣喧鯤尊痕坤轅媛存孫樽門屯魂昏恩根奔	咸同/臺－南4
				盾腎哂引窘盡敏軫尹準‖隱醞粉‖遠衰懇本	咸同/臺－南2
臻 臻 山	文‖元‖寒 近0古1			運‖飯‖患	道/臺－南1
臻 梗	眞‖庚 近1古0	人身頻‖珉	道咸同/竹1		
臻 梗 梗	眞上‖庚上‖青上 近0古1			敏忍‖騁靜頃逞井穎省警永‖鼎酊	道/淡竹－林1
臻 深	眞‖侵 近5古2	塵眞鄰人麟春賓身醇仁珍‖襟深吟金心臨忱侵今	道咸同/竹2、南1 光緒/彰2	（人麟/呻）‖（心/吟曛）	道/淡竹－林1 咸同/臺－南1

臻攝字包含了《詩韻集成》眞、文兩韻部，今由表 4.2.3 觀察臻攝字的混用現象，近、古體詩部分，除同攝眞、文兩韻的同攝混用現象外，皆分別與山、梗、深三攝有韻部混用的現象。

1、同攝混用

臻攝的同攝混用現象，平眩上去，僅「眞文混用」一類，共計四個韻例，《詩韻集成》以眞韻「古通庚青蒸轉文元」，《古今韻略》以眞韻「通文元寒刪先」之中，兩者皆以眞、文兩韻可於古體詩中通用，故眞文混用現象爲常例。「眞文混用」始於唐代近體詩中，但不見於宋、金元時期的近體詩中，可見清領時期臺灣本土文人在眞、文兩韻的使用上別於宋金元時期的嚴謹，而較近於唐代的用韻習慣；究其原因應與《廣韻》欣韻與眞、文兩韻間的分合有關，唐代近體詩中，僅見少數文、欣混用的韻例，而不見眞、文混用的韻例，但《廣韻》將「欣」歸「眞」不歸「文」，意謂著唐時的「文欣混用」實際上等同於清領時期臺灣本土文人詩韻中的「眞文混用」；至於宋金元時期，因《集韻》、《禮部韻略》將欣韻歸「文」不歸「眞」，並做爲詩文用韻的標準，因而「眞文混用」的現象看似消失了，實際上仍然存在著。而在清領時期臺灣本土文人近體詩中，「眞文混用」應是詩人受方音文讀音的影響而致，以下便就方音入韻的可能性來看，眞韻字在閩方音中存在著兩個主要元音，多數讀爲／－in／，但部分合口眞韻三等字的文讀音則爲／－un／；以此處韻例來看，眞韻「新」字、文韻「芹」字文讀音皆爲／－in／，而眞韻「旻循醇」和文韻「軍聞曛墳文氛芬雲」文讀音爲／－un／，除乾嘉時期臺南詩人以眞韻「新」字和文韻「芹軍聞」相押的韻例中的方音韻讀有著主要元音不同，韻尾相同的面貌外，其他三例的眞、文兩韻字由方音文、白讀音來看，皆以主要元音、韻尾相同而可混用。

2、臻、山兩攝混用

臻、山兩攝混用，有「眞元混用」、「文元混用」、「眞先混用」、「文寒混用」、「眞文元混用」、「文元寒混用」六種，《詩》、《古》皆以文韻古通眞、元韻古通眞，但未注明文、元兩韻相通，兩攝混用的關鍵在元韻、眞韻，《詩韻集成》元韻的中古來源爲《廣韻》元、魂、痕三韻。

今觀察與臻攝眞、文兩韻混用的元韻字「恩痕尊坤屯存墩溫門琨盆痕昏魂論孫」的中古來源爲《廣韻》魂、痕韻，讀／－un／，「冤原言園」等四個元韻字的來源則是《廣韻》元韻，讀／－an／；文韻字皆押／－un／；眞韻字

部分「春鶉倫旬巡峋巾醇」讀／－un／，「新貧身薪親辛伸神人臣陳仁鄰呻因珍塵頻眞」讀／－in／，「綸」讀／－un／；綜上所述，臻、山兩攝混用皆存在著／－un／的文讀音或白讀音而可混用，故「眞文元混用」、「眞元混用」、「文元混用」等混韻現象雖非近、古體詩用韻正例，但以主要元音、韻尾相同的文讀音或白讀音而可相混，應是詩人以自身語感爲據的混用現象。

眞、先兩韻的混用現象，僅有一次，見於道光時期臺南詩人施瓊芳古體詩〈吳履廷以踏雪尋梅圖囑題爲賦長篇〉中，《詩韻集成》未有眞、先兩韻通用，《古今韻略》則有眞、先兩韻相通之注，據陳新雄先生「今人作古詩，用韻寬者多從吳氏，用韻嚴者多從邵氏」〔註15〕之說，眞、先混用乃詩人遵《古今韻略》古詩通韻之注的一種常例現象。另就方音文讀音來看，韻字「茵塵」爲眞韻字，文讀音爲／－in／，「顚」爲先韻字，文讀音爲／－ian／，白讀爲／－iã／；韻尾皆爲／－n／，但主要元音不同，以語感而言難以混用，但「顚」字乃以眞韻「眞」字爲聲符，故也可能是詩人以聲符類化的因素，將「顚」字讀如「眞」字，而和「茵塵」兩字混用。

文、寒兩韻的混用現象，僅有一次，出於道光時期臺南詩人施瓊芳〈吳履廷以踏雪尋梅圖囑題爲賦長篇〉中，韻字「君」爲文韻字，中古臻攝，「安」爲寒韻字，中古山攝字；《詩》以文韻古通眞、寒韻古通先，《古》則有文通眞元寒刪先之注，故文、寒混用應是詩人遵《古今韻略》古詩通韻之注的一種常例現象。另就方音文讀音來看，文韻「君」字文、白讀皆爲／－un／，寒韻「安」字文、白讀皆讀／－an／，雖韻尾相同，但主要元音並不相近，以語感而言，實難以相混使用；綜上所述，「文寒混用」應是詩人採用《古今略韻》下的古韻通轉系統而產生的特例。

問、願、諫三韻的混用現象，即文、元、刪三韻去聲字的混用現象，僅見一次，出現在道光時期臺灣府詩人施瓊芳〈白榆歌〉中，韻字「運」爲問韻字，文讀音爲／－un／，「飯」爲願韻字，文讀音爲／－an／，「患」爲諫韻字，文讀音也爲／－an／，白讀音在今臺南地區、宜蘭地區、澎湖廳讀如漳州腔／－uin／、在今新竹、彰化縣一帶讀如／－ŋ／；《詩韻集成》下注，問韻

〔註15〕見陳新雄〈詩韻的通轉〉，《木鐸》，第11期，1987.02。文中所謂「吳氏」，即指吳棫通轉三例下的古詩韻部分類，《詩韻集成》各韻下注之通轉，全依此而定；「邵氏」則指清邵長蘅修訂吳棫通轉三例後，於《古今韻略》各韻下注之通轉。

可轉震韻,與願、諫兩韻不見通轉之用,而願、諫兩韻皆可與霰韻通用,又《古今韻略》下注有問、願兩韻皆可與震韻相通用之例,綜上所述,問、願、諫三韻雖未直接通用,但語音間並非毫無關聯,由方音入韻的可能性觀察,應是詩人以「飯」、「患」的白讀音／－uin／和「運」字的文讀音混用,方音入韻的可能性很高。

3、臻、深兩攝混用

「真侵混用」爲臻、深兩攝的混韻現象,在清領時期臺灣本土文人近體詩用韻中僅見 4 例,試帖詩中僅 1 例,古體詩中僅 2 例,分別出現在道咸同時期的淡水廳竹塹、臺灣縣今臺南一帶和光緒時期彰化縣一帶;承前文所述,應與臻、梗兩攝混用的現象相同,中、晚唐時期即有前例,但都僅是詩人個別性的特殊用韻現象,而非常例,宋代近體詩則遵從／m／、／n／韻尾已混同的時音,將臻、深兩攝字混用視爲常例;清領時期臺灣本土文人近體詩中,真、侵兩韻則以各自獨用居多,兩韻混用的比例雖不高,但就分布區域及時期並非單一特例來看,已漸漸成爲反映出通語文讀音和閩方音特色的一種混韻現象。

由《詩韻集成》、《古今韻略》等書的詩韻系統觀察,兩韻書皆未以真、侵兩韻相通,故此例並非古體詩協韻通轉的常例。今觀察清領時期臺灣本土文人所使用的韻字,真韻「塵真鄰人麟春賓身醇仁珍鱗呻」等字押／－in／或／－un／,侵韻「襟深吟金心臨忱侵今曛」皆押／－im／,以主要元音相同且韻尾相近皆屬鼻音韻尾而可混用,也可能體現出／m／、／n／兩韻尾在清領時期臺灣地區已有混同的時音現象。

4、臻、梗兩攝混用

「真庚混用」爲臻、梗兩攝的混韻現象,據耿志堅(1991)、魯國堯(1995)研究,自初唐時期即有前例,但並非常例,而在南宋時期的近體詩中,兩韻混用已成爲常例,可見宋時／－n／、／－ŋ／韻尾已開始混同;但清領時期臺灣本土文人近體詩中僅見一例,與金元時期的近體詩中「梗、臻攝兩攝鮮少混用」的用韻現象相同,這並不一定表示／－n／、／－ŋ／韻尾又開始壁壘分明,可能是詩人深受《中原音韻》、《古今韻會舉要》、《禮部韻略》、《詩韻集成》等韻書中／－n／、／－ŋ／韻尾編排分明的影響而致。再就韻書文讀層和閩語方音來看,真韻「人身頻」文讀音爲／－iŋ／,「人」白讀音爲／－aŋ／、「身頻」爲／－iŋ／,庚韻「氓」文讀音爲／－əŋ／,白讀音爲／－iŋ／、／

－ɔŋ／、／－aŋ／，上述韻字以「眞韻」文讀音和「庚韻」白讀音的主要元音和韻尾相同而混用。

「軫梗迥混用」即眞、庚、青三韻上聲字的混用現象，僅出現過一次，爲清道光時期淡水廳竹塹詩人林占梅的用韻現象。《詩》以眞韻古通庚青、庚韻古通眞、青韻古通眞，《古》則僅見庚韻古通青蒸，未見眞韻古通庚、青兩韻之注，故軫、梗、迥三韻混用應是詩人遵《詩韻集成》古詩通韻之注的一種常例現象。再就文讀音來看，軫韻「敏忍」文讀音爲／－iŋ／，「忍」白讀音爲／－un／，梗韻「騁靜頃逞井穎省警永」文讀音爲／－iŋ／，白讀音爲／－ɔŋ／、／－ĩ／，迥韻「鼎酊」文讀音爲／－iŋ／，白讀音爲／－iaŋ／；上述韻字以文讀音的主要元音、韻尾相同而混用。

（四）山攝一

表4.2.4　清領時期臺灣本土文人「山攝」韻部混用表

中古韻攝	詩韻韻部	近 體 詩		古 體 詩	
		韻　腳	分部區域	韻　腳	分部區域
山	元‖寒 近3古3	袁尊孫垣園‖寒難巒剜端看丹觀翰	康雍／鳳1 道咸同／淡北1、南1	反‖歡寬冠	咸同／臺－南1
				暖遠返‖管卵	道／臺－南1 咸同／臺－南1
山	元‖刪 近2古1	（喧／村）‖（關／山）	道咸同／竹1、鳳1	冤‖還艱環	咸同／臺－南1
				返綣晚‖眼	咸同／臺－南1
山	元‖先 近8古3	萱言蕃源孫痕喧軒門‖羶煙天連前然傳年愆田遷蟬賢飜魂存宣	乾嘉／鳳2 道咸同／竹1、彰1、南2 光緒／南2	喧言孫存‖堅連焉鑣遷傳煙先年聯懸然穿詮鞭膻船偏編	乾嘉／諸1 咸同／臺－南1 光緒／澎1
山	元‖寒‖刪 近1古2	猿‖繁‖湲顏	道咸同／竹1	園‖觀蘭彈完驪肝‖還顏閒實間	道／臺－南1 咸同／臺－南1
山	元‖寒‖先 近1古1	軒奔言‖餐酸‖編千眠年前	道咸同／竹1	遠券‖伴‖遣	咸同／臺－南1
山	元‖刪‖先 近0古3	╲	╲	言喧‖山還‖年傳偏	道光／淡竹－鄭2
				遠晚‖眼‖顯	道光／臺－南1

中古韻攝	詩韻韻部	近體詩		古體詩	
		韻　腳	分部區域	韻　腳	分部區域
山	寒‖刪 近45古14	漫看巒灣官完安餐寒歡觀難灘杆肝殘寬丹欄蘭瀾單殫鄲壇湍端盤攢團蟠桓韓酸乾‖山懽開刪彎攀顏還寰刪闌關斑潺湲潸頑	康雍／臺1 乾嘉／鳳1、章1 道咸同／噶5、竹18、彰3、南4、鳳5 光緒／彰2、南3、澎2	寒丸芄安難灘竿肝灣歡觀官看蟠餐團桓‖山間閑關闌鬟環攔還蠻彎顏鍰	乾／鳳2、臺-南1 道／淡竹-鄭2、淡竹-林1、彰4、臺-南5 咸同／淡北1、臺-南1 光緒／澎1
山	寒‖先 近8古2	(仙緣權然鞭肩泉錢眠纏／乾／絃穿／年)‖(丹單難寬觀蘭完／賢先專偏銓埏／翰殘／鄲)	道咸同／噶2、淡北2、府1、彰1 光緒／南1、鳳1	漢換‖雁面線轉	咸同／臺-南2
山	刪‖先 近3古6	(閑／班關)‖(編年／然仙錢)	道咸同／噶1、淡北1、竹1	(間還／山環)‖(穿泉堅仙／鵑天／年泉)	嘉／府-東1 道／淡竹-鄭1、彰1 咸同／臺-南1 光／府-南1
				產限‖展勉辨軟遣	咸同／臺-南1
山	寒‖刪‖先 近2古0	瀾歡漫韓寒安丹干難鞍‖間患鵑關艱還山‖圓	道咸同／南2		
山	霰‖銑 近0古1			賤‖卷	道／淡竹-鄭1
山	霰‖銑‖諫 近0古2			眩宴變片面見電箭戰甸線練絢炫見扇遍擅譴戀善倦‖辨‖盼幻	道／淡竹-林2
山梗	先‖庚 近0古1			傳‖名	咸同／臺-南1
山宕	先‖陽 近0古1			圓煎連田傳‖裳	咸同／淡北1
山咸	先‖覃 近0古1			穿年前濺纏憐然‖三	咸同／淡北1
山咸	元‖覃 近0古2			偃‖掩漸	咸同／臺-南1
				飯‖淡	道／淡竹-鄭1

　　山攝字包含了《詩韻集成》元、寒、刪、先四個韻部，除與臻攝有混用現象，已於臻攝處論述分析外，今由表 4.2.4 觀察山攝字的用韻現象，近體詩部分，除元韻與臻攝眞、文兩韻有異攝混用的現象外，皆爲同攝間的韻部混用。古體詩部分，除了同攝混用的現象外，山攝尚與臻、宕、咸三攝混用，也有同攝上、去聲字混押的現象；臻、山兩攝混用的情形已於臻攝處論述，此處不再贅敘。

1、同攝混用

　　元、寒、刪、先四韻的相互混用，在宋代近體詩中即爲常例，尤以「寒刪混用」、「元先混用」最爲普遍，而清領時期臺灣本土文人的近體詩中也是如此，不僅是延續前代近體詩用韻習慣，也是體現時音的一種表現，就方音來看，山攝混用的諸韻字皆押／－an／，因主要元音及韻尾相同而可混用。

　　《詩韻集成》以元韻古通眞韻，但未以元韻古通寒、刪、先三韻，《古今韻略》則以元、寒、刪、先四韻相通；元韻與寒、刪、先三韻混用的現象計有 6 種，13 個韻段，其中包含元、寒兩韻混用的韻段，平賅上去，共計 3 個，元、刪兩韻混用的韻段 1 個，元、先混用的韻段 3 個，元、寒、刪三韻混用的韻段 2 個，元、寒、先三韻混用的韻段 1 個，元、刪、先混用的韻段 3 個；據《詩》、《古》古體詩韻部通轉的注解來看，上述六種山攝的同攝混用現象皆爲詩人捨《詩》從《古》的古體詩用韻常例。

　　此外，山攝的同攝混用現象尚有寒、刪兩韻混用，刪、先兩韻混用，寒、先兩韻去聲字的混用等三種用韻現象，皆爲符合《詩》、《古》古體詩韻部通轉常例的韻部混用現象。

2、山、宕兩攝混用

　　山、宕兩攝間的混韻現象，在清臺灣本土文人的古體詩中，僅見 1 例，爲道咸同時期淡水廳詩人之作，以先、陽兩韻混用，《詩》、《古》皆未以先、陽古可相通，故此混韻現象並非古體詩用韻通轉的常例。今由方音來看，先韻「圓煎連田傳」文讀音爲／－ian／或／－an／，陽韻「裳」文讀音爲／－aŋ／，以主要元音相同且韻尾相近而混用；也可能反映出詩人語感中已有韻尾／－n／、／－ŋ／混同的現象。

3、山、咸兩攝混用

　　山、咸兩攝混用韻例有「先覃混用」、「元覃混用」兩種，《詩》、《古》皆

以先韻古通鹽轉寒刪、覃韻古通刪、元韻古轉真，但皆未以先覃相通、元覃相通，故知「先覃混用」、「元覃混用」並非古體詩用韻通轉的常例；今由方音音讀觀之，此處先韻字「穿年前濺纏憐然」、元韻字「偃」、元韻去聲字「飯」，覃韻字「三掩漸」、覃韻去聲字「淡」的文讀音皆爲／－an／，故「先覃混用」、「元覃混用」兩類混韻現象皆爲詩人方音入韻而致，以上述韻字的主要元音韻尾皆相同而混用。

4、同攝異調混用

計有「霰銑混用」、「銑霰諫混用」兩種異調混用現象，共計三個韻段，皆出於清道光時期淡水廳竹塹地區的詩人，《詩韻集成》與《古今韻略》韻目表下皆有「諫古通陷轉霰」、「霰古通願豔轉諫」等注，顯示霰、諫兩韻本在古韻通轉的範圍內，但不見兩韻與銑韻通轉的相關注解；再由閩語文讀音和白讀音來看，「辨」字讀如去聲「pian7」，與霰、諫兩韻聲調相近似，可見，此韻例乃詩人林占梅方音入韻而致。此外，「辨」，《廣韻》「符蹇切」，爲全濁聲母「並」母銑韻字，今閩語音讀卻改讀去聲，顯示出閩語裡有「全濁上聲字改讀去聲」的語音現象。

（五）宕攝一

《詩韻集成》宕攝字僅陽韻一部，在清領時期臺灣本土文人的近體詩用韻中，爲獨用的韻部，僅有一例詩人個別性的「庚陽混用」現象，詳見梗攝。古體詩部分，除獨用韻例外，尚與江攝江韻、梗攝陽韻有混用現象，已分別於江攝、梗攝處論述，此處不再贅述。

（六）梗攝一

表 4.2.5　清領時期臺灣本土文人「梗攝」韻部混用表

中古韻攝	詩韻韻部	近體詩		古體詩	
		韻腳	分部區域	韻腳	分部區域
梗	庚‖青 近33古20	檠驚清情晴精程醒成城誠荊明榮更輕聲棚令行彭正橫耕兄名平評生旌鳴烹傾卿陛錚鶯‖萍銘齡寧汀經星醒靈零亭形玲瓶螢青冥庭聽	康雍/臺1 乾嘉/鳳2、南1 道咸同/噶2、淡北2、竹8、彰2、南7、鳳1、澎1 光緒/彰1、南5、澎1	英生聲清情精驚成城誠平傾更行名兵明舦兄瀛輕‖青馨星醒冥瞑停聽邢瓶	道/淡竹-鄭1、府1 咸同/噶3、淡北1、臺-南2 光緒/彰1
				冷景影境請屏頃頸領嶺綆鯁整猛艋井靜耿警幸靖丙餅邴梃等茗莛醒等酊鼎	道/淡竹-鄭1、彰1、臺-南2 咸同/臺-南4
				（慶姓命柄獷政/病正）‖（侫勝應磴/贈）	道/彰1 咸同/臺-南2
梗	庚上‖庚去 庚去‖庚去 近0古1			阱病行性正鏡映淨詠泳聖競盛竟‖興聽磬磴徑定乘贈興	道/淡竹-林1
梗曾	庚‖蒸 近16古5	（生牲甡驚情精名荊耕平評瓊聲盟成城誠鳴明擎驚橫征行爭轟輕兵攖傾兄贏盟盈并/羹/衡）‖（鵬徵朋增肱稱營澄燈增膺升仍曾/應/陵）	乾嘉/嘉1 道咸同/淡北1、竹7、南3、鳳1 光緒/彰1、南1	名平評英行烹耕清情晴明萌鳴城瀛聲繃傾驚輕嬰嚶罃迎生撐瞠鯨爭擎醒并‖增矕升蒸燈蠅鵬	道/彰1 咸同/淡北1、臺-南2 光緒/彰1
梗梗曾	庚‖青‖蒸 近0古2			嶸名橫更硻莖城行平成呈贏精‖形靈‖稱應蠅朋矕	乾/諸1 咸同/臺-南1
梗深	庚‖侵 近1古13	清‖心琴侵	康雍/臺1		
梗宕	庚‖陽 近1古1	傖‖場香	道咸同/南1	正‖狂	光/諸-嘉1

　　梗攝字包含了《詩韻集成》庚、青兩韻部，除與通、臻、山攝有混用現象，已於通、臻、山攝處論述分析外，由表4.2.5觀察梗攝字的用韻現象；無

論近、古體詩皆以同攝混用居多，含去聲韻在內的同攝混用現象計有 53 例，且分佈區域和時代之廣，實爲清領時期臺灣本土文人協韻通轉的常例；此外，梗攝尙與曾、深、宕三攝有混用現象，但僅有梗曾兩攝混用一類爲常例，梗、深兩攝混用與梗、宕兩攝混用皆僅出現一次，且未見於歷代近體詩的用韻現象中，故應屬詩人個別性的用韻特例。

1、同攝混用

平賅上去，僅「庚青混用」一類，就歷代近、古體詩的用韻現象來看，庚青混用於晚唐五代時期就已是近體詩協韻通轉的常例；《詩韻集成》以庚韻古通眞韻、青韻古通眞韻，但未明言庚青相通，《古今韻略》則以庚、青、蒸三韻相通；可見，庚、青兩韻的混用現象爲詩人捨《詩》從《古》的古體詩用韻常例。再就方音入韻的可能性來看，「庚青混用」所用的韻字中，庚韻「檠驚清情晴精程醒成城誠荆明榮更輕聲棚令行彭正橫耕兄名平評生旌鳴烹傾卿陞鋥鶯」等韻字及其相承的上、去聲字，文讀音皆爲／－iŋ／；青韻平聲「萍銘齡寧汀經星醒靈零亭形玲瓶螢青冥庭聽」等字的文讀音爲／－iŋ／，青韻上、去聲字亦讀／－iŋ／，庚、青兩韻以文讀音有著相同的主要元音、韻尾而可混用。

2、梗、曾兩攝混用

梗、曾兩攝混用的用韻現象，計有「庚蒸混用」、「庚青蒸混用」兩種（平賅上去）。就歷代近體詩用韻現象來看，「庚蒸混用」現象始於中唐，而於南宋近體詩中成爲協韻通轉的常例；《詩》以庚韻古通眞韻、青韻古通眞韻、蒸韻古通眞韻，但未明言庚、青、蒸三韻相通，《古今韻略》則以庚、青、蒸三韻相通；可見，「庚蒸混用」、「庚青蒸混用」皆爲詩人捨《詩》從《古》的古體詩用韻常例。再由方音文讀音來看，「庚蒸混用」韻段所用的韻字中，庚韻「生驚情名荆耕平評瓊聲盟城鳴明擎橫羹衡征」文讀音爲／－iŋ／，蒸韻「鵬徵朋肱稱瀅燈增」文讀音爲／－iŋ／，故庚、蒸兩韻以文讀音的主要元音、韻尾相同而可混用。「庚青蒸混用」的韻例，以《切韻指掌圖》、《中原音韻》中將庚、青、蒸併爲一部來看，早在南宋時期開始，庚青蒸三韻的音讀已混用不分了，而在《漢語方音字彙》所記錄的閩方音中，梗、曾、深、臻四攝字已一律讀爲／－iŋ／，可見梗、曾兩攝字混用乃詩人體現時音的表現，細查韻字，庚韻「嶸名橫更硜莖城行平成呈贏精」、青韻「形靈」、蒸韻「稱應蠅朋憎」等字，的確有著相同的文讀音／－iŋ／，故庚、青、蒸三韻混用既反映了韻書文讀層的層次，也體現了時音的表現。

3、梗、宕兩攝混用

庚、陽兩韻混用爲梗、宕攝的混用韻例，僅有一例，見於光緒時緝諸羅縣詩人，《詩》以庚古通真、陽古通江轉庚；《古》則以陽韻獨用、庚韻古通青蒸，故庚陽混用應是詩人捨《古》從《詩》的古韻通轉常例；再由方音文讀音來看，庚韻「正」文讀音爲／－iŋ／，白讀音爲／－iãŋ／，陽韻「狂」文讀音爲／－aŋ／，故此例爲「正」字以白讀音和「狂」字因主要元音相近、韻尾相同而混用。

4、梗攝異調混用

梗、敬、徑三韻混用的韻例，出現在道光時期彰化縣陳肇興五言古詩〈雜詩〉和淡水廳竹塹西門詩人林占梅〈築園池歌學白傅體〉2 首中，韻字「阱倖靜」爲梗韻字，韻字「鏡孟評淨鄭病行性正映詠泳聖競盛竟」爲敬韻字，「興聽磬磴徑定乘贈興勝稱佞」爲徑韻字。在《詩韻集成》和《古今韻略》下注內，皆不見梗韻可與敬、徑兩韻混用的相關注解，而敬、徑兩韻在《詩韻集成》和《古今韻略》的古韻通轉範圍內，本可混用，故「梗敬徑混用」現象並非傳統古體用韻傳統。今由方音入韻的可能性來看，「倖」、「靜」、「阱」字在歷代各韻書中皆讀上聲，閩語文讀音則讀爲陰去／－iŋ7／，而敬、徑兩韻字韻母皆讀陽去／－iŋ3／，今詩人以上述韻字相押混用，可見，在這兩位詩人的語感中，陰去、陽去聲字已開始混淆不分而可混用，且三韻主要元音、韻尾相同而可混用，故此例爲詩人方音入韻的特例。

（七）曾攝一

表 4.2.6　清領時期臺灣本土文人「曾攝」韻部混用表

中古韻攝	詩韻韻部	近 體 詩		古 體 詩	
		韻　腳	分部區域	韻　腳	分部區域
曾 遇	蒸‖魚 近1古0	承增興‖初	光／彰1		

《詩韻集成》的曾攝字僅蒸韻一部，除與梗攝有混用現象，已於梗攝處論述分析外，今由表 4.2.6 觀察曾攝字的混用現象：曾攝字在清領時期臺灣本土文人古、近體詩作中，皆因韻窄字少多與庚、青兩韻混用，混用部分已於梗攝處說明，此處不再贅敘。此外，蒸韻字尚與遇攝魚韻字有混用現象，歷

代古、近體詩皆未有蒸、魚混用的先例；由閩語方音來看，蒸韻「承、增、興」的文、白讀音為／－iŋ／，魚韻「初」的文讀音為／－u／，主要元音和韻尾皆不相同，作者以「初」字入韻，應是誤用韻字而致。

（八）深攝一

表 4.2.7　清領時期臺灣本土文人「深攝」韻部混用表

中古韻攝	詩韻韻部	近 體 詩		古 體 詩	
		韻　腳	分部區域	韻　腳	分部區域
深　宕	侵‖陽 近 0 古 1			心深‖王	道／府 1
深　咸	侵‖鹽 近 0 古 1			斟‖砭	咸同／臺一南 1
深　咸	侵‖咸 近 0 古 1			深‖鑱	咸同／臺一南 1

　　《詩韻集成》的深攝字僅侵韻一部，今由表 4.2.7 觀察深攝字的混用現象：近體詩部分，與臻攝真韻、梗攝庚韻各有一個混用現象，已分別於臻攝、梗攝處說明，此處略之。古體詩部分，除獨用韻例外，尚與宕、咸兩攝混用；但皆僅有一例，可見深攝與宕、咸兩攝混用的韻例並非古體詩用韻通轉的常例。

　　1、深、宕兩攝混用

　　深、宕兩攝的混用現象為「侵陽混用」一類，僅出現一次，為清道光時期臺灣府詩人許廷崙的用韻現象，《詩韻集成》和《古今韻略》下注中皆不見兩韻通轉之注；今以方音音讀來看，侵韻「心深」文、白讀音皆為／－im／，陽韻「王」押／－ɔŋ／，上述三韻字的韻尾為發音部位相近的鼻音韻尾，主要元音一為舌尖前高元陰，一為舌尖後中元音，以語感而言，難以混用。故此例或為出韻現象。

　　2、深、咸兩攝混用

　　深、咸兩攝的混用現象，有「侵鹽混用」、「侵咸混用」兩種，皆為清咸同時期臺南詩人施瓊芳的用韻現象；《詩韻集成》和《古今韻略》皆未以侵、陽兩韻古可相通，也未以侵、咸兩韻相通，故深咸攝混用現象並非古體詩用韻通轉的常例。再由方音音讀觀之，侵韻「斟深」押／－im／，鹽韻「砭」

押／－iam／，咸韻「鑱」押／－am／，鹽、咸兩韻因主要元音和韻尾相同而可混用，但與侵韻「斟深」兩字僅韻尾相同，主要元音不同，故「侵鹽」、「侵咸」兩者皆疑以韻尾相同而誤用，可視為出韻現象。

（九）咸攝一

表 4.2.8　清領時期臺灣本土文人「咸攝」韻部混用表

中古韻攝	詩韻韻部	近 體 詩		古 體 詩	
		韻 腳	分部區域	韻 腳	分部區域
咸	覃‖鹽 近 2 古 0	南酣耽諳龕楠蠶邯驂擔三‖廉甜鶼檐嚴沾淹添蒹蟾淹拈髯	道咸同／噶1、南1		
咸	覃‖咸 近 3 古 0	柑籃藍簪曇含頷參諳三甘酣談龕覃潭堪貪憨南‖函岩帆芟緘	乾嘉／鳳1 道咸同／竹1 光緒／彰1		
咸	鹽‖咸 近 1 古 0	占尖纖廉添嫌兼‖鹹	道咸同／臺一南1		
咸	艶‖琰 近 0 古 1			劍店厭墊蟾念‖餤	道／彰1

咸攝字包含了《詩韻集成》覃、鹽、咸三韻，由表 4.2.8 觀察咸攝字用韻情況，近體詩部分，皆為同攝混用，出現了「覃鹽混用」2 例、「覃咸混用」1 例，試帖詩中則有「鹽咸混用」1 例，古體詩部分，咸攝與山、深兩攝有混用現象外，皆已在山攝、深攝處論述，此處不再贅述。此外，尚有同攝異調的鹽韻上、去聲字混用的「琰艶混用」現象 1 例。

1、同攝混用

清領時期臺灣本土文人古典詩作中，計出現 3 種同攝混用現象，計 4 例，分別出現在近體詩作、試帖詩中，未見於古體詩。《詩》、《古》中皆以覃、鹽、咸三韻古可相通，而以方音文、白讀來看，三韻皆押／－am／，以主要元音和韻尾相通而可混用。

2、同攝異調混用

咸攝的同攝異調現象僅 1 例，爲鹽韻上、去聲字混用的「琰艷混用」現象，出現在道光時期彰化縣陳肇興五言古詩〈詠懷之四〉中，韻字「劍店厭墊幨念」爲鹽韻去聲的艷韻字，「燄」爲鹽韻上聲的琰韻字，中古喻母咸攝開口三等字，爲一次濁上聲字，今與艷韻字混用，應是詩人語感中受同義字艷韻「焰」字影響而誤讀爲去聲字，而可和上述的艷韻字混用相押。又就韻書的記錄來看，「燄」字在《廣韻》、《詩韻集成》中僅收有一上聲音讀，但《集韻》、《韻會》中除上聲音讀外，皆另收有一「以贍切，音艷」的去聲音讀，可見「燄」字讀如去聲雖非常例，但也有前例可循，而詩人此處鹽韻上、去聲字的混用現象既有可能是韻字誤讀而致，也可能是存古因素，保留了方音文讀層的影響。

第三節 清領時期臺灣本土文人詩歌用韻入聲韻混用綜論

（一）通攝入聲韻一

表 4.3.1 清領時期臺灣本土文人「通攝入聲韻」韻部混用表

中古韻攝	詩韻韻部	近體詩		古體詩	
		韻腳	分部區域	韻腳	分部區域
通	屋‖沃 近3古17	（宿／獨沐木幅恧福谷‖綠／曲足辱束綠玉局）	道咸同／南3	屋六谷目復腹覆菊掬族竹沐麓瀆讀獨宿福幅蝠暴肉軸速逐哭蔌禿祿錄穆陸肅矗‖綠曲俗玉欲束酷辱蓐贖續足燭觸局	乾／臺1 道／淡竹－鄭4、淡竹－林3、彰1、府1 咸／臺－南4 光／府－南3
通 江	屋‖覺 近1古2	讀‖樂	道咸同／淡北1	菊屋撲‖樂嶽角駁覺鷟濁卓倬握朔犖擢	道／彰1 光／澎1
通 江	沃‖覺 近0古3			欲粟觸篤玉足俗錄辱踼屬釀曲毒‖數嶽角	道／彰1 咸同／臺－南1 光／澎1
通 通 江	屋‖沃‖覺 近0古5			（屋木谷撲逐肉速軸瀆啄哭伏縠粥目速獨竹矗竺鏃／觫／腹）‖（促綠粟足贖玉鵠俗／觸／曲）‖（覺霻樂濁學斷駁摧鷟琢邈邈犖擢卓數／嶽／幄）	道／彰1 咸同／臺－南3、諸嘉1

中古韻攝	詩韻韻部	近 體 詩		古 體 詩	
		韻 腳	分部區域	韻 腳	分部區域
通 宕	屋‖藥 近 0 古 8			木六軸歜哭伏漉逐麓族僕‖廓惡鵲鴃鶴縛薄礴弱著攫橐鼉蠖樂鑠削約酌塈作莫錯諤鍔泊粕拓酢廓若諾各絡略落雒託嚤霍薶柝	乾／臺 1 道／彰 1 咸同／臺－南 4 光／府－南 2
通 宕	沃‖藥 近 0 古 1			毒‖虐鑰弱	光／府－南 1
通 通 宕	屋‖沃‖藥 近 0 古 3			（沐福麓復熟／屋逐熟）‖（浴曲／玉足促辱）‖（惡樂卻郭落礴橐塈瘼錯閣廓作魄諤鑿諾著／酌藥）	道／彰 1；咸／臺－南 2
通 江 宕	屋‖覺‖藥 近 0 古 1			屋熟牧谷‖躍‖塈	道／淡北－林 1
通 通 江 宕	屋‖沃‖覺‖藥 近 0 古 1			服扑菊伏族復鵬福瀆屋獨‖鵠足獄玉辱告‖齷濁殼‖閣樂	道／彰 1
通 江 臻	屋‖覺‖物 近 0 古 1			哭福‖角‖尉	咸／臺－南 1
通 通 臻	屋‖沃‖物 近 0 古 1			澳瀑礴‖沃‖屈鬱	道光／淡竹－林 1
通 通 臻	屋‖沃‖質 近 0 古 1			屋宿谷‖綠‖日	乾／臺－南 1
通 通 臻 宕	屋‖沃‖物‖藥 近 0 古 1			屋逐澳掬熟牧谷礴瀑歜木宿啄竹塾速蓄穆‖沃浴玉足俗辱‖鬱屈‖塈躍	道光／淡竹－林 1

通攝入聲字包含了《詩韻集成》屋、沃兩韻部，《詩韻集成》、《古今韻略》皆以屋、沃、覺三韻相通；今由表 4.3.1 來看，通攝入聲字的混用現象，除同攝的「屋沃混用」和通、江兩攝的「屋覺混用」、「沃覺混用」、「屋沃覺混用」爲《詩》、《古》的混韻常例外，也分別與宕、臻兩攝有混用現象：

1、同攝混用

僅「屋沃混用」一種，近、古體詩共計 20 例，《詩》、《古》皆以屋、沃兩韻古可相通，故此爲古體詩用韻常例，但近體詩中出現此韻例，應是受韻書文讀層影響而致。再就閩語文讀音來看，屋韻「沐木惡屋六谷目復腹覆菊掬族竹麓瀆讀獨宿福幅蝠暴肉軸速逐哭薪禿祿錄穆陸肅矗」文讀音皆爲／－ɔk

／，沃韻「綠曲足束玉局俗欲酷辱蓐贖續燭觸」等字文讀音皆爲／－ɔk／，以主要元音、韻尾皆相同而可混用。

2、通、江兩攝混用

計「屋覺混用」、「沃覺混用」、「屋沃覺混用」三種混用現象，《詩》、《古》皆以屋、沃、覺三韻古可相通，故皆爲古體詩用韻常例，但近體中亦出現 1 例「屋覺混用」，應是受韻書文讀層影響而致。今就閩語文讀音來看，「屋覺混用」中，屋韻字文讀音皆爲／－ɔk／，覺韻字「覺嶽角擢」文讀音爲／－ak／、「樂駮驚濁卓倬握朔犖」爲／－ɔk／，上述韻字以主要元音相近、韻尾相同而可混用。「沃覺混用」中，沃韻字文讀音皆爲／－ɔk／，覺韻字「數」爲／－ɔk／，「嶽角」文讀音爲／－ak／，以主要元音／a／、／ɔ／相近、韻尾皆相同而可混用。「屋沃覺混用」中，除「嶽覺攉學」文讀音爲／－ak／，其他屋、沃、覺韻字的文讀音皆爲／－ɔk／，故屋、沃、覺此處以主要元音／a／、／ɔ／相近、韻尾皆相同而可混用。

3、通、宕兩攝混用

計「屋藥混用」、「沃藥混用」、「屋沃藥混用」三種混用現象，「屋藥混用」的韻段計有 7 個爲通、宕兩攝的混韻類型；由韻書來看，《詩韻集成》和《古今韻略》皆以藥古通覺、覺古通藥轉屋，注解內皆未言明屋、藥兩韻或沃、藥兩韻古可混用，但由「覺古通藥轉屋」的注解來看，屋、覺、藥三韻的主要元音和韻尾在文讀層中應是相近或相同的關係，而成爲詩人屋、藥兩韻混用的一個依據。另就閩語讀音來看，屋韻字的文、白讀音皆收／－ɔk／，藥韻諸字的文讀音皆讀／－ɔk／，白讀部分，除「攫」讀／－ak／，「廓惡鵲薄弱鶴著鵝躍壑」皆讀／－ɔk／，上述韻字以主要元音、韻尾相同與屋韻字混用；綜上所述，「屋藥混用」現象雖非古體詩用韻通轉的常例，但卻因方音文讀音的主要元音、韻尾相同，而成爲韻部混用現象的常例。「沃藥混用」僅 1 例，沃韻「毒」、藥韻「虐鑰弱」等字文讀音皆爲／－ɔk／，以主要元音、韻尾相同而可混用。「屋沃藥混用」共計 3 例，屋、沃韻文讀音皆爲／－ɔk／，藥韻「惡樂卻郭落礴橐壑瘧錯閣廓作魄諤鑿諾著酌藥」字文讀音爲／－ɔk／，三韻以主要元音、韻尾相同而可混用。

4、通、臻兩攝混用

計「屋沃物混用」、「屋沃質混用」兩種混韻現象，皆僅出現過 1 次。「屋

沃物混用」出現在道光時期淡水廳竹塹西門詩人林占梅〈題徐碧岩桃溪自在圖〉中，《詩》和《古》皆以屋、沃相通、物韻古通質，並無屋、沃、物三韻可通轉之注解，也不見物韻可與屋韻或沃韻通轉的注解，故此混韻現象並非古體詩通轉的常例；再由方音來看，韻字「澳瀑碡」為屋韻字，「沃」為沃韻字，文白兩讀皆讀／－ɔk／，「鬱屈」為物韻字，文讀音押／－ut／韻尾、白讀音為／－iɔk／；綜上所述，「屋沃物混用」應是詩人以物韻白讀音／－iɔk／和屋、沃韻文讀音／－ɔk／以主要元音和韻尾相同而可混用。

　　「屋沃質混用」僅 1 例，見於乾嘉時期臺南詩人的古體詩中，《詩》、《古》皆以屋、沃相通，並無屋、沃、質三韻可通轉之注解，也不見質韻可與屋韻或沃韻通轉的注解，故此混韻現象並非古體詩通轉的常例；再由方音來看，屋韻「屋宿谷」、沃韻「綠」字文讀音皆為／－ɔk／，「日」為物韻字，文白讀音為／－it／，主要元音、韻尾皆不相同，以方音語感而言，應無法混用；綜上所述，詩人以質韻「日」字和屋、沃韻字混用，應是韻字誤用而致。

5、通、江、宕三攝混用

　　「屋覺藥混用」和「屋沃覺藥混用」皆為通、江、宕三攝入聲字混用的韻段，皆只出現在清道光時期淡水廳竹塹詩人林占梅的古體詩作中，《詩》和《古》皆以藥古通覺、覺古通藥轉屋、沃古通屋，但無屋、覺、藥古可通用或屋、沃、覺、藥四韻古可通用的相關說明，故兩者皆非古體詩韻部混用的常例。以方音來看，屋、沃、藥三韻字的文、白讀音皆讀／－ɔk／，覺韻字「躍齷濁殼」文讀音為／－ɔk／，「齷殼」白讀音／－ak／，「躍濁」白讀音／－ɔk／；屋、沃、覺、藥四韻的文讀音以主要元音、韻尾相同而可混用；故「屋覺藥混用」、「屋沃覺藥混用」皆為受韻書文讀層影響所產生的混韻現象。

6、通、江、臻三攝混用

　　「屋覺物混用」為通、江、臻三攝入聲字混用的用韻現象，《詩》和《古》皆以屋、覺古可混用，但無屋、覺、物三韻可混用之注，故此韻例並非古體詩韻部混用的常例；今由方音觀之，屋韻「哭福」押／－ɔk／、覺韻「角」押／－ak／、物韻「尉」押／－ut／，三者主要元音並不相同，韻尾也有／－t／、／－k／之分，詩人以物韻和屋、覺兩韻混用，有可能是覺韻「角」字主要元音／a／受韻尾／k／影響而後移為／ɤ／，讀為／－ɤk／，因而上述四個韻字的主要元音／－ɔ／、／ɤ／、／－u／皆為後元音，韻尾／－t／、／－k／則可能已弱化為喉塞音／－ʔ／，詩人即以前述四韻字的主要元音相近、韻尾相同而混用。

7、通、臻、宕三攝混用

僅「屋沃物藥混用」一種混韻現象，出於道光時期淡水廳竹塹西門詩人林占梅〈題徐碧岩桃溪自在圖〉中，韻字「屋逐澳掬熟牧谷磚瀑籔木宿啄竹塾速蓄穆」為屋韻字，「沃浴玉足俗辱」為沃韻字，「壑躍」為物韻字，「鬱屈」為藥韻字。《詩》、《古》皆無屋、物、藥三韻可通轉之注解，故詩人此韻例不符合古體詩通轉規範。再由方音來看，此韻例所用的屋、沃、藥韻字，文讀音皆為／－ɔk／，物韻「屈」字的文讀音押／－ut／、白讀音為／－iɔk／；綜上所述，此例係作者以物韻白讀音／－iɔk／與屋、沃、藥三韻文讀音／－ɔk／有相同的主要元音和韻尾而混用。

（二）江攝

表 4.3.2　清領時期臺灣本土文人「江攝入聲韻」韻部混用表

中古韻攝	詩韻韻部	近 體 詩		古 體 詩	
		韻 腳	分部區域	韻 腳	分部區域
江 宕	覺‖藥 近 0 古 3			覺卓數‖作落雀託腳卻爆約涸渥樂虐若度	道／臺－南 3

江攝入聲字僅含《詩韻集成》覺韻，除與通攝有混用現象，已於通攝處論述分析外，今由表 4.3.2 觀察江攝入聲字的用韻情形，在清領時期臺灣本土文人的近體詩中，皆為獨用，古體詩部分則獨用外，僅與宕攝有韻字混用現象，即「覺藥混用」，計 3 例，皆出於道光時期臺南詩人施瓊芳之作，在《詩韻集成》和《古今韻略》下，皆以覺藥古可相通，故此例為古體詩用韻通轉的常例。再就方音來看，覺、藥兩韻文讀音皆為／－ɔk／，以主要元音、韻尾相同而混用。

（三）臻攝一

表4.3.3　清領時期臺灣本土文人「臻攝入聲韻」韻部混用表

中古韻攝	詩韻韻部	近體詩		古體詩	
		韻腳	分部區域	韻腳	分部區域
臻	質‖物 近0古2			（室／一）‖（鬱／屈物）	咸同／臺-南2
臻 山	質‖月 近0古3			（日／一怵／蟀）‖（月／揘／沒骨）	咸同／臺-南1
臻 山	質‖屑 近0古2			出日栗室膝蓽蟀失疾叱慄窋漆瑟‖颮姞‖絕折	道／淡竹-林1 光／府-南1
臻 臻 山	質‖物‖月 近0古2			出‖佛物‖沒	道／臺-南1 咸同／臺-南1
臻 山 山	物‖月‖屑 近0古1			物‖骨‖拙絕血說節折	咸同／臺-南1
臻 臻 山 山 山	質‖物‖月‖曷‖屑 近0古2			匹室畢疾日述率筆出失術膝‖物拂‖窟發卒骨髮勃‖活脫闊‖說潔絕傑缺結訣	咸同／臺-南2
臻 臻 山 山	質‖物‖月‖屑 近0古1			橘術詰疾失吉‖物‖骨‖傑梟血屑結訣絕	咸同／臺-南2
臻 臻 山 山	質‖物‖曷‖屑 近0古1			一實日溢畢‖乞拂佛‖拔喝‖節雪裂熱跌列悅	咸同／臺-南1
臻 曾	質‖職 近1古9	筆一術室實‖德息力	道咸同／淡北1	（崒質乙筆術日匹失疾述率蟋出畢室吉律悉叱佚實膝漆栗／一）‖（職識臆德則測惻側息黑唧飾刻惑蟋力墨惡塞匿色食蝕得必極賊國／鯽棘）	道／淡竹-林2、彰1 咸同／臺-南5 光緒／彰1
臻 臻 曾	質‖物‖職 近0古1			室出質失漆筆拾一‖佛‖識刻棘唧色墨食	咸同／臺-南1
臻 梗	質‖陌 近0古3			筆七畢室櫛一橘瑟蚰膝悉‖劇釋跡碩	道／淡竹-林2 咸同／臺-南1
臻 梗	質‖錫 近1古1	滴‖蜜	道咸同／竹1	吉‖壁	道／臺-南1
臻 臻 梗	質‖物‖陌 近0古1			失‖物‖夕	道／淡-竹1

中古韻攝	詩韻韻部	近體詩		古體詩	
		韻　腳	分部區域	韻　腳	分部區域
臻深	質‖緝 近0古1			筆‖澀	道/淡竹－鄭1
臻宕	物‖藥 近0古1			屈‖雀腳	咸同/淡北1
臻臻山山山山梗	質‖物‖月‖曷‖黠‖屑‖錫 近0古1			疾匹吉室日轟出失畢瑟潚栗漆實卒膝慄櫛‖物勿‖月發碣突鶻卒惚窟沒襪闕‖末骨髮褐抹闊渴喝活聒豁奪拔闥妲達‖殺‖切血滅裂轍悅拙穴結咽雪折列說決絕別‖析哲缺	道/彰1
臻臻山山梗	質‖物‖月‖屑‖錫 近0古1			漆一怵質‖物鬱‖歇月‖桀拙說結別屑‖缺	咸同/臺－南1
臻臻山曾	質‖物‖月‖職 近0古3			一室出質失漆拾筆‖佛‖骨‖識刻棘側色墨食	咸同/臺－南3
臻梗曾	質‖陌‖職 近0古1			七逸室桎日術虱疾失密出膝匹秩乙瑟筆述‖膈‖逼惻息直飾墨唧抑匿得戾極刻域	道/淡竹－林1
臻梗曾	質‖錫‖職 近0古2			瑟實質慄膝出‖靂績‖側翼色唧力植食逼息	乾/鳳1 道/淡竹－林1
臻梗梗曾	質‖陌‖錫‖職 近0古1			曜珀癖‖石籍尺液逆伯惜璧釋魄嘖‖擊績滴歷‖墨軾息特側色得食賊職	咸同/臺－南1
臻深咸咸咸	質‖緝‖合‖葉‖洽 近0古1			日膝逸出筆拾嫉室率慄失‖及立什襲‖答榻楫葉‖狹	道/淡竹－林1
臻山梗曾	質‖月‖陌‖職 近0古1			質‖月‖陌‖職	康/諸1 咸同/臺－南1 光/府－南1
臻山梗梗曾	質‖月‖陌‖錫‖職 近0古1			疾律率澤適昔籍隔策尺‖窟‖厄客跡脈石白百逆‖錫績狄櫪‖宅得極側德植洫憶	咸同/臺－南1

中古韻攝	詩韻韻部	近體詩		古體詩	
		韻 腳	分部區域	韻 腳	分部區域
臻曾深	質‖月‖職‖緝 近0古1			質一述匹律室畢出卒〔註16〕‖國塞北德墨域側息色‖十笈級	咸同／臺－南1
臻梗曾深	質‖陌‖職‖緝 近0古2			拾室膝溢筆窒日術疾實匹悉泅述出密室一質漆‖迫璧‖識職亟極域賊剋力食蝕色洫塞刻息得德國億即則側惻測北抑式‖立急入習泣及岌邑吸粒輯十	道／臺－南1 光／府－南1
臻臻梗梗曾深	質‖物‖陌‖錫‖職‖緝 近0古1			一匹室膝‖屹‖白畫責扼劇適脈席癖百惜格革策澤跡石驛赤籍辟嘖昔關繹帛貊擲尺奭積拍舶幘翮奕客役伯冊舄益碩蹟夕獲隙額戟‖笛勖黴璧鷁錫狄晢歷績戚‖息國特式得側力宅域勒識職賊亟墨色翼食黑織刻則敕克億憶稷仄蟓極德植‖什立	康／諸1 咸同／臺－南1 光／府－南1
臻曾深咸咸咸	質‖職‖緝‖合‖葉‖洽 近0古1			出蟊拾‖食‖十溼集及入‖答‖葉‖怯	道／臺－南1

　　臻攝入聲字包含了《詩韻集成》質、物兩韻，除與通攝有混用現象，已於通攝處論述分析外，今由表4.3.3觀察臻攝入聲字在清臺灣本土文人古、近體詩中的相關用韻現象，除古體詩有同攝混用現象外，臻攝字尚與山、梗、曾、深、咸、宕六攝間有著複雜交錯的韻部混用現象，兩攝混用的情形有「臻深」、「臻山」、「臻梗」、「臻曾」、「臻宕」等五種，三攝混用的情形有「臻山梗」、「臻山曾」、「臻梗曾」、「臻深咸」、「臻曾深」等五種，四攝混用的情形有「臻山梗曾」、「臻梗曾深」、「臻曾深咸」等三種混用的情形，以下分別論述之：

1、同攝混用

　　同攝混用的情形僅「質物混用」一種，計2例，皆出於咸同時期臺南詩

〔註16〕「卒」在《詩》中質、月兩韻兼收。

人施士洁的詩作。《詩》、《古》皆以質、物古可相通，故此例符合古體詩用韻通轉的範圍。再就閩語文讀音來看，質韻「室一」字文讀音為／－it／，白讀音另有／－et／、／－ik／，物韻「鬱屈物」字文讀音為／－ut／，「物」字白讀音為／－iʔ／，「屈鬱」字白讀音為／－iɔk／，而可能在詩人語感中「屈物」兩字／－iɔk／的主要元音／－ɔ／受韻尾／－k／弱化影響，讀如／－iɔʔ／，但／ɔ／和／ʔ／又因發音部位相近而變而失落，最後讀為／－iʔ／，質韻「室一」兩字也因／－t／韻尾弱化而讀如／－iʔ／，因而上述韻字以主要元音、韻尾相同而可混用；綜上所述，由物韻出現兩組白讀／－iʔ／、／－iɔk／可看出，物韻的入聲韻尾有弱化傾向，且正處在音變過程中。

2、臻、山兩攝混用

臻、山兩攝混用的韻例有「質月混用」、「質屑混用」、「質物月混用」、「物月屑混用」、「質物月屑混用」、「質物月曷屑混用」、「質物曷屑混用」七種，皆是今臺南地區一帶的用韻現象，僅「質屑混用」一例尚見於道咸同淡水廳竹塹地區。

「質屑混用」出現在道光時期淡水廳竹塹西門詩人林占梅中，韻字「出日栗室膝蕐蜶失疾叱慄窣漆瑟」為質韻字，「颰」為屑韻字；在《詩》的古韻通轉分類中，兩韻不可通用，但在《古》的古韻通轉系統下，則歸為可通用之屬。因林占梅為淡水廳竹塹西門人，祖籍為福建同安人，由泉州音和閩語文讀音觀察此韻例，質韻「叱瑟室膝出蕐蜶失窣漆日栗疾慄」韻調文讀為／－it7／，白讀為／－at7／；屑韻「颰」文讀為／－iat8／，白讀為／－eʔ7／；屑韻字白讀和質韻文讀音以主要元音、韻尾相同而可混用。由此看來，「質屑混用」現象乃詩人體現質、屑兩韻語感相近的時音，而捨《詩》從《古》的混韻現象，這也顯示出泉州音的陰入聲和陽入聲字漸漸混同。

「質月混用」、「質物月混用」，《詩》、《古》皆以質、物、月古可相通，故皆符合古韻通轉範圍；今就閩語文讀音來看，質韻字文讀皆為／－it／，白讀為／－at／；月韻字「月」文讀為／－uat／、「撮沒骨」文讀為／－ut／；物韻字「佛物」為／－ut／，白讀分別為／－uʔ／、／－iʔ／，三韻文、白讀在主要元音上並不一致，僅韻尾相同為／－t／，詩人或因此而混用。

「物月屑」、「質物月屑」、「質物月曷屑混用」、「質物曷屑混用」皆非《詩》、《古》古體通轉範圍，故此例應也是詩人方音入韻而致；今由閩語文讀音來看，質韻字文讀皆為／－it／，白讀為／－at／；物韻字文讀為／－ut／；月

韻字「月發髮」文讀爲／－uat／、「搰沒骨窟卒勃」文讀爲／－ut／；屑韻「血節折潔傑結梟屑裂熱跌列悅」文讀爲／－iat／，白讀爲／－eʔ／、「拙絕說缺訣雪」文讀爲／－uat／；曷韻「喝」文讀爲／－iat／、「拔活脫闊」文讀爲／－uat／；「物月屑混用」的韻段中，詩人依照語感先選用文讀爲／－at／的屑韻字「拙絕血說節」，再依序選用了文讀皆爲／－ut／的物韻「物」字、屑韻「折」字、月韻「骨」字，故實際混用的「物折骨」三字以主要元音、韻尾相同而混用。但「質物月屑」、「質物月曷屑混用」、「質物曷屑混用」三個韻段中的／－it／、／－at／、／－ut／文、白讀音排列並非如同「物月屑混用」的韻段一樣井然有序，可能是詩人因韻尾相同而混用了。

3、臻、曾兩攝混用

臻、曾兩攝混用的韻例計有「質職混用」、「質物職混用」兩種，出現在今臺南、彰化縣、新竹一帶。「質職混用」計 10 次，出現在道咸同時期的臺灣縣今臺南一帶、淡水廳竹塹、彰化縣等地區，《詩韻集成》和《古今韻略》皆不以質、職兩韻古可相通，可見此混韻現象並非古體詩用韻通轉的常例，但就閩語文讀音來看，質韻「崒質乙筆術日匹失疾述率蝨出畢室吉律悉叱佚實膝漆栗一」文讀音皆爲／－it／，職韻字文讀音皆爲／－ik／，白讀音部分則分爲四群「識臆德則測惻側息黑唧飾刻惑蜮墨匿色極賊棘」爲／－ak／或／－iak／，「惡國」爲／－ɔk／，「得職食蝕」爲／－it／，「息力塞必鯽」爲／－it／、／－at／、／－iak／兼具；綜上所述，詩人應皆是以文讀音入韻，兩韻文讀音以主要元音相同而混用，韻尾部分則可能反映出文讀音的／－t／、／－k／受白讀音影響而弱化混讀爲／－k／或喉塞韻尾／－ʔ／。

4、臻、梗兩攝混用

臻、梗兩攝混用有「質陌混用」、「質物陌混用」、「質錫混用」三種韻例，共計 6 個，分別出現在道咸同時期的臺南及淡水廳竹塹地區；《詩》以「陌古通月」、「錫古通職緝」、「質古通質緝轉物韻」，不見質、陌兩韻和質、錫兩韻古可相通之注，而《古》有「質通物月曷黠屑」、「陌通錫職」、「錫古通職緝」等注，亦未以質、陌或質、錫相通，說明了「質陌混用」、「質錫混用」並非古體詩通轉的常例；質、陌、錫三韻的音讀間應有著主要元音或韻尾相近的關係，因質韻字文讀音爲／－it／，「室櫛瑟膝」白讀爲／－iak／、「橘吉」爲／－iat／；物韻字「物」文讀爲／－ut／，白讀爲／－iʔ／，陌韻「劇釋跡碩夕」文讀爲／－ik／或／－iak／，「劇」白讀音爲／－iɔk／，錫韻字「壁」文

讀爲／－ik／或／－iak／，白讀爲／－iak／或／－iã／；綜上所述，故知「質陌混用」、「質錫混用」皆以文讀音／－it／、／－ik／主要元音相同、韻尾或受白讀音影響弱化爲混讀爲／－k／或喉塞韻尾／－ʔ／而可混用。「質物陌混用」則應是詩人以物韻白讀／－iʔ／和質、陌兩韻文讀／－it／、／－ik／以主要元音相同、韻尾或受白讀音影響弱化爲／ʔ／而可混用；顯示出今臺南、新竹一帶詩人的語感中，入聲韻尾／－t／、／－k／可能已漸漸混讀爲／－k／或／ʔ／。

5、臻、宕兩攝混用

臻、宕兩攝混用僅「物藥混用」一例，出現在道咸同時期淡水廳地區；《詩》、《古》皆未以物、藥相通，說明了「物藥混用」並非古體詩通轉的常例；今由閩語文讀音來看，物韻「屈」文讀音爲／－ut／，白讀音爲／－iok／，藥韻字「雀腳」文讀爲／－iɔk／，白讀爲／－ia／或／－a／；綜上所述，故知「物藥混用」乃以藥韻文讀音和物韻白讀音／－iɔk／以主要元音相同、韻尾相同而混用；爲詩人方音入韻的現象。

6、臻、深兩攝混用

臻、深兩攝混用僅「質緝混用」一例，出現在道咸同時期淡水廳竹塹地區；《詩》以質、緝古可相通，《古》則無此說，故此例較符合《詩》的古韻通轉系統，可見兩韻在韻書文讀層的韻讀可能相近；今由閩語文讀音來看，質韻「筆」文、白讀音爲／－it／，緝韻字「澀」文讀爲／－ip／，白讀爲／－iap／；綜上所述，故知「質緝混用」乃以質韻文讀音／－it／和緝韻文讀音／－ip／以主要元音相同、韻尾／p／、／t／受白讀音影響弱化混讀爲／t／或／k／或／ʔ／而可混用。

7、臻、山、梗三攝混用

「質物月屑錫混用」、「質物月曷點屑錫混用」爲臻山梗三攝混用的用韻現象，各出現一次，分別爲出現在道咸同時期的今臺南、彰化縣一帶。

「質物月曷點屑錫混用」爲道光時期彰化縣詩人陳肇興〈自許厝寮避賊至集集內山次少陵北征韻〉中；《詩》下，質韻注有「古通職緝轉物韻」，又有「錫韻古通職緝」、「月韻古通點屑葉轉曷韻」等注，故以《詩》的古韻通轉系統觀察此韻例，質物錫三韻可通用，月曷點屑四韻可通用，但卻形成各自通用的詩人出韻現象；若由《古》的古詩通轉系統觀察此韻例，則有「質

韻通物月曷黠屑」之注說明「質物月曷黠屑」混用可成立，但卻不見錫韻可與其他六韻通轉的依據；由此可見，《古》的古韻通轉系統與杜甫古體詩用韻情況較爲相近，映證了陳新雄先生於〈詩韻的通轉〉文中「今人作古詩，用韻寬者多從吳氏，用韻嚴者多從邵氏」〔註17〕之說，細究其因，乃邵長蘅據杜甫、韓愈古風及漢魏六朝古詩用韻情況後，依陽聲收／－m／、／－n／、／－ŋ／，入聲收／－p／、／－t／、／－k／的語音系統區別歸類後，得出《古》的古詩通轉系統，而較《詩》的系統更貼近此韻例的押韻現象；但兩韻書的古韻通轉系統皆不能說明「質物月曷黠屑錫混用」現象。

　　再就方音入韻的可能性來看，因詩的押韻音節都含有相同的韻基，而此韻例爲陳肇興次杜甫五古長詩〈北征〉之作，故從嚴來看不能以清道光彰化縣陳肇興的方音爲據，而應依杜甫的里籍背景和用韻習慣觀察此韻例：依據《廣韻》切語和閩語文讀音來看，質韻字「吉室日韠出失畢瑟潷栗漆實卒膝日慄櫛匹疾」文讀爲／－it／；物韻「勿物」文讀爲／－ut／；月韻「惚窟沒骨卒鶻突碣」文讀爲／－ut／、「月發髮闕襪」文讀爲／－uat／；曷韻「奪末拔抹活闊聒豁褐妲闥達渴喝」文讀爲／－iat／或／－uat／；黠韻「殺」文讀爲／－ut／；屑韻「切血滅裂轍穴結咽折列烈別哲拙悅說缺決絕雪」文讀爲／－iat／或／－uat／；錫韻「析」文讀爲／－ik／或／－iak／。綜上所述，除錫韻「析」讀／－ik／，其他六韻的韻字皆以／t／爲韻尾，主要元音則爲／－i／或／－u／或／－a／。綜合前人對杜甫〈北征〉用韻研究來看〔註18〕，該詩依詩意可分爲四大韻段，除此混用韻段外的每一韻段間皆以／－t／尾爲據，主要元音有／－i／、／－u／、／－a／三種，並未形成規律性的韻字排列，而是夾雜在該韻段間；本混用韻段基本上與另外三韻段相同，但又夾雜讀／－ik／的「析」字，有兩個猜測：一爲「析」字韻尾已與／－t／尾合流，二爲杜甫不知「析」字收／－k／尾，而從析字聲符「斤」字收／－it／韻尾。故此混用現象爲詩人以韻尾相同，但主要元音不同而混用。

　　「質物月屑錫混用」爲道咸同時期臺南詩人施士洁的混用現象，和「質

〔註17〕見陳新雄〈詩韻的通轉〉，《木鐸》，第 11 期，1987.02。文中所謂「吳氏」，即指吳棫通轉三例下的古詩韻部分類，《詩韻集成》各韻下注之通轉，全依此而定；「邵氏」則指清邵長蘅修訂吳棫通轉三例後，於《古今韻略》各韻下注之通轉。

〔註18〕見何大安譯〈杜甫北征詩的用韻〉，《幼獅月刊》，41 卷，1 期，1975.01。張夢機〈杜甫北征與韓愈南山詩的比較〉，《學粹》，17 卷，2 期，1975.06。

物月曷黠屑錫混用」相同，皆不完全符合《詩》、《古》的古韻通轉範圍。而由閩語讀音來看，詩人以質韻「漆一怵質」文讀爲／－it／；物韻「物鬱」文讀爲／－ut／；月韻「歇月」文讀爲／－at／；屑韻「桀拙說結別屑」文讀爲／－iat／或／－uat／；「缺」字《詩》、《古》未收，僅見於《集韻》：「屌闃切」，應爲錫韻字，文讀爲／－ik／或／－iak／，但因「缺」少見，疑詩人誤從聲旁「夬」而讀同屑韻「缺決」，因而以韻尾相同、主要元音不同而混用上述韻字。

8、臻、山、曾三攝混用

僅「質物月職混用」一種，計出現 3 次，皆爲道咸同時期今臺南地區詩人施士洁的混用現象，皆不完全符合《詩》、《古》的古韻通轉範圍。而由閩語讀音來看，詩人以質韻「一室出質失漆拾筆」文讀爲／－it／；物韻「佛」文讀爲／－ut／；月韻「骨」文讀爲／－ut／；職韻字「識刻棘側色墨食」文讀音皆爲／－ik／，「食」白讀音爲／－it／、「識刻棘側色墨」爲／－iak／；細查韻字排列內容，文讀音爲／－ut／的「骨」、「佛」兩字並未連用，而是夾處在文讀爲／－it／的質韻和文讀爲／－ik／的職韻字間，詩人上述韻字相押，應是韻尾／t／、／k／可能已混同爲／k／或／ʔ／，而以韻尾相同、主要元音多爲／－i／的混用現象。

9、臻、梗、曾三攝混用

「質陌職混用」、「質錫職混用」、「質陌錫職混用」爲臻、梗、曾三攝字混用的韻例，各出現過一次，分別出現在淡水廳竹塹地區和今臺南一帶。《詩》下，有「職古通質」、「錫古通職緝」「陌古通月」、「錫古通職緝」、「質古通質緝轉物韻」、「錫古通職緝」等注解，說明質職兩韻在古韻通用範圍內，但無陌、錫韻與質、職兩韻可通轉之注解；《古》下，有「質通物月曷黠屑」、「陌通錫職」、「職通質」等注，亦未以質、陌或質、錫相通，說明了「質陌混用」、「質錫混用」並非古體詩通轉的常例。今由韻書文讀層及閩語讀音來看，質韻字「七逸室桎日術虱疾失密出膝匹秩乙瑟筆述暱珀癖」文讀音爲／－it／；陌韻「膈石籍尺液逆伯惜璧釋魄嘖」文讀爲／－ik／或／－iak／；錫韻字「靂績擊滴歷」文讀爲／－ik／或／－iak／，白讀爲／－iak／或／－iã／；職韻字「逼惻息直飾墨唧抑匿得仄極刻域」文讀音皆爲／－ik／，白讀音爲／－ak／或／－it／，「息力塞必卿」爲／－it／、／－at／、／－iak／。

綜上所述，「質陌職混用」、「質錫職混用」、「質陌錫職混用」皆以主要元音為／－i－／、韻尾／－t／、／－k／可能已混同為／－k／或／－ʔ／而可相押。

10、臻、曾、深三攝混用

僅「質職緝混用」一種，發生在今臺南地區一帶；《詩》有「質古通質緝轉物韻」、「職古通質」等注解，《古》有「質通物月曷黠屑」、「陌通錫職」、「職通質」等注，皆未以質、職、緝三韻相通，說明了「質職緝混用」並非古體詩通轉的常例，但其韻書文讀層應有相近關係。

今由韻書文讀層及閩語讀音來看，質韻「質一述匹律室畢出」文讀音為／－it／，白讀為／－at／；職韻字「國塞北德墨域側息色」文讀音皆為／－ik／，白讀音為／－ak／或／－it／；緝韻字「十笈級」文讀為／－ip／，白讀為／－iap／；綜上所述，詩人以上述韻字混用，應是韻尾／－t／、／－k／、／－p／可能已受白讀音影響而弱化混讀喉塞韻尾／－ʔ／，而以文讀音的主要元音、韻尾相同而混用。

11、臻、深、咸三攝混用

臻、深、咸三攝混用的現象僅有「質緝合葉洽混用」一種，也僅見於清道光時期淡水廳竹塹詩人林占梅的詩作中；《詩韻集成》下，有「緝通質」、「質古通質緝轉物韻」等注，又因覃鹽咸混用，平賅上去入之故，合、葉、洽三韻在古韻通用範圍內，但卻無質緝兩韻可與合葉洽三韻通用的注解，故此押韻現象不符合《詩韻集成》的古韻通轉系統；再就《古今韻略》的通轉系統來看，下注有「質通物月曷黠屑」、「緝通合葉洽」等注，說明了在其古韻通轉系統中，緝合葉洽四韻可通用，但不見質韻與其它四韻可通轉之注解；但由此五韻的交纏關係來看，「質緝合葉洽」五韻在作者語感裡應已十分接近。

今由韻書文讀層及閩語讀音來看，質韻「日膝逸出筆拾嫉室率慄失」文讀音為／－it／；緝韻「及立什襲」文讀音為／－ip／或／－iap／，合韻「答榻」文讀音為／－ip／或／－iap／，葉韻「楫葉」文讀音為／－ip／或／－iap／，洽韻「狹」文讀音為／－ip／或／－iap／；綜上所述，僅質韻文讀為／－it／，緝、合、葉、洽四韻的文讀音皆為／－ip／或／－iap／，故詩人以上述韻字混用，應是韻尾／－t／、／－p／可能已受白讀音影響而弱化混讀為／－t／或／－k／或喉塞韻尾／－ʔ／，因而上述韻字以文讀音的主要元音相同、韻尾相同而可混用。

12、臻、山、梗、曾四攝混用

計有「質月陌職混用」、「質月陌錫職混用」兩種，共 4 例，皆發生在今臺南地區一帶；《詩》有「質古通質緝轉物韻」、「陌古通月」、「職古通質」、「錫古通職緝」等注解，《古》有「質通物月曷黠屑」、「陌通錫職」、「職通質」等注，皆未以質、月、陌、錫、職五韻相通，說明了「質月陌職混用」、「質月陌錫職混用」並非古體詩通轉的常例，但由《古》說可知，這五韻在韻書文讀層部分應有相近的關係。

今由韻書文讀層及閩語讀音來看，質韻「質疾律率澤適昔籍隔策尺」文讀音為／－it／，白讀為／－at／；月韻字「月窟」文讀為／－uat／、／－ut／；陌韻「陌厄客跡脈石白百逆」文讀為／－ik／或／－iak／；錫韻字「錫績狄櫪」文讀為／－ik／或／－iak／，白讀為／－iak／或／－iã／；職韻字「職宅得極側德植洫憶」文讀音皆為／－ik／，白讀音為／－ak／或／－it／；以主要元音來看，除讀／－u－／的「月窟」外，其他韻字皆以／－i－／為主要元音，韻尾則有／－t／、／－k／兩類，詩人以上述韻字混用，應是韻尾／－t／、／－k／可能已受白讀音影響而弱化混讀為或／－k／或喉塞韻尾／－ʔ／，上述韻字以韻尾相同，主要元音以／－i－／為主，少數為／－u－／而混用。

13、臻、梗、曾、深四攝混用

計「質陌職緝混用」、「質物陌錫職緝混用」兩種，發生在今臺南地區一帶；《詩》有「質古通質緝轉物韻」、「陌古通月」、「職古通質」、「錫古通職緝」等注解，《古》有「質通物月曷黠屑」、「陌通錫職」、「職通質」等注，說明質職兩韻在古韻通用範圍內，但皆未以質、職、緝三韻相通，說明了「質陌職緝混用」、「質物陌錫職緝混用」並非古體詩通轉的常例，但其韻書文讀層應有相近關係。

今由韻書文讀層及閩語讀音來看，質韻字文讀音為／－it／，白讀為／－at／；物韻字「屹」為／－ut／，白讀為／－iʔ／；陌韻字文讀為／－ik／或／－iak／；錫韻字文讀為／－ik／或／－iak／，白讀為／－iak／或／－iã／；職韻字文讀音皆為／－ik／，白讀音為／－ak／或／－it／；緝韻字文讀為／－ip／，白讀為／－iap／。綜上所述，「質陌職緝混用」中，質、陌、職、緝四韻文讀音的主要元音皆為／－i－／，韻尾則有／－p／、／－t／、／－k／之別，詩人以上述韻字混用，應是韻尾／－p／、／－t／、／－k／可能已受白讀音影響而弱化混讀喉塞韻尾／－ʔ／，而以文讀音的主要元音、韻尾相同而混用。

同理，「質物陌錫職緝混用」則應是詩人以物韻白讀和其他五韻的文讀混用，主要元音皆為／－i－／，韻尾／－p／、／－t／、／－k／已受白讀音影響而弱化混讀喉塞韻尾／－ʔ／，而以文讀音的主要元音、韻尾相同而混用。

14、臻、曾、深、咸四攝混用

僅「質職緝合葉洽混用」一種，發生在今臺南地區一帶；前文已分別在「臻、曾兩攝混用」和「臻、深、咸三攝混用」的段落中說明了「質職混用」和「質緝合葉洽混用」的關係，綜上所述，《詩》、《古》中皆未以質、職、緝、合、葉、洽六韻相通，說明了「質職緝合葉洽混用」並非古體詩通轉的常例，但其韻書文讀層存在著相近的關係。

再由韻書文讀層及閩語讀音來看，質韻字「出崒拾」文讀音為／－it／，白讀為／－at／；職韻字「食」文讀音皆為／－ik／，白讀音為／－it／；緝韻字「十溼集及入」文讀為／－ip／，白讀為／－iap／；合韻「答」文讀音為／－ip／或／－iap／，葉韻「葉」文讀音為／－ip／或／－iap／，洽韻「怯」文讀音為／－ip／或／－iap／；綜上所述，僅質、職兩韻文讀為／－it／，緝、合、葉、洽四韻的文讀音皆為／－ip／或／－iap／，故詩人以上述韻字混用，應是韻尾／－t／、／－p／可能已受白讀音影響而弱化混讀為／－t／或／－k／或喉塞韻尾／－ʔ／，因而上述韻字以文讀音的主要元音相同、韻尾相同而可混用。

（四）山攝—

表 4.3.4　清領時期臺灣本土文人「山攝入聲韻」韻部混用表

中古韻攝	詩韻韻部	近體詩		古體詩	
		韻腳	分部區域	韻腳	分部區域
山	月‖屑 近4古9	（窟／月／闕）‖（滅／鐵雪／襪哲）	光緒／彰2、南1	沒月闕骨歇發‖血說穴襪哲發雪絕列熱瞥節	康／諸1 乾／臺1 道／淡竹－鄭2 咸同／臺－南3 光緒／府－南1、澎1
山	月‖曷‖屑 近0古3			（髮闕勃／筏）‖（拔括／達）‖（絕屑裂悅轍／血抉穴）	道／臺－南1 咸同／臺－南2

中古韻攝	詩韻韻部	近體詩		古體詩	
		韻　腳	分部區域	韻　腳	分部區域
山	月∥曷∥黠∥屑 近0古1			發∥活闊∥八∥ 欸	光緒／府－南1
山	曷∥屑 近0古1			活末∥咽絕	康／諸1
山	曷∥黠∥屑 近0古1			活∥殺∥說別折 穴絕	道／彰1
山 曾	月∥職 近0古1			闕∥域	乾／鳳1
山 咸	曷∥洽 近0古1			拔∥法業	道／淡－竹1
山 梗	月∥陌 近0古1			竭越窟∥積惜夕 脈百宅白	道／淡竹－林 1、府1
山 梗 梗 曾 深	月∥陌∥錫 ∥職∥緝 近0古1			越窟∥癖役伯陌 跡適隔夕擇舶炙 隙惜擲策冊百宅 白脈席璧羃客∥ 敵歷∥極得力息 ∥集	道／淡竹－林1

山攝入聲字包含了《詩韻集成》月、曷、黠、屑四個韻部,除與臻攝有混用現象,已於臻攝處論述分析外,今由表 4.3.4 觀察山攝入聲韻部的混用情形,除「月屑」、「月曷屑」、「月曷黠屑」、「曷屑」、「曷黠屑」五種同攝字的混用現象外,山攝各與梗、曾、咸三攝有韻字混用的現象,此外,也有山、梗、深、咸四攝混用的用韻現象,以下分別論述之:

1、同攝混用

計有「月屑混用」、「月曷屑混用」、「月曷黠屑混用」、「曷屑混用」、「曷黠屑混用」五種,由分布區域來看,以「月屑混用」發生的區域和時代最廣,可見「月屑混用」已是清領時期臺灣本土文人的用韻常例,其他四種混用現象多半發生在今臺南一帶,彰化縣僅 1 次。《詩》有「月韻古通黠屑葉轉曷韻」之注,《古》則有「質韻通物月曷黠屑」之注;故上述五種混韻現象皆符合古體詩用韻通轉的範圍,因詩的押韻音節都含有相同的韻基,也顯見此五韻就韻書文讀層而言,存在著韻讀相近的關係。

今由韻書文讀層及閩語音讀來看,月韻「沒月闕骨歇發髮勃筏」文讀為

／－ut／、／－uat／；曷韻「活末拔括達闊」文讀爲／－iat／或／－uat／；黠韻「殺八」文讀爲／－uat／；屑韻「缺血說穴襪哲發雪絕列熱瞥節屑裂悅轍抉咽」文讀爲／－iat／或／－uat／；上述韻字都有著相同的主要元音和韻尾，故「月屑混用」、「月曷屑混用」、「月曷黠屑混用」、「曷屑混用」、「曷黠屑混用」就詩人而言，皆爲發乎自然的用韻現象，也是遵從《詩》、《古》之注的古體詩用韻常例。

2、山、梗兩攝混用

山、梗兩攝混用的韻例僅見「月陌混用」一種，《詩》陌韻下注有「古通月韻」，但《古》中，陌韻並不與月韻相通，可見「月陌混用」現象應是詩人捨《古》從《詩》的古體詩用韻常例；可見兩韻的韻書文讀層應有相似關係。再就韻字的文讀音和閩語方音來看，陌韻「積惜夕脈百宅白」文讀爲／－ik／或／－iak／；月韻「竭窟越」文讀爲／－ut／，白讀爲／－et／或／－eʔ／；詩人此處應是以月韻白讀和陌韻文讀混用，因／－i／、／－e／爲相近的中、高元音，韻尾／－k／、／－t／在詩人語感中可能已混同讀爲／－ʔ／，故上述韻字以主要元音相近、韻尾混同而可相押。

3、山、曾兩攝混用

山、曾兩攝混用的韻例僅見「月職混用」一種，《詩》、《古》中皆未以月、職古可相通，故此例應是詩人方音入韻而致。今就韻字的文讀音和閩語方音來看，職韻「域」文讀音皆爲／－ik／，白讀音爲／－it／；月韻「闕」文讀爲文讀爲／－uat／，白讀爲／－eʔ／；詩人此處應是以月韻白讀和職韻白讀混用，因／－i／、／－e／爲相近的中、高元音，韻尾皆爲／t／，故上述韻字以主要元音相近、韻尾相同而混用。

4、山、咸兩攝混用

山、曾兩攝混用的韻例僅見「曷洽混用」一種，《詩》、《古》中皆未以曷、洽古可相通，故此例應是詩人方音入韻而致。今就韻字的文讀音和閩語方音來看，曷韻「拔」文讀爲／－iat／或／－uat／；洽韻「法業」文讀音爲／－ip／或／－iap／；詩人此處應是以文讀音混用，因主要元音相同、韻尾／－t／、／－p／可能已受白讀音影響而弱化混讀爲／－t／或／－k／或喉塞韻尾／－ʔ／，因而上述韻字以文讀音的主要元音相同、韻尾相同而可混用。

5、山、梗、曾、深四攝混用

僅見「月陌錫職緝混用」一種，發生在今淡水廳竹塹地區；《詩》有「陌古通月」、「職古通質」、「錫古通職緝」等注解，《古》有「陌通錫職」、「職通質」等注，雖皆未以月、陌、錫、職、緝五韻相通，說明了「月陌錫職緝混用」並非古體詩通轉的常例，但其韻書文讀層應有相近關係。

今由韻書文讀層及閩語讀音來看，月韻「越窟」文讀為／－ut／；陌韻字「癖役伯陌跡適隔夕擇舶炙隙惜擲策冊百宅白脈席壁羃客」文讀為／－ik／或／－iak／；錫韻字「敵歷」文讀為／－ik／或／－iak／，白讀為／－iak／或／－iã／；職韻字「極得力息」文讀音皆為／－ik／，白讀音為／－ak／或／－it／；緝韻字「集」文讀為／－ip／。綜上所述，月韻除外的錫、陌、職、緝四韻文讀音的主要元音皆為／－i－／，韻尾則有／－p／、／－t／、／－k／之別，詩人以上述韻字混用，應是韻尾／－p／、／－t／、／－k／可能已受白讀音影響而弱化混讀喉塞韻尾／－ʔ／，而以文讀音的韻尾相同、主要元音／－i－／、／－u－／不同，但以／－i－／為主流而混用。

（五）宕攝一

表 4.3.5　清領時期臺灣本土文人「宕攝入聲韻」韻部混用表

中古韻攝	詩韻韻部	近　體　詩		古　體　詩	
		韻　腳	分部區域	韻　腳	分部區域
宕　山	藥‖月 近 0 古 1			樂約‖月	道／淡竹－林 1

《詩韻集成》中的宕攝入聲字僅藥韻一部，除與通、江、臻、山攝有混用現象，已於通、江、臻、山等四攝處論述分析外，今由表 4.4.4 觀察宕攝入聲韻部的混用情形，近體詩部分除獨用之外，有與江攝覺韻混用的情形，已於江攝處說明，此處不再贅敘。古體詩部分，除獨用之外，藥韻有與江攝覺韻、山攝月韻各自混用的現象，前者「覺藥混用」現象已於江攝一節中論述，此處僅就宕、山兩攝間的「藥月混用」現象論述說明之。

「藥月混用」的韻例，僅有一個，出現在道光時期淡水廳竹塹西門詩人林占梅〈秋遊隙溪飲草亭作〉中，韻字「月」為月韻字，「樂約」為藥韻字。《詩》和《古》皆以藥韻「古通覺」、月韻「古通屑葉洽轉曷」，不見月、藥

兩韻古可通轉之注，故「藥月混用」並非古體詩用韻通轉的常例。另就方音
入韻的可能性來看，「月」字文白兩讀皆爲／－uat／，白讀爲／eʔ／，「樂約」
兩字的文白兩讀皆爲／－ɔk／，詩人此處應是以月字白讀音／ueʔ／和「樂約」
文讀音混用，而「樂約」的韻尾／－k／已弱化爲／－ʔ／，／－ɔʔ／，三個韻
字以韻尾相同、主要元音／－ɔ－／、／－e／爲性質相近的中元音而可混用；
由此可知，「藥月混用」應是竹塹詩人林占梅自身方音語感的影響而致。

（六）梗攝一

表 4.3.6　清領時期臺灣本土文人「梗攝入聲韻」韻部混用表

中古韻攝	詩韻韻部	近體詩		古體詩	
		韻腳	分部區域	韻腳	分部區域
梗	陌‖錫 近1古7	碧‖荻	道咸同／彰1	（赫／戟斥夕謫適霹碧隔癖客額宅窄射百陌迫積蹐瘠獲易益擲跡尺隙擇澤釋劇畫惜）‖（績／笛滴鷁壁歷）	道／淡竹－鄭1、淡竹－林2、臺－南2 咸同／臺－南1 光緒／府－南1
梗曾	陌‖職 近0古29			客宅窄碧尺夕益擇適迫百白伯陌魄石嘖蹟積惜魄革策謫劇炙赫脊跡闢獲綌惜冊擲澤易‖力式北色匿食飾蝕臆墨得則惻測側賊識職織剋德逼唧抑刻息憶惡直國惑淢域	道／淡竹－鄭2、淡竹－林淡竹－林3、彰5、臺－南2、府1 咸同／噶1、臺－南16；光緒／澎1
梗曾	錫‖職 近0古4			（靂／滌寂壁／激）‖（賊得／勒側色刻／惑黑）	咸同／臺－南4
梗梗曾	陌‖錫‖職 近0古16			易厄麥席帛冪戟積革赤嚇惜隙策夕宅客夃窄格魄隔碧石尺積嘖昔逆適迫白伯柏魄跡癖僻闢隔翮脈液役獲釋澤懌壁擘益籍摘劇啞‖寂析覓擊敵靂歷礫檄荻逖激溺壁‖力賊色得息墨北逼黑蜮惻德唧棘敵賊食翼特極式職識刻飾蟘	道／淡竹－鄭2、淡竹－林3、、彰4、臺－南1 咸同／臺－南6
梗深	錫‖緝 近0古1			荻‖立習	咸同／臺－南1
梗曾深	陌‖職‖緝 近0古2			（惜／客白宅席魄益嘖）‖（力／識得色）‖（汲／立）	咸同／臺－南2

中古韻攝	詩韻韻部	近　體　詩		古　體　詩	
		韻腳	分部區域	韻　腳	分部區域
梗　梗　曾　深	陌‖錫‖職‖緝　近 0 古 2			（擲策冊／惜）‖（敵／擊）‖（力得／測匿國飾息刻忒臆色默屴逼則戾）‖（集／急）	道／淡竹－鄭1、淡竹－林1

梗攝入聲字包含了《詩韻集成》陌、錫兩韻；除與臻、山、宕攝有混用現象，已於臻、山、宕等三攝處論述分析外，今由表 4.3.6 觀察梗攝入聲韻部的混用情形，近體詩部分，陌韻除獨用韻段，也與同攝的錫韻字有混用現象；錫韻於清領時期臺灣本土文人近體詩中未見獨用的韻段，但實有「滴」「荻」兩錫韻字分別與質、陌兩韻混用；整體觀之，錫韻獨用僅兩次，與陌韻混用次數總計高達 26 次，可見陌錫兩韻在清領時期臺灣本土文人的語感中實已混同不分。古體詩部分，除陌、錫兩韻的同攝混用情形外，梗攝也和曾、深兩攝有韻部混用的現象，以下將分別論述之。

1、同攝混用

即「陌錫混用」，共計 8 例，分布區域以道咸同光時期的淡水廳竹塹地區及今臺南地區一帶為主，《詩》、《古》皆未以陌、錫兩韻古可混用，故此例應是詩人方音入韻或以通語為主的文讀層現象。今由韻書文讀層和閩語方音來看，陌韻「赫戟斥夕謫適幕碧隔癖客額宅窄射百陌迫積蹐瘠獲易益擲跡尺隙擇澤釋劇畫惜」文讀為／－ik／或／－iak／；錫韻「績笛滴鷁壁歷」文讀為／－ik／或／－iak／，兩韻以文、白兩讀的主要元音和韻尾都相同而可混用。

2、梗、曾兩攝混用

計有「陌職混用」、「錫職混用」、「陌錫職混用」三種，「陌職混用」，陌職混用的韻段共計 29 個，陌韻獨用的韻段為 60 個，職韻獨用的韻例為 33 個，兩韻混用的次數幾乎佔陌韻獨用次數的一半，也幾乎和職韻獨用的次數一樣多，再就韻字系聯的狀況來看，陌、職兩韻在清臺灣本土文人古體詩的韻部系統中幾乎可合併為一部。「錫職混用」的韻段共計 4 個，皆為咸同時期臺灣縣今臺南一帶詩人施瓊芳的用韻現象；「陌錫職混用」的韻段共計 16 個，為清道光時期的臺灣縣今臺南一帶、彰化縣、淡水廳竹塹等地詩人的用韻現象。因《詩》、《古》皆以陌、錫、職三韻古可相通，故為古體詩用韻通轉的常例。今由韻書文讀層及閩語讀音來看，陌韻字文讀皆為／－ik／或／－iak／；錫

韻字文讀爲／－ik／或／－iak／；職韻字文讀音皆爲／－ik／，白讀音爲／－ak／或／－it／；綜上所述，陌、錫、職三韻的白讀音有著相同的主要元音和韻尾而可混用。

3、梗、深兩攝混用

僅「錫緝」1 種，「陌職混用」，《詩》有「錫韻古通職緝」之註，《古》有「錫古通職緝」等注，皆以錫、緝古可相通，爲古體詩用韻通轉的常例。今由韻書文讀層及閩語讀音來看，錫韻字「荻」文讀爲／－ik／或／－iak／；緝韻字「立習」文讀爲／－ip／，白讀爲／－iap／；故錫、緝兩韻的文讀音有著相同的主要元音／－i／，韻尾則分別爲／－p／、／－k／，詩人以上述韻字混用，可能是韻尾／－p／、／－k／已受通語影響而弱化混讀喉塞韻尾／－ʔ／，而以文讀音的主要元音、韻尾相同而混用。

4、梗、曾、深三攝混用

計「陌職緝」、「陌錫職緝」2 種，前者共 2 例，皆出現在今臺南地區，後者共 2 例，皆出現在淡水廳竹塹地區；《詩》有「陌古通月」、「錫古通職緝」，《古》有「陌通錫職」等注解，可見陌、職、緝三韻雖未相通，但三韻的韻書文讀層間有相近關係，陌、錫、職、緝四韻亦同此理。

今由韻書文讀層及閩語讀音來看，陌韻「擲策冊惜」文讀爲／－ik／或／－iak／；錫韻字「敵擊」文讀爲／－ik／或／－iak／；職韻字「力得測匿國飾息刻忒臆色默昃逼則戻」文讀音皆爲／－ik／，白讀音爲／－ak／或／－it／；緝韻字「集急」文讀爲／－ip／，白讀爲／－iap／；故陌、錫、職、緝四韻的文讀音有著相同的主要元音／－i／，韻尾除緝韻爲／－p／之外，皆讀／－k／，詩人以上述韻字混用，可能是韻尾／－p／、／－k／已受通語影響而弱化混讀喉塞韻尾／－ʔ／，而以文讀音的主要元音、韻尾相同而混用。

（七）曾攝一

《詩韻集成》的曾攝入聲字僅職韻一部，《詩》和《古》皆以職韻古通質，在清領時期臺灣本土文人的近體詩部分，曾攝入聲字皆爲獨用，未見混韻現象；古體詩部分，曾攝入聲字除職韻獨用外，尚與臻、梗兩攝混用，已分別於臻、梗兩攝處說明，此處不再贅敘。

（八）深攝一

表 4.3.7 清領時期臺灣本土文人「深攝入聲韻」韻部混用表

中古韻攝	詩韻韻部	近 體 詩		古 體 詩	
		韻 腳	分部區域	韻 腳	分部區域
深 咸	緝‖合 近0古1			入揖急‖跲	道／淡竹－林1
深 咸	緝‖葉 近0古1			入楫‖鋏	咸同／臺－南1

深攝入聲字包含了《詩韻集成》緝韻，除與通、臻、山、宕、梗、曾攝有混用現象，已於通、臻、山、宕、梗、曾等六攝處論述分析外，今由表 4.3.7 觀察深攝入聲字在清領時期臺灣本土文人古、近體詩中的用韻現象，近體詩部分僅見緝韻獨用韻段，未見其他韻攝與其混用；古體詩部分，除獨用韻段外，尚與咸攝的合、葉兩韻分別混用。

「緝合混用」的韻例出現在道光時期淡水廳竹塹西門詩人林占梅〈客有自程鄉來……長歌哭之〉中，韻字「入揖急」為緝韻字、「跲」為合韻字；《詩韻集成》下，無兩韻可通轉的注解，故此押韻現象不符合《詩韻集成》的古韻通轉系統；再就《古今韻略》的通轉系統來看，下注有「緝通合葉洽」等注，說明「緝合混用」符合其古韻通轉系統。觀察其方音，「入揖急跲」文、白讀皆為／－ip／，以主要元音、韻尾皆相同而混用；故此詩應是詩人方音入韻而致。

「緝葉混用」的韻例出現在道咸同時期臺灣縣臺南詩人古體詩中，韻字「入」為緝韻字、「楫鋏」為葉韻字；《詩》、《古》皆無兩韻可通轉的注解，故此押韻現象並非古韻通轉的常例；觀察其方音，緝韻「入楫」字文、白讀皆為／－ip／，葉韻「鋏」文讀為／－iap／，白讀音為／－ɛʔ／，「入」、「楫」兩字以主要元音、韻尾皆相同而混用，「鋏」字韻尾與「入」、「楫」相同，主要元音不同，但以／i／為介音，詩人應是以此相近而致混用；也可能是「入」、「楫」、「鋏」三字韻尾皆弱化為／－ʔ／，「入」、「楫」因而讀為／－iʔ／，「鋏」則因／－a／受／－p／影響而鼻化為／ã／，讀為／－iãʔ／，／ã／和高元音／－i－／發音位置相近，故三個韻字以主要元音相近、韻尾相同而可混用。

（九）咸攝一

表 4.3.8 清領時期臺灣本土文人「咸攝入聲韻」韻部混用表

中古韻攝	詩韻韻部	近 體 詩		古 體 詩	
		韻腳	分部區域	韻 腳	分部區域
咸	葉‖洽 近0古2			（葉／俠頰）‖ （劫／歃）	咸同／臺－南2
咸	合‖葉‖洽 近0古1			雜合臘納榻‖葉 ‖狎	咸同／臺－南1

　　深攝入聲字包含了《詩韻集成》緝韻，今由表 4.3.7 觀察深攝入聲字在清領時期臺灣本土文人古、近體詩中的用韻現象，近體詩部分僅見緝韻獨用韻段，未見其他韻攝與其混用；古體詩部分，除獨用韻段外，尚與咸攝的合、葉兩韻分別混用。

　　「緝合混用」的韻例出現在道光時期淡水廳竹塹西門詩人林占梅〈客有自程鄉來……長歌哭之〉中，韻字「入揖急」爲緝韻字、「趿」爲合韻字；《詩》無兩韻可通轉的注解，故此押韻現象不符合《詩》的古韻通轉系統；再就《古》的通轉系統來看，下注有「緝通合葉洽」等注，說明「緝合混用」符合其古韻通轉系統。觀察其文讀層及閩語讀音，「入揖急趿」文、白讀皆爲／－ip／，以主要元音、韻尾皆相同而混用；故此詩應是詩人方音入韻而致。

　　「緝葉混用」的韻例出現在道咸同時期臺灣縣臺南詩人古體詩中，韻字「入楫」爲緝韻字、「鋏」爲葉韻字；《詩》無兩韻可通轉的注解，但《古》以緝、葉兩韻古可通用，故此押韻現象應可視爲古韻通轉的常例；再觀察其方音，緝韻「入楫」字文、白讀皆爲／－ip／，葉韻「鋏」文讀爲／－iap／，白讀音爲／－eʔ／，「入」、「楫」兩字以文讀音主要元音、韻尾皆相同而混用，「鋏」字韻尾與「入」、「楫」相同，主要元音不同，但以／－i－／爲介音，詩人應是以此相近而致混用；也可能是「入」、「楫」、「鋏」三字韻尾皆弱化爲／－ʔ／，「入」、「楫」因而讀爲／－iʔ／，「鋏」則因／－a／受／－p／影響而鼻化爲／ã／，讀爲／－iãʔ／，／ã／和高元音／i／發音位置相近，故三個韻字以主要元音相近、韻尾相同而可混用。相較之下，深、咸兩攝的混用現象形成的可能性，以遵守《古》的古韻通轉系統而成立的可能性較高，方音入韻的可能性較低。

第四節　區域性用韻特色

綜觀本節清領時期臺灣本土文人近、古體詩歌陰聲韻的 159 種混韻現象後，各攝混用現象所呈現的用韻實貌，或反映出韻書文讀層的存古現象，或為詩人受時音影響而產生方音入韻的現象，極少數為聲符類化，誤用韻字而致，而閩方音的文、白讀音的確在清領時期臺灣本土文人的陰聲韻用韻現象中造成一定程度的影響。

就分布區域及時代來看，有的是不拘區域、時代的普遍性用韻，如「支微混用」、「魚虞混用」；有的是一時一地的個別性用韻，如「支麻混用」、「皓號混用」、「蕭嘯混用」；前者可視為閩方音在清領時期臺灣區域所發展出來的共同性特徵，清領時期臺灣本土文人除遵守《詩》、《古》的韻部通轉系統外，或許是文人自小接受以閩方音為媒介的童蒙教育，而在韻字選用上也呈現出「相押的韻字間存在著方音音讀具一致性的趨勢」，所謂的「一致性」，即透過清領時期臺灣本土文人古典詩作用韻現象所呈現出來的「方音內部間的一致性」〔註19〕。

至於一時一地之類的區域性用韻現象，則可視為閩方音在清領時期臺灣區域所發展出的區域性特色，如本文第一章緒論所述，臺灣地區在清領時期的 212 年間，因行政區域先南後北、先西而東的開發時間不一致，且移民身分複雜，閩粵客籍皆具，來臺後又各據一地等因素，促使臺灣地區含澎湖一帶的方音表現不一致，也造成文學發展步調的不一致，文人區域性的用韻特色也因之產生；就清領時期臺灣本土文人 159 種混韻現象的種類和數量而言，臺灣縣及臺灣府今臺南地區一帶因開墾發展較早，且為臺灣地區教育發展的起源點，陰聲韻各攝間所呈現出的區域性特色明顯比其他區域來得豐富而多樣，其次為竹塹、彰化縣地區；澎湖地區的開發雖早於清領時期臺灣本島地區，但因地屬離島，資源有限，且易遭海盜騷擾，故多數移民又在清領時期 212 年間分批移居至今臺南、高雄一帶，以致於整體性區域特色未如淡水廳竹塹地區、今臺南地區一帶和今彰化縣一帶來的豐富多樣。

〔註19〕筆者按：即李如龍《閩語研究》（1991）探討福建閩方言 18 個方言點的差異性、一致性後，將閩方言分為五個次方言區時所言：「……對其他方言來說，閩方言內部又確實存在著明顯的一致性。這種一致性正是閩方言的基本特點，亦是閩方言有別於其他方言如北方方言、吳方言、粵方言、客贛方言的主要標誌。」

　　為觀察清領時期臺灣本土文人古典詩歌用韻現象所反映出的整體性音韻現象，並觀察區域性因素對用韻現象所產生的影響，茲將前三節的混韻現象製表為「附錄三.清領時期臺灣本土文人區域性韻攝相混現象次數表」，並透過此表觀察混韻現象的區域性表現；下文先就 159 種混韻現象中，具「一致性」的普遍性用韻現象歸納說明，再繼續就區域性的因素，探討混韻現象所呈現出來的區域性特色。

　　清領時期臺灣本土文人 159 個混韻現象中，共有 20 種普遍性的混韻現象，其中包含「支微」、「支魚」、「支齊」、「支微齊」、「魚虞」、「蕭肴」、「蕭豪」、「豪歌」等 8 種存在於各區域間的陰聲韻混韻現象；「東多」、「眞元」、「文元」、「元先」、「寒刪」、「寒先」、「刪先」、「庚青」、「庚蒸」等 9 種陽聲韻的混韻現象；「月屑」、「陌職」、「陌職」3 種入聲韻的混韻現象，上述現象即為清領時期臺灣本土文人古典詩作入聲韻的用韻現象中「方音內部一致性」的表現。又可依是否符合《詩》、《古》等詩韻系韻書的古韻通轉系統區分為兩類：

　　1、符合《詩》、《古》等詩韻系韻書的古韻通轉系統：陰聲韻部分有「支微」、「魚虞」、「蕭肴」、「蕭豪」三種，分別為止、遇、效攝的同攝混用現象；陽聲韻部分有「東多」、「寒刪」、「庚青」三種，分別為通、山、梗攝的同攝混用現象；入聲韻部分有「月屑」、「陌職」兩種，共計八種符合《詩》、《古》等詩韻系韻書的古韻通轉系統的混韻現象，上述混韻現象本就可在歷代近、古體詩為詩人所用，並非單屬於閩方音的用韻特色，而就韻書文讀層而言，則是一通語性的存古表現；換言之，也可視為清領時期臺灣本土文人所呈現出的存古成份。

　　2、不符合《詩》、《古》等詩韻系韻書的古韻通轉系統：計五種混韻現象；陰聲韻部分計有 5 種，分別為「支魚混用」即止、遇攝的混用現象，「支齊」、「支微齊」為止、蟹攝的混用現象，「豪歌」則為效、果攝的混韻現象；陽聲韻部分為「眞元」、「文元」、「元先」、「寒先」、「刪先」等臻、山兩攝的混用現象，還有梗、曾兩攝的「庚蒸」混韻現象共計 6 種；入聲韻部分僅臻、曾兩攝的「質職混用」；上述這 12 種混韻現象可歸納為「止遇」、「止蟹」、「效果」、「臻山」、「梗曾」、「臻曾」這六類韻攝間的混韻現象，上述混韻現象廣泛且普遍性的出現於清領時期臺灣本土文人的近、古體詩歌中，卻並不符合《詩》、《古》等詩韻系韻書的古韻通轉系統的特色來看，應屬於詩人受方音入韻、韻書文讀層影響下所表現出的閩方音特色。

　　綜上所述，20種具一致性的混韻現象中，以韻攝角度來看，除了止、遇、效、通、山、梗攝的同攝混用現象外，計有止遇、止蟹、效果、臻梗攝入聲、臻山、梗曾等六類韻攝混用現象，但依其閩語讀音來看，則呈現出五種閩語方音的特色：

1、「支魚混用」即止、遇攝的混用現象：遇攝字文讀音／－u／，今以白讀音／－i／和止攝文讀音／－i／混用，意謂著清領時期臺灣本土文人的語感中已開始對魚韻字的文、白讀音混看不清，因而普遍性的以魚韻白讀音入韻。

2、「支齊」、「支微齊」為止、蟹攝的混用現象：齊、微韻分別以白讀音／－i／、／－ĩ／和支韻字的文讀音／－i／混用。

3、「豪歌」則為效、果攝的混韻現象：豪韻字文讀音為／－au／，閩語白讀音則出現了／o／、／ə／兩讀，且清領時期臺灣本土文人習慣以此白讀音與果攝文讀音混用。

4、「真元」、「文元」等兩種臻、山兩攝的混用現象：臻攝文讀音為／－in／或／－un／，山攝字普遍為／－an／，但元韻有一／－un／的閩語白讀音，清領時期臺灣本土文人的元韻既有獨用，也與同攝的寒、刪、先等韻有混用現象，但也習慣以元韻／－un／的白讀音與臻攝的文讀音相押混用。

5、「質職混用」為臻、曾兩攝的混用現象，質韻文讀音為／－it／，職韻字為／－ik／，兩韻混用反映出閩語文讀音中，韻尾／－t／、／－k／受白讀音影響而弱化混讀為／－k／或喉塞韻尾／－ʔ／的時音面貌。

　　綜上所述，由清領時期臺灣本土文人詩歌中一致性的混韻現象中，共可歸結出四項閩方音白讀音特色，和唐宋以降至金元時間的近、古體詩用韻現象相較之下，清領時期臺灣本土文人古典詩歌用韻顯然有著較多具方音特色的一致性混韻現象，歷代古、近體詩中雖也有方音性的用韻表現，如「庚蒸混用」、「支魚混用」，但都僅是零星出現的一時一地個別性現象，但在清領時期臺灣地區，因本文第一章緒論中曾提及的政治、社會、書院教育發展、地方性詩社集會、科舉考試員額較少以致於遵守詩韻創作古典詩歌的動力減低等因素，促使清領時期臺灣本土文人在方音入韻的可能性上，顯現出比先前歷代更普遍性的多樣面貌。

　　但除了普遍性的用韻外，也因清領時期臺灣區域居民的來源複雜，除本島原住民外，尚有來自閩、粵、客等地的移民，在語言接觸的密度及頻率皆高於閩粵各省的狀況下，也較易產生方音性的區域變體，反映在文人詩歌用韻上，則有了較多區域性的混韻現象，但大致上仍是以通語性的文讀層讀音和閩語白讀音所產生的混韻現象居大多數。

　　在此需先說明，語言特質的空間擴散與社會階層及城鄉有關，因而臺灣區域的古典詩歌發展，雖受益於書院教育逐漸擴展，以《全臺詩》收錄的結果而言 212 年間計有 267 位本土文人的詩作得以流傳，但因臺灣尚屬開墾期，詩歌創作除特定區域的文人社群致力於長期創作外，多數詩人僅是零星創作，承如本文第一章「表 1.3 清代臺灣本土詩人的個人詩作數量表」的統計及討論，個人創作數量超過 100 首者，僅 14 人，再由本文第二、三章的討論可知，清領時期臺灣本土文人用韻現象的區域性特色，實與各地的文人集團的用韻表現關係匪淺，舉例來說，清領時期 212 年間淡水廳竹塹地區的近、古體詩作共計 3,548 首，其中，林占梅就佔了 2446 首，鄭用鑑、鄭用錫等七位鄭姓文人即合佔 881 首；可見本文在述及區域性用韻特色時，實與文人社群的用韻現象息息相關。

　　以下將依陰、陽、入聲韻三部分，並以詩人里籍所屬的行政區域作爲劃分，將清領時期臺灣本土文人的陰聲韻區域性特色分爲噶瑪蘭廳（今宜蘭一帶）、淡水廳北部（今新竹以北）、淡水廳竹塹地區（今新竹一帶）、彰化縣（今臺中、彰化一帶）、嘉義縣（今嘉義一帶）、臺灣府和臺灣縣（今臺南一帶）、鳳山縣（今高雄、屏東一帶）、澎湖廳（今澎湖一帶）等八個區域分區論述。針對清領時期臺灣本土文人混韻現象的區域性特色進行說明。

一、陰聲韻部分

　　今觀察清領時期臺灣本土文人陰聲韻部分的區域性特色，僅出現在特定區域的混韻現象觀察區域性混韻特色，因噶瑪蘭廳（今宜蘭一帶）、嘉義縣（今嘉義一帶）、鳳山縣（今高雄、屏東一帶）的陰聲韻混韻現象皆爲通語性的混韻現象，較無特殊性的區域特色，以下僅就其他五個區域分區論述之：

（一）淡水廳北部——今新竹以北

　　多爲通語性的混韻現象，僅有 1 個區域性的混韻現象，即止、遇兩攝的

「支魚虞」三韻上聲韻的混用現象，彰化地區另有一例支魚虞三韻的去聲韻混用現象，但淡北地區也僅此一個止、遇攝混用的韻例，應是地近噶瑪蘭廳，受該區虞韻字白讀爲／－i／的影響而和支、魚韻混用。

（二）淡水廳竹塹地區──今新竹一帶

除通語性的混用現象外，尚有四類僅發生在淡水廳竹塹地區的混韻現象：

1、止、遇兩攝混用的「支虞」、「微魚」：遇攝字文讀音／－u／，今以白讀音／－i／和止攝文讀音／－i／混用，意謂著詩人語感中遇攝字的文讀音已受白讀音影響而開始產生變化。而同樣具有止、遇攝混用的特色，淡竹地區別於淡北地區、彰化縣地區的特色爲微韻字不與虞韻字混用。

2、止、深攝混用：僅「支侵」一例，以文、白讀皆／－im／的侵韻和文、白讀皆／－i／的支韻字混用，意謂著侵韻字的／m／尾正弱化消失中。

3、蟹攝的同攝混用：計有「齊佳」、「霽泰」、「卦泰」等三種僅在淡竹地區發生的同攝混用現象，此外，尚有「佳灰」、「泰隊」兩種也曾發生在今臺南地區的現象，反映出淡竹地區文人已習慣以蟹攝字的白讀音入韻，意謂著在其語感中已有文、白不分的現象。

4、異調混用：有兩類，一類爲同攝間的上、去聲混用，分別爲遇攝「麌遇」、「皓號」、「有宥」、「哿陌」；另一類爲止攝上聲字「紙」韻和遇攝去聲字「遇」韻的異攝異調混用。皆反映出閩語白讀音的特色，「麌遇」、「皓號」、「有宥」、「紙遇」反映出臺灣地區閩方音中「陽上及陰去聲的古全濁及次濁聲母白讀字併入陽去調」的特色，「紙遇」同時也反映出遇攝字以白讀音／－i／和支韻字混用的特色，「哿陌」則反映出陌韻字因入聲韻尾／k／弱化而與哿韻字混用的閩方音特色。

（三）彰化縣──今臺中、彰化一帶

除通語性的混用現象外，尚有以下兩類個別性的混韻現象：

1、止、遇攝混用：計有「微魚」、「支微魚」、「支魚虞」、「支微魚虞」、「支微虞」等四種僅發生在彰化縣一帶，而未於其他區域出現的混韻現

象，但就整體止、遇攝混用的情形而言，除彰化地區外，淡竹、淡北地區也有止、遇攝的混用現象，但並不全面，易言之，即上述兩地的文人語感中仍能區分出部分止、遇攝韻字的文白異讀，但就彰化縣止、遇攝韻字間能任意混用的情形來看，該區文人語感中已無法區分止、遇攝的文白讀音了，也可說是彰化縣一帶的止、遇攝字存在著混同不分的白讀音。

2、蟹、假攝混用：在淡北、淡竹、臺南地區三地亦有蟹、假攝的混用現象，但與彰化地區不同；上述三地為「佳麻混用」，即文讀音為／－a／的蟹攝開口一等字與麻韻文讀音／－a／的混用；彰化地區為「灰麻混用」，即以中古來源為開口二等咍韻字，文讀音／－ai／的《詩》灰韻字與麻韻／－a／的混用。

（四）臺灣府、臺灣縣——今臺南一帶

除通語性的混用現象外，尚有以下兩類個別性的混韻現象：

1、止、假攝混用：「支麻混用」現象無前例可循，且僅為支韻個別韻字的方音表現，以支韻字「誰」字特有的白讀音／－ĩa／與文讀音／－a／的麻韻字混用，支韻字中目前僅有「誰、爾、徙、紙、羈」和從「奇」、「義」得聲的韻字有／－ĩa／的白讀音可和麻韻字混用。

2、異調混用：計有止攝上、去聲的「紙寘混用」和效攝平、去聲的「蕭嘯混用」兩種；但後者實因韻字聲旁類化而致。故僅「紙寘混用」一例為異調混用現象，如同淡竹地區發生的異調混用現象，為臺灣地區閩方音中「陽上及陰去聲的古全濁及次濁聲母白讀字併入陽去調」的特色。

（五）澎湖廳——今澎湖一帶

除通語性的混用現象外，僅有一種別於其他區域的混韻現象，即蟹攝齊韻上、去聲的「薺霽混用」；但也如同淡竹、彰化地區的異調混用現象，為臺灣地區閩方音中「陽上及陰去聲的古全濁及次濁聲母白讀字併入陽去調」的特色。

除了個別性的區域特色外，淡水廳竹塹地區、彰化縣地區、今臺南一帶等三地間，存在著一些混韻特色，或三地兼具，或為兩地兼具，但未在其他

區域出現過的混韻現象，上述混韻現象雖非普遍性特色，但亦非個別的區域性用韻現象，故應是在語言接觸過程中，或因移民來源相似的關係，而出現了一致性的混韻特色。

以下先就集中在淡水廳竹塹地區、臺南地區一帶，未見於其他區域的用韻特色進行說明：

1、止、蟹攝混用：即「支灰」、「微灰」：微、灰以文讀音相同而混用，顯見微、灰兩韻在詩人語感中，已漸混同不分；支灰混用的例子，則為「類思吹水使綺」等合口三等支韻字以／－ui／的文讀音和灰韻字混用，為典型性的方音入韻現象。值得一提的是，就止、蟹兩攝混用的整體現象來看，淡竹、臺南地區兩地雖僅有上述兩種混韻現象共同出現，但兩地皆另有兩種以上獨有的止、蟹攝混韻現象，差別則為淡竹一帶的止、蟹攝混用現象集中在平聲韻部分，仄聲部分僅有去聲韻部分的「賓霽泰隊」一個，臺南地區則是平、去聲皆有止、蟹攝的混韻現象。故止、蟹攝混用實為共存於淡竹、臺南地區的混用特色，但臺南地區的表現較為全面：亦即「蟹攝合口四等齊韻字、止攝合口三等支、微韻字的文讀音均為／－ui／，與蟹攝合口一等灰韻字、合口二等佳韻字的白讀音／－ui／相同而易混用」。

2、蟹攝的同攝混用：「佳灰」、「泰隊」兩種混韻現象就閩語文讀層和閩語讀音來看，有著較不一致的混用策略，或以文讀音皆有主要元音／－u／混押，或以白讀音和文讀音主要元音皆有／－u／混用，而在韻尾的表現上都不相同，故與其說是兩地文人以方音入韻，倒應是兩地文人遵守詩韻通轉規定而致。其他地區文人或因蟹攝韻部字少，韻字分部和語感不甚相合而少用蟹攝字。而就蟹攝字同攝混韻的整體表現來看，臺南地區僅此兩種混韻現象，淡竹地區則尚有「齊佳」、「霽泰」、「卦泰」同攝混用現象，可見，淡竹地區以白讀音入韻的程度較今臺南地區頻繁也較全面。

3、果、假攝混用：歌韻字白讀音在泉州腔、今新竹一帶讀、麻兩韻的白讀音／－e／，在漳州腔、今臺南、宜蘭一代讀為／－ue／，麻韻字白讀音為／－e／，因兩韻白讀音皆有／－e／的主要元音而混用，反映出閩語中果攝字白讀音已由／－ə／變讀為／－e／或／－ue／的特性。

　　集中在今臺南地區、彰化縣一帶，未見於其他區域的用韻特色僅「夔有」混韻現象，爲遇、流攝的混用現象，兩韻文讀音皆以／－ɔ／爲主要元音，由兩地詩人夔韻多非獨用的情況來看，應是字少，故兩地文人習慣以其文讀層的讀音和「有」韻在內的其他韻部混用。

　　綜上所述，清領時期臺灣本土文人陰聲韻的區域性特色，以淡竹、今臺南地區、彰化縣地區最爲發達，而淡竹地區與今臺南地區有著較多兩地共有的區域性混韻現象，即止、蟹兩攝混用、蟹攝間的同攝混用現象和「歌麻混用」這三類；此外，在淡竹、今臺南地區、澎湖廳皆有「陽上聲的古全濁及次濁聲母白讀字併入陽去調」的閩方音特色影響而致的異調混用現象，但並未在三個地區間重複出現，澎湖廳爲蟹攝齊韻的異調混用，今臺南地區爲支韻上、去聲的異調混用，淡竹地區則爲虞、豪、尤韻和「支虞混用」的異調混用現象；而由今臺南地區及澎湖廳僅各有一例異調混用，淡竹地區卻有四個韻例的情形來看，淡竹地區在閩語聲調變化的音變過程部分，發展得較其他地區快。

二、陽聲韻部分

　　綜觀本節清領時期臺灣本土文人近、古體詩歌陽聲韻的 50 種混韻現象後，陽聲韻各攝混用現象所呈現的用韻實貌，就分布區域及時代來看，計有「東多」、「眞元」、「文元」、「元先」、「寒刪」、「寒先」、「刪先」、「庚青」、「庚蒸」等 9 種存在於各區域間的普遍性混韻現象。

　　除了上述 3 種普遍性的混韻特色外，如陰聲韻的區域分佈一般，陽聲韻部分也有特定區域性的用韻特色，以下就僅出現在特定區域的混韻現象觀察區域性混韻特色，因噶瑪蘭廳（今宜蘭一帶）、嘉義縣（今嘉義一帶）、鳳山縣（今高雄、屏東一帶）的陰聲韻混韻現象皆爲通語性的混韻現象，較無特殊性的區域特色，以下僅就其他五個區域分區論述之：

（一）淡水廳竹塹地區——今新竹一帶

　　除通語性的混用現象外，尚有 3 種僅見於淡水廳竹塹地區的混韻現象：

　　1、山、咸兩攝混用：「元覃混用」並非《詩》、《古》古體詩用韻通轉的常例；以閩語文讀層的讀音相同爲／－an／而混用，爲通語性的方音文讀音入韻現象。在今臺南地區另有一種山、咸兩攝的「先覃混用」，且混用元音與此相同。

2、臻、梗攝混用：有「眞庚」、「軫梗迴」兩種，以閩語文讀音／－iŋ／
混用；爲通語性的方音文讀音入韻現象。

3、異調混用：皆爲同攝間的上、去聲混用，分別爲山攝「霰銑」、「霰銑
諫」和梗攝「梗敬徑」，與陰聲韻部分的表現相同，皆是「陽上聲的
古全濁及次濁聲母白讀字併入陽去調」的閩方音特色。

（二）彰化縣——今臺中、彰化一帶

除通語性的混用現象外，尚有以下 2 類個別性的混韻現象：

1、江、宕攝：僅「江陽混用」一種，爲江攝以存古性質的閩語白讀音／
－oŋ／與陽攝文讀音／－ɔŋ／的混用，意謂著彰化縣文人用韻在江韻
部分爲存古表現。

2、異調混用：皆爲同攝間的上、去聲混用，分別爲通攝的「送宋董」和
咸攝的「艷琰」；與淡竹地區發生的異調混用現象一樣爲「陽上聲的
古全濁及次濁聲母白讀字併入陽去調」的閩方音特色。

（三）嘉義縣——今嘉義一帶

多爲通語性的混韻現象，僅 1 個區域性的混韻現象，即通、宕攝的「冬
陽混用」現象，冬韻的白讀／－aŋ／和陽韻的文讀音相同，冬韻的文讀音／－
ɔŋ／則和陽韻的白讀相同；故冬、陽兩韻的文白讀關係可能在今嘉義一帶形成
相對性的對應關係。

（四）臺灣府、臺灣縣——今臺南一帶

除通語性的混用現象外，尚有以下 5 種個別性的混韻現象：

1、臻、山兩攝混同：眞先、文寒、眞文元、文元寒；此類臻、山兩攝混
同的現象以清領時期臺灣地區而言，爲方音入韻的表現，臻、山攝以
主要元音、韻尾相同的文讀音或白讀音相混，僅今臺南一帶區域有此
混用現象。

2、山、咸兩攝混用：「先覃混用」現象，淡竹地區的「元覃混用」現象
以外的唯一一種山、咸攝混用現象；亦非《詩》、《古》古體詩用韻通
轉的常例；以閩語文讀層的讀音相同爲／－an／而混用，爲方音入韻
的一種。

3、梗、宕攝混用：「庚陽混用」，爲方音入韻的表現，詩人以庚韻白讀音／－iaŋ／和陽韻文讀音混同／－aŋ／。

4、深、咸兩攝混用：「侵鹽」、「侵咸」，以文讀音來看，皆爲韻尾相同，主要元音不同的混用現象。

5、深攝與梗、宕兩攝間混用的現象：計有梗深攝混用「庚侵」、宕深攝混用「侵陽」2 種；深攝侵韻文讀音爲／－im／，庚、陽兩攝文讀音分別爲／－iŋ／、／－ioŋ／，因而這兩種僅出現在今臺南地區一帶的混韻現象即意謂著／m／、／ŋ／韻尾合流混同的時音，和其白讀音的表現一致。

（五）鳳山縣——今高雄、屏東一帶

除通語性的混用現象外，僅有通、梗兩攝混用的「冬庚混韻」現象：庚韻以白讀音／－ioŋ／和冬韻的文、白讀／－oŋ／混用，爲一方音入韻的現象，可見庚韻在鳳山縣一帶開始出現文白不分的現象。

此外，尚有明顯存在於淡水廳竹塹地區、彰化縣地區、今臺南一帶等三地間的混韻特色，或三地兼具，或爲兩地兼具的區域性特色，以下分別論述之：

集中在淡水廳竹塹地區、今臺南、彰化縣一帶等三個區域，而未見於其他區域的混韻特色進行說明，僅臻、深兩攝混韻的「眞侵混用」1 種，爲反映出通語文讀音和閩方音特色的一種混韻現象；眞韻文讀爲／－in／或／－un／，侵韻文白讀皆爲／－im／，以主要元音相同且韻尾相近皆屬鼻音韻尾而可混用，也可能體現出／－m／、／－n／兩韻尾在清領時期臺灣地區已有混同的時音現象。

集中在淡水廳竹塹地區、臺南地區一帶，未見於其他區域的用韻特色有：

1、通、江兩攝的「冬江混用」：不符合詩韻的通轉系統，爲江攝以存古性質的閩語白讀音／－oŋ／與通攝文讀音／－oŋ／的混用，在今臺南地區尚有「東冬江混用」一種，可見今臺南地區所代表的漳州腔在江攝部分的存古表現比淡竹地區來得廣泛。

2、通、宕兩攝的「東陽混用」：不符合詩韻的通轉系統，在淡竹一帶以東韻文讀音和陽韻白讀音有著相同的主要元音和韻尾而混用；在今臺南一帶則以陽韻白讀音／－iaŋ／和東韻白讀音／－aŋ／以主要元音、韻尾都相同而混用；換言之，今臺南、新竹一帶雖都有「東陽混

用」現象，但混用過程並不完全相同；換言之，東、陽韻的文白讀可能在淡竹、今臺南地區形成文白讀音相對性的對應關係。除淡竹、今臺南地區外，通、宕兩攝混用現象還有另一個只出現在今嘉義一帶的「冬陽混用」現象。

3、臻、山兩攝混用的「眞文」、「眞先」、「眞文元」、「文元寒」：其中，「眞先」爲先韻「顚」字受聲旁「眞」字類化而致混同；「眞文」、「眞文元」、「文元寒」皆因文韻的文讀層爲／－un／，白讀層讀有／－un／、／－an／而混同。

綜上所述，清領時期臺灣本土文人陽聲韻的區域性特色，與陰聲韻部分有著一致性的表現，亦以淡竹、今臺南地區、彰化縣地區最爲發達，而淡竹地區與今臺南地區有著較多兩地共有的區域性混韻現象，如臻、山兩攝混用，通宕攝混用；此外，在淡竹、彰化縣兩地皆有「陽上聲的古全濁及次濁聲母白讀字併入陽去調」的閩方音特色影響而致的異調混用現象，但並未在兩地間重複出現，彰化縣一帶爲通、咸攝的異調混用，淡竹地區則爲山、梗兩攝的異調混用現象。

三、入聲韻部分

綜觀本節清領時期臺灣本土文人近、古體詩歌入聲韻的 63 種混韻現象後，入聲韻各攝混用現象所呈現的用韻實貌，就分布區域及時代來看，計有「質職」、「月屑」、「陌職」3 種存在於各區域間的普遍性混韻現象，即爲清領時期臺灣本土文人古典詩作入聲韻的用韻現象中「方音內部一致性」的表現。而除了上述3種普遍性的混韻特色外，入聲韻部分的區域性用韻現象，如陰、陽聲韻部分的觀察，以混韻現象的種類和數量而言，臺灣縣及臺灣府今臺南地區一帶所呈現出的區域性特色明顯比其他區域來得豐富而多樣，其次爲竹塹地區；故下文將繼續就區域性的因素，探討入聲韻部的混韻現象所呈現出來的區域性特色，其中噶瑪蘭廳、嘉義縣（今嘉義一帶）、澎湖廳（今澎湖一帶）的入聲韻混韻現象皆爲通語性的混韻現象，較無特殊性的區域特色，以下分區介紹其區域性特色：

（一）淡水廳以北

除通語性的混用現象外，僅1種區域性的混韻現象：即臻、宕兩攝的「物

藥混用」，並非古體詩通轉的常例；以藥韻文讀音和物韻白讀音／－iɔk／混用，由此可見，物韻在此區域文人語感中已有文白不分的現象產生。而由物、藥兩韻的入聲韻尾由文讀音到白讀音的轉變：／－t／→／－k／、／－k／→／－∅／可知「物、藥兩韻的入聲韻尾正在弱化消失的過程中，且藥韻弱化消失的速度快於物韻」。

（二）淡水廳竹塹地區——今新竹一帶

除通語性的混用現象外，尚有 10 類僅見於淡水廳竹塹地區的混韻現象：

1、通、江、宕三攝混用：「屋覺藥混用」、「屋沃覺藥混用」皆爲受韻書文讀層影響所產生的混韻現象，以文讀音的主要元音、韻尾相同而可混用。

2、通、臻兩攝的「屋沃物混用」和通、臻、宕三攝的「屋沃物藥混用」皆非古體詩用韻通轉的常例；物韻以白讀音／－iɔk／和屋、沃、藥韻文讀音／－ɔk／混用，爲方音入韻現象，同時也意謂著淡竹地區文人習慣以物韻字的白讀音入韻，且在文人語感中，物韻已有文白讀音不分的現象。

3、臻、深兩攝混用：「質緝混用」除符合《詩》古韻通轉規定外，以兩韻文讀音／－it／、／－ip／混用的情形來看，意謂著質、緝兩韻的入聲韻尾／p／、／t／可能受白讀音影響已弱化爲／t／或／k／或／ʔ／。

4、臻、深、咸三攝混用：「質緝合葉洽混用」並非古體詩用韻通轉的常例；五韻因文讀音具有相同的主要元音和韻尾而混用，換言之，即質、緝、合、葉、洽等五韻的入聲韻尾／t／、／p／可能已受白讀音影響而弱化混讀爲／t／或／k／或喉塞韻尾／ʔ／。

5、梗、曾、深三攝混用：臺南、新竹皆有三攝混用現象，但並不相同，臺南爲「陌職緝」，新竹爲「陌錫職緝」

6、深、咸攝混用：臺南、新竹皆有，但並不相同，臺南爲「緝葉混用」，新竹爲「緝合混用」，爲遵守古韻通轉的混韻現象；也爲文讀層影響而致，以主要元音、韻尾相同而混用。

7、山、梗兩攝混用：「月陌混用」爲從《詩》的古體詩用韻常例；月韻以白讀和陌韻文讀混用，有兩個意義：一爲月陌兩韻的入聲韻尾／－

k／、／－t／在詩人語感中可能已混同讀為／ʔ／，一為臺南地區文人
已習慣以月韻白讀音入韻，而月韻字在文人語感中應已產生文白讀音
不分的現象。

8、山、梗、曾、深四攝混用：「月陌錫職緝混用」並非古體詩通轉的常
　例，以文讀音主要元音相同而混用，韻尾部分則顯示出五韻的入聲韻
　尾／p／、／t／、／k／可能已受白讀音影響而弱化混讀喉塞韻尾／ʔ
　／。

9、山、咸兩攝混用：「曷洽混用」並非古體詩通轉的常例，以文讀音混
　用，故意謂著曷、洽兩韻的入聲韻尾／t／、／p／可能已受白讀音影
　響而弱化混讀為／t／或／k／或喉塞韻尾／ʔ／。

10、山、宕兩攝混用：「藥月混用」並非古體詩用韻通轉的常例，月韻字
　以白讀音和陌韻文讀音混用，具有兩個意義：一為淡竹詩人習慣以月
　韻白讀字入韻，且月韻在文人語感中應已產生文白不分的現象；二為
　月、陌兩韻的入聲韻尾／t／、／k／已弱化為／ʔ／。

　　綜觀發生在山攝入聲韻的同、異攝混韻現象，在淡竹以外的其他區域間
多為普遍性的同攝混用現象，僅臺南區域有一山、梗攝間的「月陌混用」，為
孤例，唯獨淡水廳竹塹地區的山攝入聲韻出現和臻、曾、梗、深、宕、咸等
六攝入聲韻的混用現象，可知淡竹地區山攝入聲韻已和上述六攝的入聲韻部
一樣，韻尾／t／已弱化為／ʔ／，但其他地區的山攝入聲韻尾仍保留著韻尾／
t／的樣貌。

（三）彰化縣──今臺中、彰化一帶

　　除通語性的混用現象外，尚有以下 1 類個別性的混韻現象：

1、通、江、宕攝：「屋沃覺藥混用」並非古體詩韻部混用的常例，四韻
　乃是以文讀音皆讀／－ɔk／而混用。

（四）臺灣府、臺灣縣──今臺南一帶

　　除通語性的混用現象外，尚有以下 12 類個別性的混韻現象：

1、通、宕攝：「沃藥混用」並非古體詩韻部混用的常例，兩韻乃是以文
　讀音皆讀／－ɔk／而混用。

2、通、江、臻三攝：「屋覺物混用」並非古體詩韻部混用的常例；顯示

出：覺韻字文讀音的主要元音／a／可能受韻尾／k／影響而後移爲／
－ɐ／，又三韻韻尾已由／－t／、／－k／則可能已弱化爲喉塞音／－
ʔ／。

3、江、宕兩攝混用：「覺藥混用」既爲古體詩韻部混用的常例，兩韻的
文讀音也因主要元音、韻尾相同而混用。

4、臻、山兩攝混用：「質物」、「質月」、「質屑」、「質物月」、「物月屑」、
「質物月曷屑」、「質物月屑」、「質物曷屑」，與陽聲韻的表現一致。

5、臻、曾兩攝混用：除了普遍性的「質職混用」外，僅臺南另有「質物
職混用」現象。

6、臻攝與山、曾、梗、深、咸五個韻攝間的混用現象：計有「質物月職
混用」、「質月陌職混用」、「質月陌職混用」、「質月職緝混用」、「質陌
職緝混用」、「質物陌錫職緝混用」、「質職緝合葉洽混用」七種混韻現
象，皆非古體詩韻部混用的常例，皆以文讀音的主要元音、韻尾相同
而混用，意謂著臻、山、曾、梗、深、咸等六個韻攝韻字的入聲韻尾
／p／、／t／、／k／皆已出現弱化爲／k／或／ʔ／的現象，但入聲韻
尾都還存在，未完全消失。

7、梗、深兩攝混用：「質緝混用」符合《詩》的古韻通轉系統，以質韻
文讀音／－it／和緝韻文讀音／－ip／混用，意謂著韻尾／p／、／t
／受白讀音影響弱化混讀爲／t／或／k／或／ʔ／。

8、深攝與梗、宕兩攝間混用的現象：計有梗深攝混用「庚侵」、宕深攝混用
「侵陽」2 種；深攝侵韻文讀音爲／－im／，庚、陽兩攝文讀音分別爲
／－iŋ／、／－iɔŋ／，因而這兩種僅出現在今臺南地區一帶的混韻現象
即意謂著／m／、／ŋ／韻尾合流混同的時音，和其白讀音的表現一致。

（五）鳳山縣——今高雄、屏東一帶

除通語性的混用現象外，僅有山、梗兩攝「月職混用」現象，既是詩人
捨《古》從《詩》的古體詩用韻常例；就韻書文讀層和閩語讀音來看，爲月
韻以白讀和陌韻文讀混用的現象，意謂著月、職兩韻的入聲韻尾韻尾／－k
／、／－t／在詩人語感中可能已混同讀爲／ʔ／。

除了上述各地僅有的特殊區域性用韻特色外，尚有集中在淡水廳竹塹地
區、今臺南、彰化縣一帶等三個區域，而未見於其他區域的混韻特色：

1、通、梗攝的同攝混用現象：即「屋沃」、「陌錫」，皆為遵從《詩》、《古》古體詩用韻通轉規定的混韻現象。

2、梗、曾兩攝的「陌錫職混用」：既為遵從《詩》、《古》古體詩用韻通轉規定的混韻現象，也有相同的閩語文讀音／－ik／，符合文人用韻語感的一致性。事實上，梗、曾兩攝的混用現象，尚有一普遍存在於清領時期臺灣各地的「陌錫混用」現象，臺南另獨有「錫職混用」出現，但梗、曾攝韻字實可系聯為一組，故梗、曾兩攝的混用現象乃三地文人受韻書文讀層及《詩》、《古》古韻通轉規定影響而形成。

集中在淡水廳竹塹地區、今臺南地區一帶，未見於其他區域的用韻特色有：

1、臻、梗兩攝的「質陌混用」、「質錫混用」：不符合《詩》、《古》古韻通轉規定的混韻現象，以文讀音／－it／、／－ik／主要元音相同、韻尾或受白讀音影響弱化為混讀為／－k／或喉塞韻尾／－ʔ／而混用；顯示出今臺南、新竹一帶詩人的語感中，入聲韻尾／－t／、／－k／可能已漸漸混讀為／－k／或／ʔ／。

2、臻、梗、曾三攝的混用現象，雖僅「質錫職」共有，「質陌錫職混用」為臺南獨有，「質陌職混用」為淡竹地區獨有，且皆非古體詩通轉的常例。但察考這三種混用現象的韻字，實可系聯混用，因而臻、梗、曾三攝混用仍應屬於淡竹、今臺南地區兩地共有的混韻特色；同（1）的混韻實貌。

3、梗、曾、深三攝混用：與臻、梗、曾三攝混用的情況相似，兩地皆有三攝混用現象，但並不相同，臺南為「陌職緝混用」，新竹為「陌錫職緝混用」，但細察韻字，實可系聯為一組，故梗、曾、深三攝混用仍應屬於淡竹、今臺南地區兩地共有的混韻特色，即顯示出今臺南、新竹一帶詩人的語感中，入聲韻尾／－p／、／－k／可能已漸漸混讀為／－k／或／ʔ／。

4、山、梗兩攝的「月陌混用」：韻字間可系聯為一組，以月韻白讀／－eʔ／和陌韻文讀／－ik／混用，可見今臺南一帶及淡水廳竹塹地區文人皆出現了月韻白讀、文讀不分的現象，且韻尾／－t／、／－k／在詩人語感中可能已混同讀為／ʔ／。

5、深、咸攝混用：臺南、新竹皆有，但並不相同，臺南爲「緝葉」，新
　竹爲「緝合」，但韻字間可系聯爲一組，因緝、葉、合三韻的閩語白
　讀音皆爲／－ip／，文讀音部分，緝韻爲／－ip／，葉、合韻爲／－iap
　／或／－ap／；可見今臺南一帶及淡水廳竹塹地區文人在深、咸攝的
　部分習慣以白讀音入韻，也可視爲文、白讀逐漸不分的現象。

綜上所述，反映出在淡竹、今臺南一帶，臻、梗、曾、深、山等五攝入
聲韻尾皆有弱化爲喉塞韻尾／？／的現象，此外，月攝入聲字在淡竹、今臺南
一帶也開始出現文白不分的現象。

集中在彰化縣和今臺南地區一帶，未見於其他區域的用韻特色有：

1、「通江」、「通宕」的兩攝混用：即「沃覺」、「屋藥」、「屋沃藥」三種，
　屋、沃、覺、藥文讀音皆爲／－ɔk／，故爲兩地詩人受韻書文讀層影
　響而致，但卻未在其他區域發現此現象，疑爲其他區域詩人嚴謹遵守
　詩韻系韻書的通轉規定，而未讓自己的語感或文讀層讀音影響其通攝
　與江、宕攝的用韻現象；值得一提的是兩地雖都受文讀層影響，但影
　響程度並不一致，彰化縣地區的通、江、宕三攝，即屋、沃、覺、藥
　四韻已完全混用；而今臺南地區一帶，通攝分別與江、宕兩攝混用，
　未有通、江、宕三攝混用的現象。

2、臻、山、梗三攝混用：僅臺南、彰化地區有此混韻現象，但出現的韻
　例各不相同，臺南爲「質物月屑錫混用」，彰化爲「質物月曷黠屑錫」，
　皆非符合《詩》、《古》古韻通轉規定的混韻現象；上述兩韻例的錫韻
　字皆爲聲旁類化的誤用現象，故屏除此例字外，實可視爲「臻、山兩
　攝混用」的韻例，而以文讀音韻尾相同，但主要元音不同而混用。

3、山攝的同攝混用現象，在今臺南地區一帶、彰化縣、諸羅縣一帶皆有，
　但互不相同，臺南獨有「月曷屑」、「月曷黠屑」，彰化縣獨有「曷屑」，
　諸羅縣獨有「曷黠屑」，但細察韻字，可系聯爲一組，故知混韻現象
　的韻部組合看似不同，但其中顯示的語音現象卻是一致的，意即山攝
　各韻的入聲字的文、白讀皆爲／－iat／或／－uat／，就兩地詩人而
　言，爲發乎自然的用韻現象，也是遵從《詩》、《古》之注的古體詩用
　韻常例，其他地區僅見普遍性的「月屑混用」，應是仍遵守韻書分部
　用韻之故。

　　綜上所述，清領時期臺灣本土文人的混韻情況中的確存在著區域性的特色分部，且符合中古音陽、入聲相配的性質，在陽聲韻部與入聲韻部的混韻情況中有著幾乎一致性的對應關係；此外，無論是陰、陽、入聲韻部，淡竹地區和今臺南一帶都存在著僅有兩地才有的混韻現象，但值得注意的是，部分韻攝內的混韻情況為兩地都有，但混韻過程卻是相對的，以通、宕兩攝的混用現象「東陽混用」為例，今臺南地區以東韻文讀和陽韻白讀音混用，淡竹地區卻是以多韻白讀和陽韻文讀混用，前者與漳州腔的表現一致，後者與泉州腔的表現一致，恰與清領時期的今臺南地區是以漳州移民為優勢，淡竹地區的沿海一代則以泉州移民為優勢的情況吻合。上述情況一如薩丕爾（Sapir 1921. chap. 7）在「潮流論」中指出：

　　　　一個普遍的語言變化規律可能在同語系內普遍地發生，這些語言雖
　　　　然散佈在不相往來的、廣大的、懸隔的地域，卻都像漂流（drift）
　　　　中的小船一樣隨波逐流，往相同方向漂移。而按照有標型態容易崩
　　　　潰的假設，簡化是必然的趨勢。「潮流」有可能趨向分化（divergence）
　　　　也可能形成合流、會同（convergence）。

清領時期臺灣本土文人的混韻現象，既存在著閩語普遍性的方音特色，也存在區域性的變體特色。

第五章　結　論

　　本文以《全臺詩》全 11 冊所載內容爲據，以清領時期臺灣本土文人共 267人，11,059 首詩作，共計 12,606 韻段（含近體詩 9,602 首，9,602 個韻段；古體詩 922 首，2,469 個韻段；試帖詩 513 首，513 個韻段；六言律詩 21 首，21個韻段；九言律詩 1 首，1 個韻段）做爲研究對象及韻腳歸納的範圍；透過第二、三章對清領時期臺灣地區本土文人近體詩（含試帖詩、六言詩）、古體詩（含九言詩）單韻韻段用韻現象的歸納分析，第四章對其混韻韻段用韻現象的歸納分析及區域性用韻特色的比較說明，發現清領時期臺灣本土文人的古典詩歌用韻表現雖以遵守《詩韻集成》、《古今韻略》韻書的詩韻系統爲主，其文讀層次大多屬於通語的影響；再就混韻現象來看，古體詩的異攝通押的現象比近體詩活躍，且諸多本土文人方音入韻的現象，究其成因，可能如第一章緒論所言，清領時期 212 年間，因臺灣以「府轄」地位隸屬於福建省，無論是官辦或民辦的學校，多延請閩粵地區的文人以閩語進行童蒙教育，因而清領時期臺灣本土文人古典詩歌用韻的實貌和唐、宋、金元、明代地區略有不同，韻部混用的比例和種類都遠比前述朝代的古、近體詩要來的多樣繁複，且分部結果也已不盡相同於《詩韻集成》、《古今韻略》的 106 韻系統。

　　故本章將分兩部分爲清領時期臺灣本土文人詩歌用韻研究的結果進行總結：第一節爲清領時期臺灣本土文人古典詩歌的用韻特色及其詩韻系統；第二節爲研究價值、研究侷限及未來展望的說明。

第一節　清領時期臺灣本土文人用韻特色

　　以下依據第二、三、四章清領時期臺灣地區本土文人詩作的實際用韻情形觀察近、古體詩單韻韻段及混韻韻段的相同、相異性，並據此歸結清領時期臺灣本土文人詩歌用韻的詩韻體系。

一、清領時期臺灣本土文人古典詩歌單韻韻段的用韻特色

　　今以近體詩（含試帖詩、六言詩）、古體詩（含九言詩）的單韻韻段為對象，就其韻字的歸納分部結果編為「附錄四清領時期臺灣本土文人近、古體詩歌單韻韻字表」，而就此表的歸納結果，列表統計近、古體詩單韻詩作的韻調比例：

表 5.1　清領時期臺灣本土文人近、古體詩單韻詩作之韻調比例統計表

	韻　調	平聲韻	上聲韻	去聲韻	入聲韻	總　計
近體詩	韻部總數（個）	30	12	17	10	69
	韻段總數（個）	9,642	72	61	44	9,819
	韻調比例（％）	98.20%	0.73%	0.62%	0.45%	100%
古體詩	韻部總數（個）	29	22	26	16	93
	韻段總數（個）	1,023	376	271	319	1,989
	韻調比例（％）	51.41%	18.91%	13.63%	16.05%	100%

　　由表 5.1 的比較結果可知：近體詩部分，9,819 個單韻韻段中，押平聲韻者，計有 30 個韻部，9,642 個韻段，約佔清臺灣本土文人近體詩單韻詩作總數的 98.20%；上聲韻部分則有 12 個韻部，72 個韻段，約 0.73%；去聲韻部分有 17 個韻部，61 個韻段，約 0.62%；入聲韻部分有 10 個韻部，44 個韻段，約 0.45%。綜上所述，以平聲韻段居絕大多數，清臺灣本土文人在近體詩歌（含試帖詩、六言詩）的創作方面，雖無「唐人平仄譜」中限用平聲韻的規定，但仍習慣選用平聲韻部為韻字，符合「近體詩多押平聲韻」之定義，僅有少數詩作押上、去、入聲韻。

　　古體詩部分，923 首古體詩（含九言詩）1,989 個單韻韻段的部分，計分為平聲韻 29 部，1,023 個韻段，約 51.41%；上聲韻 22 個韻部，376 個韻段，約 18.91%；去聲韻 26 個韻部，271 個韻段，約 13.63%；與入聲韻 16 部，319

個韻段，約 16.05％；今就韻字分部及韻目數量的結果來看，除少數幾個皆與其他韻部混用，並無單韻韻段可獨立列為一部的韻部，如「咸」韻、「洽」韻；由清領時期臺灣本土文人古體詩（單韻部分）歸納出的韻部體系，共計 93 個韻部，與《詩韻集成》、《古今韻略》等平水詩韻系韻書的韻部體系大致相同。

　　因此，可發現清領時期臺灣本土文人古典詩歌的單韻韻段中，無論近體詩或古體詩皆習慣選用平聲韻部，但整體觀之，古體詩部分在選用仄聲韻（含上、去、入聲韻部）的比例已高達 48.59％，遠多於近體詩選用仄聲韻部的 1.80％。

二、清領時期臺灣本土文人古典詩歌混韻韻段的用韻特色

　　透過第二、三章中對近、古體詩單韻、混韻韻段的比較，可發現近體詩作品 9,602 首中，僅 308 首有混用現象，約 3.21％，餘皆為一韻到底之作，就一韻到底所佔比例高達 96.79％來看，可見清領時期臺灣本土詩人的近體詩押韻實貌，符合本文「近體詩為一韻到底之作，採用飛雁入群、飛雁出群、進退、轆轤等用韻格式之作例外」之定義。古體詩部分，922 首詩作，2,469 個韻段中，計有 469 個混韻韻段，混韻比例約 19.00％，單韻韻段比例則為 81.00％，古體詩混韻比例和混韻種類顯然高於近體詩；且近體詩混韻現象在音理表現上較古體詩嚴謹，除主要元音須相同外，韻尾也須相同或相近；古體詩的混韻現象雖也大致如此，但就語料的分析來看，仍有少數韻尾相同，主要元音差異較大的混韻現象。而依據第四章對 159 種混韻現象的討論與分析之後，屏除因聲旁類化（如「蕭嘯混用」）、出韻（如「東蕭混用」、「蒸魚混用」）等因素而產生的混韻現象，清領時期臺灣本土文人詩歌中的混韻韻段總計 792 個，混韻現象產生的原因或為方音入韻，或為通語影響，或為《詩韻集成》、《古今韻略》的古韻通轉規定而致。

　　清臺灣本土文人受通語影響產生的混韻情形有：山、臻、曾、梗、深、宕、咸等七個陽聲韻攝入聲韻尾的混押，有可能是押韻不那麼嚴格，只需主要元音相同、韻尾相近即可混用，也可能是／－p／、／－t／、／－k／入聲韻尾已化成喉塞尾／－ʔ／；受後者影響，在清領時期臺灣本土文人詩歌的用韻現象中，也出現了前所未見的果攝上聲韻和梗攝入聲韻混用的「哿陌混用」。陽聲韻尾也有著相似性的混用現象，一部分是閩方音特色，其他一部分則是受詩韻系韻書中古韻通轉注解的影響，如深攝與梗、宕攝間的混用意謂著主要元音相同，韻尾／m／、／ŋ／合流混同的現象。

除外，清臺灣本土文人受閩方音影響的混韻特色，主要為以下四類：

1、止、遇攝混用：支魚、支虞混用，因主要元音皆讀／i／或／ĩ／。

2、果、效攝混用：歌豪混用，具有同樣的讀音／ɔ／、／o／；但不僅閩南方音有此現象，閩東、閩北皆有。

3、通、江、宕攝的混用：主要是「屋藥」、「沃藥」、「屋沃藥」、「覺藥」、「屋覺藥」等入聲韻的混用，以／ɔk／、／iɔk／主要元音和韻尾相同而混用；平聲韻部分即「東陽混用」、「冬陽混用」、「江陽混用」，讀為ɔŋ／iɔŋ、aŋ／iaŋ，和入聲韻之間的混用狀況呈現平行相承的關係；韻字也分別歸入《彙音妙悟》東／ɔk／、香／iɔk／、《雅俗音十五通》恭／ɔk／、公／iɔk／。

4、上、去聲調的混用：多為同攝異調的類型，僅「紙遇混用」為支、魚攝的上、聲混用；綜觀此類上、去聲調的混合現象，其實質內涵為「陽上及陰去聲的古全濁及次濁聲母白讀字併入陽去調」。由音理來看，據洪惟仁（1996）、張屏生〔註1〕、馬重奇（2008）等學者陰上聲的調值為 21，陰去調為 41，陰上聲調若又為全濁、次濁聲母，將會促使陰上聲的高降調演變為陰去聲的低降調，而讀如陰去聲。

此外，在聲調的混用上，清領時期臺灣本土文人的近、古體詩中，屬於上、去聲混用的異調混用現象計有 16 種，其中 11 種的 13 個韻字（以「→」表明韻字原屬韻部最後所應歸屬的韻部）即：動（董→宋）、道（皓→號）、卷（銑→霰）、羽（麌→遇）、辨（銑→霰）、似（紙→寘）、是（紙→寘）、矣（紙→寘）、已（紙→寘）、阱（梗→敬）、啓（薺→霽）、米（薺→霽）、醴（薺→霽），與閩方音「陽上及陰去聲的古全濁及次濁聲母白讀字併入陽去調」的特色相符，而以清領時期臺灣本土文人語感而言，此類韻例實應歸屬為「押去聲韻字」的韻例。但尚有「紙寘禡混用」（如「稚」）、「皓篠號混用」（如「報」、「告」）、「旱銑諫混用」（如「鷃」）、「紙寘混用」（如「地」）等 4 種上、去聲異調混用的韻例，卻是以上聲韻部為該韻段的韻部主幹，而以零星的同攝去聲韻部的韻字夾雜其中，囿於相關音韻證據不足，目前筆者仍無法說明其中緣由。

〔註 1〕 張屏生，〈澎湖縣離島地區閩南話剌方言的音韻現象〉，未刊稿，發表於 http://www.wretch.cc/blog/jacknt0601/14622027。

　　清領時期臺灣本土文人的異調混用現象中，尚有以平、去聲異調混用的韻例，就文人語感而言，仍有各自的韻調歸屬：因聲旁類化而致的韻例，「蕭嘯混用」乃詩人誤將嘯韻「召」字類比爲意義相同的平聲「招」字，故此韻例以文人本意而言，原爲一押平聲「蕭韻」的韻例；「支寘混用」乃詩人誤將去聲「伺」字的讀音，聲旁類化爲支韻「司」字，而以「伺」字與「時」字混用，故此例以文人本意而言，本爲一押平聲「支韻」的韻例；「紙遇混用」則應是詩人誤以和遇韻「屨」字義近形似的紙韻「履」字爲韻字，而以「履」字和遇韻「路互」混用，故此例就文人本意而言，應是一押遇韻字的韻例。「艷琰通押」則應是文人誤以和艷韻「焰」字義近的琰韻「燄」字爲韻字，而以「燄」字和艷韻「劍店厭墊幨念」混用，故此例就文人本意而言，應是一押遇韻字的韻例。「有宥混用」乃誤將上聲「秀」字的讀音，聲旁類化爲宥韻「琇」、「綉」兩字，「扣」字聲旁類化爲宥韻「口」字而以「秀扣」兩字與其他宥韻字混用，故此例以文人本意而言，本爲一押上聲「有韻」的韻例。

三、清領時期臺灣本土文人詩韻系統及擬音

　　今摒除「東蕭混用」（如「霄」）、「蒸魚混用」（如「初」）兩個出韻現象，不列入討論之外，就其他 11,057 首詩作，共計 12,604 個韻段的韻字系聯結果製表爲「附錄四　清領時期臺灣地區本土文人近、古體詩歌韻字表」，並就該表觀察清領時期臺灣地區本土文人古典詩歌的詩韻系統。將清領時期臺灣本土文人的詩歌用韻系統依陰、陽、入聲韻部之分，歸納如下；擬音部分則因方音入韻爲清領時期臺灣本土文人詩韻分合的主要因素，故下文擬音皆以閩音爲主，並參照《漢語方音字匯》的標音系統：（以《詩韻集成》韻目爲依據；「／」表示該韻內的兩對應擬音；「（ ）」內的內容爲該（擬音）的《詩》主要來源；另以『Ⅹ』表示 X 韻部與該韻部有混用現象，且非零星現象，但也尚未成爲混用常例）

【陰聲韻】

　　1、止攝：支齊部 i／ui（支、魚、虞）、ue／uei（微、灰）、e／ei（齊）
　　　　　　〔註2〕
　　2、遇攝：魚虞部 i／i（魚）、u（虞）、ɔ／ɔu（虞）

〔註2〕依區域而分：支微齊／彰化、支微齊灰／淡竹台南。

3、蟹攝：灰佳部 ai／−uai（佳）、ue／uei（灰）

4、假攝：麻佳部 a／e（佳）、ua（麻）、ia（麻）

5、果攝：歌豪部 ɔ（歌）、o（歌、豪）、ou（豪）

6、效攝：蕭肴部 au／iau（蕭、肴、豪）、ɔ／iɔ（肴、豪）

7、流攝：尤幽部 iu（尤）

【陽聲韻】

1、通攝：東冬部 ɔŋ／iɔŋ（東、冬、江、陽）

2、江、宕攝：江陽部 aŋ／iaŋ（江、陽）

3、梗、曾攝：庚蒸部 ŋ（庚、蒸）、iiŋ／iŋ（庚、青）

4、臻攝：眞文部 in（眞、侵）、iin／in（眞）、un（文、元合）

5、山攝：寒先部 an／uan／ian（寒、刪、先、元）、ien／iuen（先、元）

6、深攝：侵尋部 im（侵）、iim／im（侵）

7、咸攝：覃咸部 am／iam（覃、鹽、咸）

【入聲韻】

1、通攝入聲：屋沃部 ɔk／iɔk（屋、沃）、ɔʔ／iɔʔ（屋、沃）

2、梗、曾攝入聲：陌職部ɿk ik（陌）、iik／εk（錫、職）、iʔ（陌）、iiʔ／eʔ（錫、職）

3、山攝入聲：月屑部 t／uat／iat（月、曷、黠、屑）、uʔ／uaʔ／iaʔ（月、曷、黠、屑）

4、臻攝入聲：質物部 it（質）、iit／it（質）、ut（物）

5、深、咸攝入聲：緝葉部 iip／ip（緝）、ap／iap（合、葉、洽）

共可分爲陰聲韻部 7 個、陽聲韻部 7 個、入聲韻部 5 個，共計 19 個韻部。

第二節　後續研究及展望

一、研究價值

1、透過本研究成果，填補延續歷代詩歌用韻研究範疇中的清代部分

詩歌用韻研究爲歷代研究音韻的方法之一，而自周祖謨先生的《魏晉南北朝韻部演變研究》（1996）、王力先生《魏晉南北朝詩人用韻考》（1980a）、

林烱陽先生《魏晉詩韻考》（1972）、丁邦新先生《魏晉音韻研究》（1992）、陳素貞先生《初唐四傑詩用韻考》（1971）、耿志堅《宋代律體詩用韻通轉之研究》〔註3〕（1978）、〈唐代近體詩用韻通轉現象之討論〉（1984）、〈初唐詩人用韻考〉（1987）、〈盛唐詩人用韻考〉（1989）、〈唐代大曆前後詩人用韻考〉（1989）、〈唐代貞元前後詩人用韻考〉（1989）、〈唐代元和前後詩人用韻考〉（1990）、〈中唐詩人用韻考（總結）〉（1991）、〈晚唐及唐末、五代僧侶詩用韻考〉（1990）、〈全金詩（近體詩部分）用韻考〉（1993）、李添富先生《晚唐律體詩用韻通轉之研究》（1996）以降，尚有諸多藉由研究歷代詩文用韻以釐清歷代音韻變革的研究成果，本文則試圖以清領時期臺灣本土文人的詩歌用韻，做為一相關研究成果的延續，並發現語言特質及發展變革的因素，的確與社會階層及城鄉有關，清領時期臺灣地區在古典詩歌的用韻上，已因文人方音入韻程度增加，而在詩韻系統及韻部混用組合的部分（見附錄五「唐、宋、金元、明代漳泉、清領臺灣詩歌韻部通協演變表（一）、（二）」），有了與前代大同小異的呈現結果，而在入聲韻部配陽聲韻部的結論上仍是一致不變的。

2、方音入韻的成分，提供閩語研究在文學作品中的證據

承第一節所言，清領時期臺灣本土文人詩歌用韻，因清廷治臺政策以消極保守態度為主，離島性質的地理因素、居民來源多為閩粵移民的多文化等因素，比起唐宋以降的歷代古典詩歌，清領時期臺灣地區本土文人所呈現出的用韻現象因文人閩語文、白讀音入韻的機率較高，而展現出別於平水詩韻106部系統的的「臺閩語〔註4〕詩韻系統」。閩南語的文、白讀在日常生活中交替使用，但卻彼此獨立，不相混淆。文白異讀且文讀大量融入日常用語中的現象是閩南語的特色，底層的白讀音系統，主要轉化自魏晉朝華北漢語、吳地居民與閩南土著語言的融合；表層的文讀音系統，主要轉化自唐、宋時期

〔註3〕 《彰化師範大學學報》15，頁 89～158，1990 年；《聲韻論叢》3，頁 65～83，1991 年；，《聲韻論叢》4，頁 193～225，1992 年；《彰化師範大學學報》4，1993 年。

〔註4〕 「臺閩語」一詞，見於洪惟仁，〈音變的動機與方向：漳泉競爭與臺灣普通腔的形成〉，國立清華大學語言研究所博士論文，2003 年。洪惟仁〈變化中的臺灣話〉，《第五屆臺灣語言及其教學國際學術研討會論文集》，臺中：靜宜大學，1～34，2004 年。韋煙灶、曹治中，〈桃竹苗地區臺灣閩南語口音分布的區域特性〉，《地理學報》no.53，49～83，2008 年。

及其以後的官話系統〔註5〕。韋煙灶、曹治中（2008）基於這樣的推理：漳系當會有相對稍高比例的文、白不分（文讀作白讀）的情況，今據清領時期臺灣本土文人古典詩作中的 159 種混韻情況來看，受文讀影響者的佔 49%，受白讀影響者佔 17%，文白讀影響兼具者約 29%，由此觀之，白讀入韻的狀況雖不少，但仍以文讀閩語文讀層的影響性較大，與上述說法一致。

二、研究侷限及未來展望

　　由詩人用韻觀察一時一地的語音，前人多有先例，也是研究漢語語音史的重要方法之一，本論文也由此著手。由歷來學者研究成果可知，唐宋以降的文讀系統對詩人用韻影響很大。本論文由清代臺灣本土文人用韻結果歸納出的通語韻系，除受文讀系統影響的韻部外，也彰顯了許多詩人里籍所屬的閩粵方音一帶的白讀及口語特色。如止攝支韻字多讀／－i／，但也有低元音／－a／的音讀，即「支麻混用」現象。

　　本論文囿於筆者學力不足，尚有許多值得探究之處，需要加以闡述。且本文礙於時間和能力，僅鎖定近體詩、古體詩爲研究對象，但若要使論文更加完善與周全，應將詩鐘、對聯等韻文一併納入詩韻分析的範圍，便可以使整個清臺灣本土文人韻文用韻的方音層次更爲明顯，也能和共時性的戲曲、歌仔冊等文體作全面性的比較研究，便可以更明顯清晰的觀察出清領時期 212 年間，本土文人身爲閩粵移民後代，其通語、口語的語音表現，和閩、粵一帶的方音語音現象有何差別，及韻部分合表現的演變關係。

〔註 5〕許極燉，《臺灣語概論》，臺北：臺灣語文研究發展基金會，1990 年。丁邦新、楊秀芳、羅肇錦，《重修臺灣省通志・住民志・語言篇》，南投：臺灣省文獻委員會，1997 年。

參考文獻

全臺詩（共十一冊）

1. 佚　名　2003 年，渡江書十五音，廈門：廈門大學版社。

2. 陳彭年　等，2001 年，新校宋本廣韻，臺北：洪葉文化事業有限公司，1 版 1 刷。

3. 丁邦新　1983 年，閩語白話音分支時代考，臺北：中央研究院歷史語言研究所集刊，54 卷 4 期。

　　　　　1998 年，《丁邦新語言學論文集》，北京：商務印書館，1998.01。

4. 丁邦新、張雙慶編，2002，《閩語研究及其與周邊方音的關係》，香港中文大學出版社。

5. 王　力　1980 年 b，《漢語史稿》，北京：中華書局，2002.07，1 版 5 刷

　　　　　1983 年，〈漢語語音史上的條件音變〉，《語言研究》1983：1，頁 1～5。

　　　　　1985 年，《漢語語音史》，北京：中國社會科學院。

　　　　　1987 年，《中國語言學史》，臺北：駱駝出版社。

　　　　　1989 年，《漢語詩律學》，濟南：山東教育出版社。

6. 向麗頻　清代臺南詩人施瓊芳近體詩用韻考察，東海中文學報 13 期，2001／07，台灣，頁 183～193。

7. 何大安　1987 年，《音韻學中的觀念與方法》（第二版），1996，臺北：大安出版社。

　　　　　1988 年，《規律與方向：變遷中的音韻結構》，南港：中央研究院歷史語言研究所。

8. 呂正惠　1995 年，《詩詞格律淺說》，臺北：大安出版社。

9. 李壬癸　1986 年，閩南語的押韻與音韻對比，臺北中央研究院歷史語言研究所集刊，57 卷 3 期。

1989 年，閩南語喉塞音尾性質的檢討，臺北 中央研究院歷史語言研究所集刊，60 卷 37 期。

10. 李正三　2007 年，《臺灣古典詩學》，臺北：文史哲。

11. 李如龍　2001 年，《漢語方音的比較研究》，北京：商務印書館。

1985 年，論閩方音內部的主要差異，《中國語言學報》1985，2 期，頁 93～173。

1991 年，閩方音的韻書，《地方文獻史料研究叢刊》2 輯，福建地圖出版社。

1992 年，福建方音與福建文化的類型區，《福建師大學報》1992，2 期。

1995 年，閩南方音地區的語言生活，《語文研究》1995，2 期。

1999 年 a，論閩語與吳語、客贛語的關係，《漢語方音的比較研究》，北京商務印書館，2001.06，1 版；2003.04，1 版 2 刷。

1999 年 b，論漢語方音的區域特徵，《中國語言學學報》9 期，北京商務印書館。

1999 年 c 論漢語方音異讀，《語言教學與研究》1999 年 1 期。

1999 年 d 論漢語方音語音的演變，《語言研究》1999 年 1 期。

2002 年論漢語方音語流音變，《廈門大學學報》2002 年 6 期，頁 43～50，61。

12. 李　榮　1965 年 a，〈語音演變規律的例外〉，《中國語文》1965：2，頁 116～126。

1973 年，《切韻音系》，臺北：鼎文書局。

1982 年，《音韻存稿》，北京：商務印書館。

1983 年 a，方音研究中的若干問題，《方音》，頁 81～89。

1983 年 b，中國的語言和方音，《方音》，頁 161～167。

1983 年 c，漢語方音的分區，《方音》，頁 241～259。

13. 李珍華，周長楫，1999 年《漢字古今音表》，北京：中華書局。

14. 李添富　1996 年，〈晚唐律體詩用韻通轉之研究〉，臺北：文史哲出版社。

15. 李新魁　1986 年，《漢語音韻學》，北京：北京出版社。

1994 年 a，《李新魁音韻學論集》，北京：中華書局。

1994 年 b，〈漢語音韻學研究概況及展望〉，《李新魁語言學論集》，頁 459～493，北京：中華書局。

16. 李露蕾　1991 年，〈南北朝韻部研究方法略論〉，《華東師範大學學報》，1991：2，頁 89～94。

17. 周法高　1984 年，《中國音韻學論文集》，香港：中文大學出版社。

18. 周長楫　1986 年，福建境內閩南方音的分類，《語言研究》2 期，頁 69～84。

19. 周祖謨　1979 年，《問學集》，臺北：河洛圖書出版社。
2001 年，《周祖謨語言學論文集》，北京：商務印書館。

20. 居思信　1993 年，〈中古韻部系統試擬〉，《齊魯學刊》1993：3，頁 124～128。

21. 林尹著　林炯陽注釋，1982 年，《中國聲韻學通論》（第九版），1990，臺北：黎明。

22. 林寶卿　1993 年，廈門、泉州、漳州的語音差異，廈門《廈門大學學報》2 期。
1995 年，閩南方音中的古漢語活化石舉隅，太原《語文研究》1995 年 4 期，頁 62～65，58。
1996 年，《彙音妙悟》及其所反映的明末清初泉州音，《語言研究》，1996 年增刊。
1998 年 a，閩南方音聲母白讀音的歷史語音層次初探，《古漢語研究》，1998 年 1 期，頁 60～63。
1998 年 b，閩南方音三種地方韻書比較，《漳州師範學院學報》2000 年 2 期，頁 72～79。

23. 林慶勳、竺家寧，1989，《古音學入門》，臺北：臺灣學生書局。

24. 邵榮芬　1997 年，《邵榮芬音韻學論集》，北京：首都師範大學出版社。

25. 金周生　1990 年，〈元代散曲 m、n 韻尾字通押現象之探討〉，《輔仁學誌》19，頁 217～224。

26. 唐作藩　1991 年，〈唐宋間止蟹二攝的分合〉，《語言研究》1991：1，頁 63～67。

27. 徐通鏘　1994 年，〈音系的結構格局和內部擬測法——漢語介音對聲母系統演變的影響〉，《語文研究》1994：3、4，頁 1～9、頁 5～15。
1996 年，〈音系的非線性結構原理和語音史的研究〉，《民族語文》1996：6，頁 1～10，2001 年，《歷史語言學》，北京：商務印書館。

28. 徐通鏘、葉蜚聲，1985 年，《語言學綱要》，1994 年，臺北：書林出版社。

29. 耿志堅　1978 年，《宋代律體詩用韻通轉之研究》，臺北：政治大學中國文學研究所。

30. 陳章太、李如龍，1991 年，《閩語研究》，北京：語文出版社。

31. 陳章太、李如龍，1983 年，論閩方音的一致性，《中國語言學報》1 期，頁 25～81。

32. 陳柏全　2007 年，《清代詩話中格律論研究》，《古典詩歌研究彙刊》，第一輯第十九冊，臺北：花木蘭文化出版社。

33. 黃謙、廖綸璣、洪惟仁，1993 年，泉州方音韻書三種，臺北：武陵出版

34. 葉寶奎　2001 年，《明清官話音系》，廈門：廈門大學出版社。

35. 王書敏　2006 年，《明代泉漳地區文士詩韻考》，臺北：北市立教育大學應用語言文學研究所碩士論文，95 學年度。

36. 袁家驊　1989 年，《漢語方音概要》，北京：文字改革出版社。

37. 高　明　1980 年，〈中國歷代韻書的韻部分合〉，《華岡文科學報》，頁 1295～157。

38. 馬重奇　2002 年，中國大陸閩南方音韻書比較研究，《福建師範大學學報》2002 年 2 期，頁 97～102，118。

39. 張　琨　1984 年，論比較閩方音，臺北：中央研究院歷史語言研究所集刊，55 卷 3 期，頁 415～458。

　　　　　1989 年，再論比較閩方音，臺北中央研究院歷史語言研究所集刊，60 卷 4 期。

　　　　　1991 年，再論比較閩語，武漢《語言研究》，1991 年 1 期，頁 93～117。

40. 張光宇　1987 年，閩南方音研究導論，臺北：《國文天地》3 卷 4 期。

　　　　　1989 年 a，閩方音音韻層次的時代與地域，新竹：《清華學報》19 卷 1 期，頁 165～179。

　　　　　1989 年 b，閩南方音的特殊韻母——iN，臺北：《大陸雜誌》79 卷 2 期，頁 16～22。

41. 張振興　1995 年，閩南方音的比較研究，《臺灣研究集刊》，1995 年 1 期，頁 69～75。

42. 張耀文　2004 年，《彙集雅俗通十五音》研究，臺北市師應用語言研究所碩士論文。

43. 洪惟仁　1992 年，《彙音妙悟》的音讀—兩百年前的泉州音系，第二屆閩方音學術研討會論文集，廣州暨南大學出版社。

44. 劉曉南　1998 年 a，宋代福建詩人用韻所反映的十到十三世紀的閩方音若干特點，《語言研究》，1998 年 1 期，頁 155～169。

　　　　　2003，從歷史文獻的記述看早期閩語，《語言研究》，23 卷 1 期，頁 61～69。

附　錄

附錄一：清領時期臺灣詩人里籍及詩作數總表

【表例說明】

1、詩人分期乃依其活躍年代為據，若有跨時其者，則以開始活躍之時期為歸類依據。

2、生卒年未詳者，以其科舉年代標之；若仍無相關資料，則以「未詳」標之。

3、本表「詩作數目」欄所記為詩作總數，後再以括號依序標明該詩人的近體詩、古體詩數目。

4、近體詩〔註1〕範圍以體裁來看，包含五絕、七絕、五古、七古、六言詩、試帖詩〔註2〕、竹枝詞〔註3〕。

〔註1〕「近體詩」指符合押韻、平仄、對仗等格律要求的五言詩、七言詩及六言詩，也叫律詩或格律詩。見中國漢語言文學網
http://www.hanwenxue.com/gudaihanyu/txt.asp？id=66320。本文對近體詩的定義及取材範圍之相關論述，詳見第二章第一節。

〔註2〕清代科舉考試科目除了四書五經之時文、策論之外，從童試、歲考、科考到鄉試都要考排律詩，也就是所謂的「試帖詩」，故亦列入近體詩範圍。見李冰〈柒、清代考課式書院教育與科舉關係研究〉,《書院教育與科舉關係研究》(台北：臺灣大學出版中心，2005年)，頁221～304。

〔註3〕關於把「竹枝詞」歸類於七言絕句的問題，可以參看翁聖峰《清代台灣竹枝詞之研究》，臺北：文津，1996年，頁135～140。

附錄一之 1　康熙時期

詩人姓名	生卒年	里　籍	詩作總數	近體詩總數	古體詩總數	其　他
林中桂	1697 歲貢	諸羅縣（今嘉義）	1	1	0	0
陳慧		諸羅縣	1	1	0	0
鄭鳳庭		諸羅縣	1	0	1	0
莊一煝	1694 歲貢	鳳山縣	2	2	0	0
李霨		鳳山縣	4	4	0	0
李廷綱		鳳山縣	1	0	1	0
卓夢華		鳳山縣	4	4	0	0
陳宗達		鳳山縣	3	3	0	0
鄭應球		鳳山縣	4	4	0	0
王鳳池	1662～1723 廩生	鳳山縣	1	1	0	0
卓夢采		鳳山縣	14	14	0	0
洪成度		鳳山縣	1	1	0	0
謝正華		鳳山縣	1	1	0	0
王璋	1693 舉人	臺灣縣	10	10	0	0
施世榜	1697 拔貢	臺灣縣	6	6	0	0
盧芳型		臺灣縣	2	2	0	0
陳文達		臺灣縣	3	3	0	0
陳聖彪		臺灣縣	3	3	0	0
郭必捷		臺灣縣	2	2	0	0
施士安		臺灣縣	1	1	0	0
張士箱		臺灣縣	3	3	0	0
王名標	1662～1723 諸生	臺灣縣	1	1	0	0
李清運		臺灣縣	1	1	0	0

詩人姓名	生卒年	里　　籍	詩作 總數	近體詩 總數	古體詩 總數	其　他
李欽文		臺灣縣	7	6	1	0
施陳慶		臺灣縣	2	1	1	0
蔣仕登		臺灣縣	1	1	0	0
鄭大樞	1721 例貢	臺灣縣	11	0	11	0
黃名臣		臺灣縣	2	2	0	0
張纘緒		臺灣縣	1	1	0	0
鄭煥文			1	0	1	0
黃廷光			1	1	0	0
總計人數	31	詩作總計	96	80	16	0

附錄一之 2　雍正時期

詩人姓名	生卒年	里　　籍	詩作 總數	近體詩 總數	古體詩 總數	其　他
施士燨		鳳山縣	2	1	1	0
陳璿臺		鳳山縣	3	3	0	0
黃繼業		臺灣縣	2	2	0	0
蔡開春		臺灣縣	1	1	0	0
黃佺		臺灣縣	7	7	0	0
張從政		臺灣府東安坊（今臺南）	2	2	0	0
總計人數	6	詩作總計	17	16	1	0

附錄一之 3　乾隆時期

詩人姓名	生卒年	里　　籍	詩作 總數	近體詩 總數	古體詩 總數	其　他
秦定國		彰化縣	2	2	0	0
周日燦		諸羅縣	1	1	0	0
范學洙		諸羅縣	1	0	1	0

詩人姓名	生卒年	里　籍	詩作總數	近體詩總數	古體詩總數	其　他
金鳴鳳		諸羅縣	1	1	0	0
林建章	1763 貢生	諸羅縣	4	4	0	0
陳震曜	1779～1852	諸羅縣（今嘉義，後臺南）	1	1	0	0
王賓		鳳山縣	8	8	0	0
施士膺		鳳山縣	1	1	0	0
陳正春		鳳山縣	5	5	0	0
卓肇昌	1750 舉人	鳳山縣	76	70	6	0
陳思敬	1753 副榜	鳳山縣治北坊	3	3	0	0
謝其仁		鳳山縣	4	4	0	0
錢鏄		鳳山縣	2	2	0	0
莊天錫		鳳山縣	1	1	0	0
柯廷第		鳳山縣	3	3	0	0
林大鵬		鳳山縣	1	1	0	0
余國榆		鳳山縣	2	2	0	0
錢元揚		鳳山縣	3	2	1	0
莊天釬		鳳山縣	2	2	0	0
方文雄		鳳山縣	4	4	0	0
史廷貢		鳳山縣	1	1	0	0
何昌藩		鳳山縣	1	1	0	0
卓國伯		鳳山縣	1	1	0	0
卓雲鴻		鳳山縣	2	2	0	0
林青蓮		鳳山縣	4	4	0	0
林振芳		鳳山縣	2	2	0	0
林夢麟		鳳山縣	8	8	0	0
林應運		鳳山縣	1	1	0	0
林鵬奮		鳳山縣	1	1	0	0
侯時見		鳳山縣	2	2	0	0
施國義		鳳山縣	2	2	0	0

詩人姓名	生卒年	里　籍	詩作總數	近體詩總數	古體詩總數	其　他
柯汝賢		鳳山縣	1	1	0	0
柯錫珍		鳳山縣	2	2	0	0
柳學鵬		鳳山縣	4	4	0	0
柳學輝		鳳山縣	1	1	0	0
莊允義		鳳山縣	2	2	0	0
陳元炳		鳳山縣	3	3	0	0
陳元榮		鳳山縣	3	3	0	0
陳洪圭		鳳山縣	2	2	0	0
陳洪澤		鳳山縣	2	2	0	0
傅汝霖		鳳山縣	1	1	0	0
黃仁		鳳山縣	1	1	0	0
黃夢蘭		鳳山縣	2	2	0	0
蔡江琳		鳳山縣	1	1	0	0
鄭際魁		鳳山縣	2	2	0	0
錢元煌		鳳山縣	4	4	0	0
錢時洙		鳳山縣	2	2	0	0
錢登選		鳳山縣	3	3	0	0
蘇潮		臺灣縣	1	1	0	0
張青峰		臺灣縣	1	1	0	0
游化		臺灣縣	1	0	1	0
洪禧	1794 恩科	臺灣縣	1	1	0	0
蔡莊鷹		臺灣縣	1	1	0	0
陳輝		臺灣縣	48	46	2	0
潘振甲		臺灣縣	2	1	1	0
陳斗南		臺灣縣	14	14	0	0
方達義		臺灣縣	1	1	0	0
方達聖		臺灣縣	2	2	0	0
王德元		臺灣縣	1	1	0	0

詩人姓名	生卒年	里　籍	詩作總數	近體詩總數	古體詩總數	其　他
林麟昭		臺灣縣	1	1	0	0
徐元		臺灣縣	1	1	0	0
陳汝纘		臺灣縣	1	1	0	0
陳廷藩		臺灣縣	2	2	0	0
陳錫珪		臺灣縣	4	4	0	0
楊世清		臺灣縣	2	2	0	0
葉泮英		臺灣縣	2	2	0	0
盧九圍		臺灣縣	13	13	0	0
錢元起		臺灣縣	4	4	0	0
戴遜		臺灣縣	2	2	0	0
薛邦揚		臺灣縣	1	1	0	0
龔帝臣		臺灣縣	1	1	0	0
韓必昌	1795 貢生	臺灣府（今臺南）	3	3	0	0
林朝英		臺灣府（今臺南）	3	3	0	0
總計人數	73	詩作總計	299	287	12	0

附錄一之 4　嘉慶時期

詩人姓名	生卒年	里　籍	詩作總數	近體詩總數	古體詩總數	其　他
陳玉衡		彰化縣	8	8	0	0
黃瑞玉	1812 歲貢	彰化縣	2	2	0	0
曾作霖		彰化縣	8	8	0	0
陳書		彰化縣頭圍	10	10	0	0
張以仁		嘉義縣	3	3	0	0
黃清泰		鳳山縣	11	10	1	0
黃驤雲	1802～1841、1820 舉人	鳳山縣人，後遷至淡水廳頭份	10	10	0	0

詩人姓名	生卒年	里　籍	詩作總數	近體詩總數	古體詩總數	其　他
陳廷瑜		臺灣縣（今臺南）	3	3	0	0
陳廷璧		臺灣縣（今臺南）	4	4	0	0
陳廷瑚		臺灣縣（今臺南）	8	8	0	0
陳廷珪		臺灣縣（今臺南）	3	3	0	0
郭紹芳		臺灣縣	2	2	0	0
章甫		臺灣縣（今臺南）	438	389	49	0
黃汝濟		臺灣縣	2	2	0	0
黃纘		臺灣縣	1	1	0	0
黃化鯉		臺灣縣	4	4	0	0
吳景中		臺灣縣	3	3	0	0
林奎章		臺灣縣	2	2	0	0
洪坤		臺灣縣	2	2	0	0
林啓泰		臺灣縣	1	1	0	0
魏爾青		臺灣縣	2	2	0	0
黃廷璧		臺灣縣	1	1	0	0
楊賓		臺灣縣	1	1	0	0
黃本淵	1814 優貢	臺灣縣	1	0	1	0
林師聖		臺灣府（今臺南）	3	3	0	0
陳玉珂	1819 舉人	臺灣府	2	2	0	0
陳登科		臺灣府東港（今屏東東港一帶）	4	2	2	0
呂成家		澎湖廳東衛社	14	14	0	0
辛齊光	1801 歲貢、1813 舉人	澎湖廳奎璧澳	1	1	0	0
總計人數	30	總　計	554	501	53	0

附錄一之5　道光時期

詩人姓名	生卒年	里　籍	詩作總數	近體詩總數	古體詩總數	其　他
李祺生		噶瑪蘭廳	5	5	0	0
黃學海	1837 拔貢	噶瑪蘭廳（今宜蘭）	1	1	0	0
王宗河		淡水廳艋舺	2	2	0	0
林宗衡		淡水廳	1	1	0	0
方玉斌		淡水廳	1	1	0	0
戴祥雲		淡水廳	5	5	0	0
李聯芬	1843 舉人	淡水廳	1	1	0	0
陳筱亭	1821～1868	淡水廳	1	1	0	0
陳筱冬		淡水廳	1	1	0	0
彭廷選	1849 拔貢	淡水廳竹塹楹榔庄	12	12	0	0
連日春	1827～1887	淡水廳三貂頂雙溪（今臺北縣雙溪鄉）	2	2	0	0
陳維英	1811～1869	淡水廳大龍峒	300	287	13	0
陳維菁	1824 府學生	淡水廳大龍峒	2	2	0	0
陳維藻	1824 舉人	淡水廳大龍峒	1	1	0	0
郭襄錦		淡水廳竹塹	1	1	0	0
劉黎光		淡水廳竹塹	1	1	0	0
童蒙吉		淡水廳竹塹	2	2	0	0
鄭超英	1821～1850 舉人	淡水廳竹塹	1	1	0	0
許超英	1846 舉人	淡水廳竹塹水田庄	5	5	0	0

詩人姓名	生卒年	里　籍	詩作總數	近體詩總數	古體詩總數	其　他
鄭用錫	1788～1858	淡水廳竹塹北門	800	417	61	322
鄭用鑑	1789～1867	淡水廳竹塹北門	268	183	81	4
鄭如松	1817～1860	淡水廳竹塹北門	1	1	0	0
林占梅	1821～1868	淡水廳竹塹西門（今新竹）	2535	2334	201	27
潘成清	1844～1905、1875 舉人	淡水廳芝蘭堡（今士林一帶）	2	2	0	0
羅桂芳	1821～1850 舉人	彰化縣	2	2	0	0
陳肇興	1831～1866	彰化縣	464	391	73	0
陳宗潢	1846 舉人	彰化縣鹿港	1	1	0	0
賴時輝	1819～1884	嘉義縣	4	4	0	0
黃文儀		鳳山縣興隆里	142	130	12	0
蔡廷蘭		澎湖廳	18	11	7	0
王雲鵬		澎湖廳	1	1	0	0
陳奎		澎湖廳	1	1	0	0
施士升		臺灣縣	3	2	1	0
陳尚恂		臺灣縣	8	8	0	0
黃通理		臺灣縣	1	1	0	0
施瓊芳	1815～1868、1837 拔貢	臺灣縣（今臺南）	523	358	50	115
施昭澄		臺灣縣（今臺南）	2	2	0	0
許廷崙		臺灣縣（今臺南）	9	3	6	0

詩人姓名	生卒年	里　籍	詩作總數	近體詩總數	古體詩總數	其　他
李喬		臺灣縣（今臺南）	2	0	2	0
毛士釗		臺灣府	2	2	0	0
白廷璜		臺灣府	2	1	1	0
石嗣莊		臺灣府	5	5	0	0
吳邦淵		臺灣府	1	1	0	0
吳敦仁		臺灣府	21	5	16	0
吳敦常		臺灣府	4	4	0	0
吳敦禮		臺灣府	1	0	1	0
呂陽泰		臺灣府	1	0	1	0
韋國琛		臺灣府	6	5	1	0
韋國模		臺灣府	2	2	0	0
張朝清		臺灣府	2	2	0	0
許廷璧		臺灣府	4	4	0	0
許青麟		臺灣府	7	6	1	0
許建勳		臺灣府	3	2	1	0
陳大觀		臺灣府	2	2	0	0
陳朝新		臺灣府	1	1	0	0
黃希先		臺灣府	1	1	0	0
黃聯璧		臺灣府	1	1	0	0
潘乾策		臺灣府	2	2	0	0
蔡傳心		臺灣府	1	1	0	0
鄭日章		臺灣府	1	1	0	0
鄭奉天		臺灣府	1	1	0	0
蘇寶書		臺灣府	2	2	0	0
總計人數	63	總　計	5223	4230	525	468

附錄一之6　咸豐時期

詩人姓名	生卒年	里　籍	詩作總數	近體詩總數	古體詩總數	其　他
李逢時	1829～1876	噶瑪蘭廳（今宜蘭）	362	323	26	13
李春波		噶瑪蘭廳（今宜蘭）	1	1	0	0
楊士芳	1826～1903	噶瑪蘭廳（今宜蘭）	3	3	0	0
李望洋	1829～1901	噶瑪蘭廳頭圍堡（今宜蘭頭城鎮）	256	256	0	0
林炳旂	1854 貢生	淡水廳	4	4	0	0
潘永清	1820～1873	淡水廳（臺北士林	1	1	0	0
曹敬	1818～1859	淡水廳八芝蘭舊街（今士林）	54	12	6	36
陳霞林	1834～1891	淡水廳大稻埕	1	1	0	0
林汝梅	1834～1894（道光 13～光緒 20 年）	淡水廳竹塹	4	4	0	0
黃玉柱	1825～1883	淡水廳竹塹	1	1	0	0
鄭如蘭	1835～1911	淡水廳竹塹北門	195	175	14	4
鄭景南		淡水廳竹塹北門	4	4	0	0
鄭如恭	1822～1846	淡水廳竹塹北門外水田街	1	0	1	0
林鵬霄	1846～1904	淡水廳竹塹苦苓腳莊（今新竹市古賢里）	11	11	0	0
謝錫朋	？	淡水廳貓裡街（今苗栗市）	5	5	0	0
黃敬	？～1888	淡水廳關渡	140	125	15	0
傅于天		彰化縣東勢角（今臺中縣東勢鎮）	34	34	0	0

詩人姓名	生卒年	里　籍	詩作總數	近體詩總數	古體詩總數	其　他
賴國華	1851～1895	嘉義縣	30	5	0	25
林逢原	？	鳳山縣	8	8	0	0
王藍玉		臺灣縣（今臺南）	2	2	0	0
施士洁	1856～1922	臺灣縣（今臺南）	1724	1604	119	1
總計人數	21	總　計	2839	2598	162	79

附錄一之 7　同治時期詩人

詩人姓名	生卒年	里　籍	詩作總數	近體詩總數	古體詩總數	其　他
陳樹藍	？	淡水廳大龍峒	3（2～1）	2	1	0
李祖訓	1849～1908	淡水廳竹塹北門	11	11	0	0
張書紳	？	淡水廳艋舺	8	8	0	0
蘇袞榮	1862 恩貢	彰化縣東勢角（今臺中縣東勢鎮）	5	5	0	0
施家珍	1851～1890	彰化縣鹿港	2	2	0	0
賴世英	1849～1901	嘉義縣	17（12～5）	12	5	0
賴世良	1852～1876	嘉義縣	4	4	0	0
翁煌南		嘉義縣	34	34	0	0
林愼修		嘉義縣	4	4	0	0
陳望曾		臺南縣	29	29	0	0
簡溫其	1849～？	外新南里左鎮庄（今臺南縣左鎮鄉）	6	6	0	0
張維垣	1827～1892	屏東長治（原鳳山縣前堆長興庄）客人，後居苗栗頭份	37	37	0	0
總計人數	12	總　計	160	154	6	0

附錄一之 8　光緒時期

詩人姓名	生卒年	里　　籍	詩作總數	近體詩總數	古體詩總數	其　他
楊克彰	1887 恩貢生	淡水廳佳臘（今臺北市東園街）	1	0	1	0
黃如許		淡水廳竹塹	4	4	0	0
鄭兆璜	1855～1921	淡水廳竹塹	99	99	0	0
陳濬芝	1855～1901	淡水廳竹塹	63	63	0	0
杜淑雅	1851～1896	淡水廳竹塹	9	9	0	0
陳登元	1840～？	淡水廳紅毛港保沙崙莊	13	12	1	0
李種玉	1856～1942	淡水廳臺北三重埔	24	23	1	0
劉育英	1857～1938	淡水廳臺北枋寮（今中和市）	72	72	0	0
陳百川	1857～？	彰化縣	25	24	1	0
謝道隆		彰化縣（今臺中豐原田心庄）	87	87	0	0
施茭	1848～1909	彰化縣鹿港	75	75	0	0
施仁思	咸豐 8～光緒 23	彰化縣鹿港	3	2	1	0
莊士勳	1856～1918	彰化縣鹿港	3	3	0	0
莊士哲	1850～1918	彰化縣鹿港	12	12	0	0
賴世觀	1851～1890	嘉義縣	25	25	0	0
賴世陳	1854～1877	嘉義縣	3	3	0	0

詩人姓名	生卒年	里　籍	詩作總數	近體詩總數	古體詩總數	其　他
賴世貞	1858～1890	嘉義縣	3	3	0	0
徐德欽	1853～1889	嘉義縣	37	37	0	0
張元榮	1857～1943	嘉義縣東門	25	25	0	0
林啓東	1850～？	嘉義縣橫街仔	28	25	3	0
江昶榮	1841～1895	鳳山縣中堆竹圍村（客籍）	33	33	0	0
陳梅峰	1858～1937	澎湖廳湖西鄉	51	47	4	0
曾逢辰	1858～1929	澎湖廳湖西鄉	126	111	15	0
林人文	1857～1910	臺灣縣檨仔林街（今臺南）	6	6	0	0
王藍石	1854～？	臺灣縣臺南	5	5	0	0
許南英	1855～1917	臺灣府	1044	984	60	0
蔡國琳	1843～1909	臺南府城	68	67	1	0
郭欽沐	1858～1909	臺灣府安平縣	9	9	0	0
呂汝玉	1851～1925	今臺中神岡	37	37	0	0
呂汝修	1855～1889	今臺中神岡	140	137	3	0
呂汝誠	1860～1929	今臺中神岡	12	12	0	0
總計人數	**31**	總　計	**2142**	**2051**	**91**	**0**

附錄二：清領時期臺灣本土文人韻攝混用次數表

【表例說明】

1、本表以清領時期臺灣本土文人近體詩（含試帖詩、六言詩）、古體詩（含九言詩）為對象，以韻攝為觀察單位，分為（一）近體詩（含試帖詩、六言詩）韻攝混用次數表、（二）古體詩（含九言詩）韻攝混用次數表，計算單韻、混韻現象的次數。

2、僅就屏除出韻的「東蕭混用」、「蒸魚混用」韻例後的混韻現象進行統計。

（一）近體詩（含試帖詩、六言詩）韻攝混用次數表

	止	遇	蟹	效	果	假	流	通	江	臻	山	宕	梗	曾	深	咸	總計
止	20																20
遇	9	20												1			30
蟹	15		4														19
效				7				1									8
果				5	0												5
假	1					0											1
流							0										0
通								45									45
江								2	0								2
臻								2									2
山								22		77							99
宕								4				0	1				5
梗				1				1					34				37
曾								1					16	0			17
深	1							5					1		0		7
咸																6	6
遇蟹假	1																1
總計	47	20	4	12	1	0	0	53	0	31	77	0	52	1	0	6	304

（二）古體詩（含九言詩）韻攝混用次數表

	止	遇	蟹	效	果	假	流	通	江	臻	山	宕	梗	曾	深	咸	總計
止	29																29
遇	9	45					3										57
蟹	17		12														29
效				14													14
果				5	0												5
假		1		3	0	2											6
流							0										0
通								40									40
江								6	0								6
臻										4							4
山										15	53	1	1				70
宕								9	4	1	1	0	1		1	1	18
梗										4	2		28				34
曾										9	1		38	0			48
深										3			14		0		17
咸											4				4	4	12
通江								6									6
通臻								2									2
通宕								3									3
通曾								1									1
通江宕								1									1
江宕								1									1
通江臻								1									1
臻宕								1									1
江曾																	1
止山果																	1
止遇	2																2
遇遇	2																2
止遇遇	1																1
止蟹	7																7
止蟹蟹	1																1

	止	遇	蟹	效	果	假	流	通	江	臻	山	宕	梗	曾	深	咸	總計
蟹蟹																	
蟹蟹蟹	2																2
蟹蟹	1																1
止遇蟹蟹蟹蟹	1																1
臻山										9							9
梗梗										1							1
梗梗曾										1							1
梗曾										3			18				21
山山										1							1
臻山山山										3							3
臻山山										1							1
臻曾										2							2
臻梗										2							2
臻山山山山梗										1							1
臻山山梗										1							1
臻山曾										1							1
深咸咸咸										1							1
山梗曾										3							3
山梗梗										1							1
曾深										1							1
梗曾深										1							1
臻梗曾深										1			2				3
曾深咸咸咸										2			2				4
梗梗曾深										1							1
總　計	72	45	13	19	3	0	6	73	4	73	61	1	104	0	5	5	484

附錄三：清領時期臺灣本土文人混韻現象區域性統計表

【表例說明】

1、本表以清領時期臺灣本土文人的混韻現象爲對象，依詩人里籍分爲噶瑪蘭廳（今宜蘭一帶，以「噶」稱之）、淡水廳北部（今新竹以北，以「淡北」稱之）、淡水廳竹塹地區（今新竹一帶，以「淡竹」稱之）、彰化縣（今臺中、彰化一帶，以「彰」稱之）、嘉義縣（今嘉義一帶，以「諸」稱之）、臺灣府和臺灣縣（今臺南一帶，以「南」稱之）、鳳山縣（今高雄、屏東一帶，以「鳳」稱之）、澎湖廳（今澎湖一帶，以「澎」稱之）等八個區域，觀察其陰聲韻部分的區域性特色。

2、凡異調混用的韻例皆以底線字體標示之。

3、凡爲一致性的普遍混韻現象，即分佈區域超過四個區域者，皆列爲普遍性的混韻現象，本表格一律以黑色粗體字標示。

（一）陰聲韻部分

韻 攝	混韻現象	噶	淡北	淡竹	彰	諸	南	鳳	澎
止	支微	3	2	15	7		19	3	1
	紙寘						1		
止遇	支魚	5		1	3		4		
	支虞			2					
	微魚			2	1				
	支微魚				1				
	支微虞						1		
	支魚虞		1		1				
	支微魚虞				1				
	紙遇			1					
止蟹	支齊	1	1	9	4	1	3		2
	寘泰						1		
	支灰			2			3		

韻　攝	混韻現象	噶	淡北	淡竹	彰	諸	南	鳳	澎
	微灰			2			1		
	微齊			1					
	支微齊	1	1	1			4		
	支微灰						1		
	寘未霽泰卦隊						1		
	寘霽泰隊			1					
	寘泰卦隊						1		
	未泰隊						1		
止遇蟹	寘未御霽泰卦隊						1		
止假	支麻						1		
止遇蟹假	支微虞灰麻				1				
止深	支侵			1					
遇	魚虞			26	3		32	3	
	遇麌			1					
遇流	麌有				1		2		
蟹	齊佳			2					
	佳灰		1	3			2		
	霽泰			1					
	泰隊			2			3		
	卦泰			1					
	薺霽								1
蟹假	佳麻		1	5			1		
	灰麻				1				
效	蕭肴	1	1	1			4		
	肴豪	1		1			1		
	蕭豪	1	2	3			2		
	蕭肴豪						3		
	皓號			1					
	蕭嘯						2		

韻 攝	混韻現象	噶	淡北	淡竹	彰	諸	南	鳳	澎
效果	豪歌	1	2				2	1	
效假	歌麻			1			2		
效	骂陌			1					
流	有宥			2					
通	東冬	2	1	15	9	1	33	3	
	送宋董				1				
	冬江			1			1		
	東冬江						1		
通宕	東陽			2			1		
	冬陽				1				
通效	東蕭			1					
通梗	冬庚							1	
江宕	江陽			1					
臻	眞文			1			3		
臻山	眞元	2		2	2		2		
	眞先						1		
	文元			2	2		12	4	
	文寒						1		
	眞文元						6		
	文元寒						1		
臻梗	眞庚			1					
	軫梗迥			1					
臻深	眞侵			3	2		2		
山	元寒		1				4	1	
	元刪			1			2	1	
	元先			1	1	1	5	2	1
	元寒刪			1			2		
	元寒先			1			1		
	元刪先			2			1		
	寒刪	5	1	21	9		18	17	1
	寒先	2	2		1		4	1	

韻　攝	混韻現象	噶	淡北	淡竹	彰	諸	南	鳳	澎
	刪先	1	1	2	1		3	1	
	寒刪先						2		
	<u>霰銑</u>			<u>1</u>					
	<u>霰銑諫</u>			<u>2</u>					
	寒刪先						1		
山梗	先庚		1						
山宕	先陽		1						
山咸	先覃						1		
	元覃			1					
梗	庚青	5	3	10	6		25	3	2
	<u>梗敬徑</u>			<u>1</u>					
梗曾	庚蒸		2	7	3	1	6	1	
	庚青蒸					1	1		
梗深	庚侵						1		
梗宕	庚陽					1	1		
曾遇	蒸魚				1				
深宕	侵陽						1		
深咸	侵鹽						1		
	侵咸						1		
咸	覃鹽	1					1		
	覃咸			1	1			1	
	鹽咸						1		
	<u>艷琰</u>			<u>1</u>					
通	屋沃			7	1		12		
通江	屋覺		1		1				1
	沃覺				1		1		1
	屋沃覺				1	1	1		
通宕	屋藥				1		7		
	沃藥						1		
	屋沃藥				1		2		

韻 攝	混韻現象	噶	淡北	淡竹	彰	諸	南	鳳	澎
通江宕	屋覺藥			1					
	屋沃覺藥				1				
通江臻	屋覺物						1		
	屋沃物			1					
	屋沃質						1		
通江臻宕	屋沃物藥			1					
江宕	覺藥						3		
臻	質物						2		
臻山	質月						1		
	質屑			1			1		
	質物月						2		
	物月屑						1		
	質物月曷屑						2		
	質物月屑						2		
	質物曷屑						1		
臻曾	質職		1	2	2		5		
	質物職						1		
臻梗	質陌			2			1		
	質錫			1			1		
	質物陌			1					
臻深	質緝			1					
臻宕	物藥		1						
臻山梗	質物月曷點屑錫				1				
	質物月屑錫						1		
臻山曾	質物月職						3		
臻梗曾	質陌職			1					
	質錫職			1			1		
	質陌錫職						1		
臻深咸	質緝合葉洽			1					

韻攝	混韻現象	噶	淡北	淡竹	彰	諸	南	鳳	澎
臻山梗曾	質月陌職					1	2		
臻山梗曾	質月陌錫職						1		
臻山曾深	質月職緝						1		
臻梗曾深	質陌職緝						2		
臻梗曾深	質物陌錫職緝					1	2		
臻曾深咸	質職緝合葉洽						1		
山	月屑			2	2		7		1
山	月曷屑						3		
山	月曷點屑						1		
山	曷屑				1				
山	曷點屑			1					
山曾	月職							1	
山咸	曷洽			1					
山梗	月陌			1			1		
山梗曾深	月陌錫職緝			1					
山宕	藥月			1					
梗	陌錫			3	1		4		
梗曾	陌職	1		5	5		19		1
梗曾	錫職						4		
梗曾	陌錫職			5	4		7		
梗深	錫緝						1		
梗曾深	陌職緝						2		
梗曾深	陌錫職緝			2					
深咸	緝合			1					
深咸	緝葉						1		
咸	葉洽						2		
咸	合葉洽						1		

附錄四：清領時期臺灣本土文人近、古體詩（單韻部分）韻部韻字表

【表例說明】

1、因系聯結果與《詩韻集成》分韻相同，所以表中韻目名稱直接取自《詩韻集成》，不另取名。

2、「近體詩韻字欄」和「古體詩韻字欄」的體例爲先列出該韻部的韻字，其後以「【數字 A／數字 B】」表示該韻部在古、近體詩中出現的韻字總數和韻段總數，數字 A 表示韻字總數，數字 B 則表示韻段總數，舉下表爲例：

韻 目	近 體 詩 韻 字	古 體 詩 韻 字
東	空風窮紅宮同中公東弓雄工桐叢芎鴻濛融童銅芄穹虹蒙通潀逢櫳菘蓬翁瓏豐熊充蔥曨功驄崇蟲終楓筒憧忠戎衷攻矇檬沖虫瞳隆篷礲瞳籠躬烘聾訌絨嵩龍庸朧璁洪箒聰忡匆衕崧龏恫【78／516】	風叢東紅空中雄通幢瀜宮濛瓏工瞳翁窮公矇同終衷崇充穹功攻戎夢蓬匆蒙熊隆聾蟲鴻豐篷融窿籠礲瞳躬虹【47／67】

「近體詩韻字欄」部分，以【78／516】表示「東韻」在近體詩中出現過的韻字有「空風……龏恫」等 78 個，且在近體詩的單韻韻段中，押「東韻」者，共計 516 個。同理，「近體詩韻字欄」部分，則以【47／67】表示，古體詩部分押東韻的單韻韻段共計 67 個，而出現在古體詩單韻韻段中的東韻字共有 47 個。以下各韻，無論平、上、去、入聲韻皆類此。

近體詩的單韻韻段部分，凡系聯過程中，雖於《詩韻集成》爲同韻部，但卻無法在臺灣本土詩人近體詩中系聯爲一韻部的兩（或兩個以上）韻類，仍遵守《詩韻集成》的歸部結果，但以「／」區隔，表示兩韻類無法在臺灣本土詩人近體詩中直接系聯爲一韻部。

古體詩的單韻韻段部分，若在系聯過程中，出現部分韻字各自系聯成兩個或兩個以上的韻類，但卻同屬於《詩韻集成》的某個韻部，則本文將進一步參酌《廣韻》、《彙音妙悟》、《雅俗通》等方言韻書所記錄的文讀音，若可歸爲同一韻部，則本文將據以系聯爲同一類部。而於韻字表中加以「／」記號表明系聯過程中分屬爲不同韻類。

（一）平聲韻

詩韻韻目	近體詩韻字	古體詩韻字
東	空風窮紅宮同中公東弓雄工桐叢芎鴻濛融童銅芃穹虹蒙通潨逢櫳菘蓬翁瓏豐熊充蒽曨功聰崇蟲終楓筒僮忠戎衷攻朦欉沖虫曈隆篷礱瞳籠躬烘聾釭絨嵩龍庸朧璁洪莆聰忡匆衕菘氃恫【78／516】	風叢東紅空中雄通幢瀜宮濛瓏工曈翁窮公矇同終衷崇充穹功童攻戎夢蓬匆蒙熊隆聾蟲鴻豐篷融窿籠礱瞳躬虹【47／67】
冬	峰濃農蓉重鐘春蹤龍慵衝松封冬胸溶逢傭鋒從恭宗容蚣筇烽淙瀧鼕鬆穠茸鍾供邛縫儂墉淞縱邕筇【42／101】	凶蓉鍾龍從容逢濃重龔農松封蹤峰【15／8】
江	摐幢雙降扛江缸窗腔椿撞釭邦硿淙厖矼茳【18／16】	江窗雙降【4／1】
支	時疑思之巇楣糜知鴟飢期遲湄基兒移眉悲姿芝宜詩危私其支驪馳涯陲暉枝居旗披肌鸝持吹差池離歧奇斯卮彝皮棋嗤絲欺貲為詞怡癡碑籬慈陂垂姨簏馗頤痍錐夷虧誰彌窺羈儀師尸崎辭嬉遺伊疲衰施帷隨祠貽滋髭鎡曦咨葘卑塒雌褵姬漪欹規洏炊逵脂騎蕤資熙維璃脾茲岐氂痴飴而綦纍萎睥龜卮耆隋鰭鰣濉漓撝噫褫司瓷尼貲嫠詒追彝迤比葵屍錡薺裨【150／711】	期枝時儀支姿治嫠嬉祠吹肢敧悲狸知移之奇宜棋思詩離湄誰絲旗遲詞卮隨癡祁歧慈脂垂褵匜怡夷雌遺基兒衰疑麾髭眉池頤褌飢為施卑馳師虧帷脾崎漪萄籬陂追疲羲纕欺訾危司熙斯持羈痴嗤咨差醫姨陲尼緇錐資糜劙涯碑茲規噫粢綏陴厓披私貽維芝鍾椎皮滋窺篩漓嶷巇岐辭簏貲疵推其糸羆蚩飴鴟炊睢痍彝箕肌【134／113】
微	非歸衣稀微暉飛闈磯希暉扉機圍依薇威旂欷妃幃肥巍違菲饑霏畈揮緋璣韙歸祈徽畿騑譏煇沂幾【40／249】	威肥晞飛巍衣歸希霏圍幃暉緋機輝圻菲欷揮闈薇稀祈違依【25／19】
魚	初廬書餘居余車閭如輿虛墟旟魚於徐儲除蔬裾予疏攄胥漁諸舒嘘梳渠驢鋤歔與袪躇居（疽豬硦琚勮蕖湑藁潊【46／235】	疏書鋤除初虛儲梳餘舒如居噓閭徐籹渠余魚胥輿攄漁諝車裾歔驢豬【29／21】
虞	都無趨孤鑪枹闍隅夫壺狐乎烏途躕珠敷朱奴圖芻酥晡湖呼鋪吾殊鑪糊鬚蘇粗俱污鑪檽駒竽租枯愚徂榆顱吳區弧娛符銖瑚蒲孚鑪塗徒巫腴濡俁嶇摹沽雛駒紆輸姑軀荼衢株蒲盧膚梧蛄拘臞扶廚趺鶵愉轤桴蕪屠吁謨菟誅迂辜模鳬菰姝蛛揄胡芙須諛需嶇鸜覦虞于癯襦鑪狡誣盂逋蘆鱸瑜【112／273】	隅奴吾都鬚夫圖胡無模輸愚珠蛛辜途軀驢徒殊誣汙趨俱鑪枯鑪儒塗揄娛敷濡膚孚須巫愉烏與吁闍貙呼孤乎符樞扶粗諏繻躕蕪鴣湖蘇逋鳬污孚蒲沽盧區銖誅衢姑狐于虞臞雛謨朱姝【77／36】

詩韻 韻目	近 體 詩 韻 字	古 體 詩 韻 字
齊	西迷齊雞低堤啼栖梯珪題泥蹊蹄棲兮溪攜妻蹄萋谿畦霓犁圭閨嵇黎提梨藜隄稽鼙筓淒臍犀悽嘶薺奚雞羹（食弟）齊倪聱暌鯢【51／204】	齊稽倪攜隄溪西栖啼雞泥棲低藜梯提羝萋悽蹄犁妻臍題【24／12】
佳	豺柴街諧齋乖懷排偕蛙釵佳鞋儕階崖骸埋涯淮揩牌皆喈堦【25／35】	齋儕釵佳埋乖霾懷偕涯階涯齋懷排【15／3】
灰	梅胎來開臺哉回哀猜嵬雷堆災栽萊裁才杯培苔迴灰洄纔陪材埃倍媒腮魁枚獃恢催財隈推摧罍該盃醅壓煤煨垓陔抬隤頹槐駘【53／429】	梅來推臺開煤裁回槐徊才陪胎嵬猜萊苔材雷迴哀灰摧栽催枚杯哉隤盃埃台洄咍【34／50】
眞	親民人貧巾身新神塵春鄰辰茵蘋仁陳眞因津濱銀勻頻鱗垠臣賓秦辛珍晨旬脣綸倫淳巡呻淪馴鈞嗔紳申彬蠙伸裡醇薪麟困輪循峋榛皴純遵筠闉甄詢夤嬪嚬臻瞋均燐郇緡宸囂轔獉莘【78／637】	神陳辛身塵津因春頻人辰嚬濱綸闉鄰眞呻巡巾淪釁仁茵嚬親倫申紳甄筠輪秦新銀莘芹麟貧遵馴蘋賓鄰伸民晨困淳珍瞋榛薪臣狺峋述鱗醇脣勻【61／67】
文	君聞雲裙分薰群云曛欣獖芸昕文紛氳紋焚慇氛勳軍芬闇勤墳殷粉氫熏醺芹【32／185】	雲軍云勤勳耘紛文聞殷斤分群芬氛氳君曛墳裙焚【21／18】
元	鯤元園門尊論存樽暄褌恩孫軒飧豚昏旛魂冤言溫村根墩盆痕捫原喧翻屯垣蹲繁煩奔源轅髡諼猿閽噴番婚坤崙吞罇昆反敦萱援樊渾【56／284】	元魂門原恩坤論存根言暾飧痕吞罇冤奔昏孫溫園軒猿繁鴛蘊湲翻藩屯垣番蹲繙村源暄渾轅掀盆婚諼豚敦援【46／28】
寒	寬巒冠完安闌繁寒灘鸞殘乾干竿團難〔註4〕肝看壇彈單酸嘆觀歡丹瀾端欄蘭珊盤餐官鞍漫玕湍檀歎奸翰槃韓桓丸摶杆紈棺蟠珊鄲殫攢團瘢刊鑽欄【61／323】	蘭盤瀾冠看灘難觀彈歡寒闌官壇乾韓完安寬丹餐端桓單肝竿鄲珊跚殘【30／23】
刪	山彎間還環閒顏關艱灣頑刪斑鬟寰班般攀闤圜閑慳灣鰥蠻鍰孱潺菅瘝懁姍鬘嫻嫻【36／190】	攀山還間艱寰顏閑班關斑潺訕頑鷴閒鍰孱灣圜環患嫻刪鬟嫻【26／23】

〔註4〕 寒韻「難」字在《詩韻集成中》僅收入寒韻，但《廣韻》、《集韻》、《韻會》等書除寒韻外，另收入歌韻，音同「儺」字，道咸同時期彰化縣詩人陳肇興〈釋迦頭二首其二〉中即以歌韻的又音與「多摩迦」等歌韻字相押。

詩韻韻目	近 體 詩 韻 字	古 體 詩 韻 字
先	連天煙然牽泉邊筵全眠懸濺淵田妍鮮峃湔偏巔犍川緣年船前圓玄巓鈿仙傳妍賢漩員憐椽纏燃千編先禪顚阡延箋篇弦韉權遷戔年旋聯筌錢蟬漣錢娟絃氈堅綿棉虔氈捐填躚涎肩穿鞭蓮鳶研拳邊便翩躔廛舷焉闐蠲【89／910】	年錢天棉禪仙千緣然煙圓邊妍壖筵連前煎船牽憐鞭傳便先燕賢淵肩氈川闐絃田沿鮮懸巓焉遷眠篇氈泉旋聯捐韉填愆堅權蟬娟編鉛延研詮偏拳旃芊涓綿躔乾邅穿蜷蠲甄玄鸇還涎全廛員椽專虔漣蓮躔戔胺纏鳶箋顚【91／101】
蕭	鷯蕭潮橋嶠么霄樵瓢遙饒描綃朝寥迢飄招苗標妖嬌橈消謠驕條燒腰蕉蕭搖翹髫聊凋囂遼刁銷超宵飆鵰焦彫姚貂瀟澆調鴞瑤寮韶苗雕譙挑貓礁鑣邀嶢堯憀僑桃鞀漂梟蜩驍撩苕曉蕘【77／192】	標么蕭迢遙潮橋謠霄跳邀銷調聊寥宵昭條朝超樵鵰招刁彫鑣挑飆饒翹搖蕭桃譙嶠澆嶢喬繇描囂燒瓢鴞苗橈鞀腰僑杓徼驕髫綃瑤嬌瓢梟凋焦貂寮飆憀瀟枵【66／18】
肴	爻淆茅巢郊梢敲拋交匏鐃剿哮泡坳肴包蛟膠捎胞鈔凹嘲教苞【26／35】	拋梢【2／1】
豪	豪篙高袍陶艘濤蒿勞鼇遭號曹膏毛騷糕毫操颿皋牢刀逃撓旄搔桃饕滔濠嗥嗷翱韜槽羔條橐鼇敖醪螯嘈褒糟鰲【47／115】	高毫蒿刀勞號曹豪毛袍壕逃皋嘈敖濤遭牢膏桃陶騷艘濠熬鼇萄鏖饕【29／21】
尤	留儔邱羞秋流幽頭游收舟洲樓投浮鉤遊愁溝虯悠求球眸州喉鷗牛優猷周籌憂繆不甌謳疣尤疇修彪休讎稠毬遊侯由裘脩囚猶謀柔麻侔瘳鳩勾仇流抽酬綵猴偷毬漚髏騶矛遒週陬油咻筊輈劉郵鯛啾幬篌述頭颼喞蕕講搜旒遊彎湫鞦颼泅禂游呦頒騮楸收秋羞周榴旒丘歐【113／623】	謀求投舟秋修儔休麻洲裘優留柔頭幽邱颸遒愁鏐游流酬稠牛樓收侯籌不遊周由榴州偷悠郵酋陬尤侔颼矛瘳售猶憂謳甌騶蝣眸鷗溝歐浮球呦羞丘劉璆綢烰鉤繆囚仇謫漚油楸喉饈週疇鳩讎騮【81／82】
庚	名清程輕虁嶸聲情生鯨明纓成兵橫行城瀛營盈驚鳴平迎京兄瑩榮鶯盟晴泓衡正羹坪楹甍英傾泓更爭呈箏莖評縈嬴征荊卿檠瓊聲粳耕獰旌伻鸚庚宏丁鼞笙鯖觥橙亨精籯嬰怦盛絣轟烹牲棚櫻苹硠嬴擎趲紘甿幷貞萌甥攖楨彭賡阬鎗傖鸚誠攖睛槍【104／858】	榮耕橫鳴行傾平阬迎生輕城情驚觥清醒撐庚營兄誠卿程聲京悙旌宏衡評成盛英鶯笙檠名纓爭兵明并晴縈莖楹棚烹賡瀛盟令征轟精攖虁嬴盈擎牲箏鯨呈瑩堂更晶怦馨亨坪羹嬰阬貞枰猩【79／83】
青	屏青坰瓶庭形冥丁汀星亭翎櫺婷硎溟經扃聽醒寧零銘靈型齡停馨伶苓螟廳涇刑莛廷檽萍鈴霆腥螢蜓泠聆舲瓴醽釘町娉軿【52／165】	醒零亭庭青星螢馨硎廷經型形扃泠靈停櫺聽銘齡渟莛溟冥聆仃苓屏醽萍駉町坰町汀霆腥【38／19】

詩韻 韻目	近 體 詩 韻 字	古 體 詩 韻 字
蒸	冰澄蒸層僧朋曾稱登乘能燈陵蠅鐙簦綾增騰稜肱凝升仍繩徵凌憎矰憑藤醫鷹嶒崩承藤凭勝應興薈棱膾膺昇丞鵬澂【49／97】	勝增層僧燈仍能乘澂騰【10／4】
侵	林襟陰心深今音侵潯金吟岑尋忱沉禽斟臨霖任碪琴簪禁森砧淫箴欽衾琛擒嶔涔沈衿壬蟫鷣針湛蔘瘖【43／293】	琴蟫尋沉鍼林深音金箴心陰森今侵吟岑臨衾忱琳襟暗湛禁擒嶔斟沈淫【30／31】
麻	斜涯槎笳紗家花遮車鴉華茶霞奢差賒蝦沙麻駕嘉誇加瑕娃裟查嗟耶楂葩遐些譁笆瓜窊琶牙嘩蛇爹枒叉爺枷蛙衙芽岈琊芭砂痂葭邪撾窪【58／376】	笆花遐加誇涯查霞琶家華沙芽茶斜賒瓜嗟槎嘉奢叉差譁爺瑕邪耶鴉蝦拏啞車枒紗葩衙遮爬蛇【40／27】
陽	塘牆長忙涼霜房香常梁黃王光望陽疆傍堂螂商床茫航裳芳方藏觴桑良狂裝鄉蒼張荒將楊墻昂腸旁洋郎康猖當強糧揚莊漿償皇遑湯慌妝囊量廊章芒棠襄翔剛薑央亡妨娘狼秧稂場忘唐颺傷穰嘗箱羊殤瘡螳簹防杭行閶詳僵瑯簧倉昌琅彰岡蟥梁庠嬙筐榔韁璋璫鏘鴦浪湘綱凰槍徉樑緗徨鋼崗篁蹌碙汪孃坊嫱祥臧殃滄者廂昂鄉潢鎗漳姜【142／712】	榔忙揚香涼陽莊航腸望償強常傍糧秧梁妨章襄漿暘長穰良稂黃場鄉霜荒糠箱傷將慶孃堂昂殃攘亡藏方倉妝芳王囊翔廊央床姜光忘狂狼僵鎗疆頏皇郎唐張彰筐裳祥庠娘昌岡檣桑茫行璫詳觴塘當遑房湘蒼徨洋鏘量康襄徉驤簧汪梁旁槍肪羊樑鴦楊嘗蝗鬟商娼坊煌崗喪韁湯璋【117／89】
歌	何多鼉河波陀窩歌螺過拖磨蹯蘿峨坡梭戈羅和哦跎娥阿莪娑禾摩他頗窠駝蛾鑼麼魔訛儺軻哥苛婆那簑紽科呵鶒柯挲酡荷莎鵝珂沱痾痾騾蓑磋駄【62／295】	多歌波過蘿何阿莎戈科軻跎訛鼉頗魔坡柯螺磨峨和摩梭痾呵那婀苛搓酡沱娥駄禾娑珂傞蹯羅荷哥河訶瘥挲窩陀儺【49／39】
覃	簪南酣三貪嵐柑含諳甘潭參探慚庵曇涵談堪男耼毿擔覃龕蟫憨醃蠶藍驂耽驂醰篸菴頷楠【38／64】	三龕酣柑南探談參甘疊涵蠶籃潭諳藍庵驂貪堪男慚函【23／15】
鹽	炎添廉簾奩黏占蟾嚴尖嫌拈纖兼潛簷籤檐甜鹽瞻閻恬縑殲蟾匲謙餂崦髯兼淹粘黔【35／56】	炎尖髯檐籤嚴箝粘兼縑潛鍼蟾燖拈奩黏簾蘝瞻蟾恬鐮霑纖廉淹砭添嫌甜鹽占【33／3】
咸	巖喃乡颿銜帆衫監凡函杉緘鑱岩嵌咸讒嚴巉【19／23】	

（二）上聲韻

詩韻韻目	近體詩韻字	古體詩韻字
腫	擁隴【2／1】	
講	港蚌【2／1】	講港釭棒項蚌搆（心奉）備玤【10／1】
紙	美比酏齒俚指舐侈此嫭已耳起似恃軌喜紫屣裡矣駛恥訾紀水死否止氏理始傂旨紫底齒豕史紀履爾咫委里鯉邐綺咿紙技市士子【54／16】	子氏耳矣矢靡比死史士已仕軌始豸理起崎水旨指豕紙擬是鄙止己簋紀褫裡喜此螘篚蠱駛宄騎萎詭美苡訾市否紫癸鯉齒掎砥履底視以倚綺邐里抵俚李咫梓沘咿祉嬭蕊爾滓俟秕妣沚恃几杞恥髀髓址跪婢侈技使屣詭毀委蟻徙浼揆趾迤塊蠹嘴彼枳匕邐耛裹珥不圯弭伺圉企芷雉幾【118／141】
尾		螘鬼尾偉【4／2】
語	暑語杵與女煮侶【7／3】	序舉炬楚汝許筥語貯鼠紵處御圉女【15／7】
麌	雨宇羽土怙睹矩栩譜廡武補組府脯古苦主鼠許侮伍五雨股阻父舞乳圃蠱戶弩舉鼓予吐序撫庾俯虎【42／6】	古伍戶滸睹堵主樹廡虎雨數舞譜吐麈塢杜苦取甫圃浦午縷賭股府脯鼓組栩豎輔土剖祖聚愈煦罟努怒斧虜覩五嶁乳武父柱羽弩腐補阻撫宇釜侮瞽扈賈魯怙俯羖鼠庾部嫵【72／55】
薺		啓洗醴體【4／1】
蟹		解駭灑【3／1】
賄		宰改海采倍殆載在彩【9／6】
軫		尹軫【2／1】
吻		瑾隱近【3／1】
阮	返飯【2／1】	
旱		懶短／滿斷【4／2】
潸		琖睆剪眼產鈑撰齴限揀皽綰潸巑版剗弗莞棧簡【20／2】
銑		淺輦泫／轉喘篆【4／3】
哿	我坐墮蓏火舸左那跛夥果柁頗鎖娜朵娑可【18／2】	左夥火可妥瑣朵叵我贏峨【11／5】
馬	雅寡也【3／1】	雅馬下捨野社夏寫瀉灑者寡【12／8】

詩韻韻目	近體詩韻字	古體詩韻字
有	友口守斗手否醜后後耦婦母朽帚臼牖酒首九負柳厚走右丑酒拇瀏有韭蹂久肘叟糗綬卣受偶牡酉扣擻罶藪糾剖藕畝吼菲缶瓿玖蚪狗壽咎【58／12】	吼走斗友玖久壽叟九酉者右首後酒否朽負有取手韭丑口柳肘莠黝蚪嗾卣瞍嶁厚某杻狗偶掊垢守牖醜畝藪耇耦瀏母綬櫺苟誘叩受忸婦紂咎缶臼糗舅罶糾擻阜紐【68／78】
梗	影冷境嶺警永猛綆幸屏景冏梗騁請領靜整／省哽贈【21／13】	影景境請永警省領嶺幸井逞騁頃冷靜逞整秉猛餅【21／14】
寢		飲瀋甚飪錦【5／3】
養	廣丈想上響顙仗仰壤朗掌長倣莽痒往惘爽怳兩賞儻黨【23／5】	滉長兩彊黨莽賞榜養鞅想往廣朗響丈敞爽快掌仗惘上痒幌仰櫜癢網曩壤晃杖盪像【35／15】
篠	皎渺／曉悄擾鳥少小嫋繞【10／5】	曉杪少／蓼島鳥表矯殍了【10／3】
皓	草掃老討倒昊燥早好保腦道島抱皁皓浩考棗【19／6】	早好掃保寶討槁草倒道造老浩潦抱擣腦島稿昊皓考惱【23／23】

（三）去聲韻

詩韻韻目	近體詩韻字	古體詩韻字
送	閧洞夢弄【4／2】	鳳弄凍夢慟送仲洞【8／4】
絳		撞巷降【3／1】
寘	易避棄熾累忌備志臂崇翅刺事使記試地恣異意【20／7】	至記戲意事地寄志媚致庇吏置利悸試寺翠醉棄誌議義萃避粹遂瑞被異器備誼識墜膩字罟貳忌翅企易類幟肆二次悴驥寐淚睡位治愧笥示智幾祕思嗜糒歸始屣裡躓恣懿臂食魅欿邃餌積累四騎賜使賁閟泗轡值廁【89／51】
未	貴氣謂味戲【5／1】	慰愾蝟畏味氣【6／2】
御	曙去助語女處覻慮踞絮顧兔【12／7】	去御處慮豫絮曙飫箸【9／10】
遇	附樹赴暮澍布露住路素數步度鷺趣悟誤故互【19／9】	路露樹顧暮炷務怒怖惡涸護度仆誤鮒數痼賦遇訴籲炷苦霧呴互注霆護趣澍穄圃蠹赴具雨句裕措哺住布渡慕素悟晤步故駐鷺吐鶩諭捕煦鑄墓聚鶩妒【64／36】

詩韻韻目	近　體　詩　韻　字	古　體　詩　韻　字
霽	歲細際勢憩濟【6／2】	世制例厲藝慧謎袂擠囈蔽銳計翳勢逮睇滯閉麗濟惠際憩第猘細泥詣契帝笫諦製替歲贅繼系蒂儷砌甓荔切逝勵戾弊隸柢繫涕噬衛敝婿祭【58／24】
隊	輩態愛隊昧黛靉睞載概誨對喙慨濭退侅岱晦荶礙乂背【27／1】	佩續／吠昧晦／潰背愛【8／4】
泰		會儈賴害沛艾外最霈瀎泰大【12／3】
卦	隘賣畫挂話／解懈【7／2】	壞拜怪派／挂話畫／芥敗快【10／5】
震	潤印陣鎮／趁訊【6／2】	迅鎮震進僅燼訊／殉信【9／4】
問		暈坋韻醞分奮抍隱慍靳近【12／1】
願	曼飯願萬獻怨【6／1】	飯獻建願【4／1】
翰	斷畔玩【3／1】	漢觀看案煥旦貫燦玩半嘆換畔亂按斷讚喚散翰悍漫鑽炭爛暗岸幔蒜算難惋判憚逭汗竄歎瀚叛絆爨冠【42／20】
諫		盼贗諫【3／1】
霰	霰片倦箭遍院宴傳見戰嚥變線面弁顫甸薦彥燕硯扇【22／10】	見膳電變賤便院煽瀎眩扇片戰箭善面戀倦練絢遍宴線羨倩忭擅燕現殿硯甸絹彥鍊雁薦縣轉醮【40／30】
禡	罷榭夜下／謝化嫁跨【8／5】	舍駕罅下暇化夜價赦謝罷【11／10】
箇		臥破大坐過餓箇／賀課【9／5】
宥	秀晝構湊袖覯逗嗽候授狃就又瞀鬥糅胄仆咒灸透【21／6】	就陋溜晝舊右候透袖／豆瘦漏壽富／首柩【19／9】
敬		淨行慶姓敻鏡令政【8／5】
徑		定應磴勝暝徑凭磬證興乘【11／4】
沁		枕飲甚禁【4／2】
漾		上帳向仗訪蕩浪創量壯悵釀唱暢王放擋障仰亮喪炕望妄狀相諒頑況覘養抗廣盪長曠傍嶂匠樣尚䢺將杖恙【45／18】
嘯	照釣肖棹妙調笑峭召【9／3】	要照掉叫召嘯轎笑弔調料少療肖妙耀【16／13】
號		禱寶奧灶盜倒到好告譟造【11／7】
勘	暗憾瞰淡濫暫纜勘餡【9／2】	
艷		窆殮【2／1】

（四）入聲韻

詩韻韻目	近 體 詩 韻 字	古 體 詩 韻 字
屋	惡獨沐木幅宿福谷竹屋讀目哭覆復【15／3】	覆鹿哭縮目鞠僕谷祝木速服育牘煜舳澳蠹菽蹙匐陸逐霂馥蕭竹幅族六讀菊福屋復簇獨斛腹伏撲穀掬瀆粥築熟肉縠碌筑彀惡麓軸斸漉宿卜櫝蝮牧蓄犢睦啄毓鏃鞫【69／45】
沃	束綠曲玉足欲續矚梏促浴鵠毒觸辱局【16／6】	曲足促續矚躅欲局辱俗綠旭沃粟玉燭錄觸束蜀侷酷屬踽毒獄慾贖酴【29／21】
覺		覺握學／濁嶽濯／角斲【8／4】
質	蜜逸詰筆一術室實出日栗膝蓽蟀失疾叱慄窒漆瑟率匹溢畢律黜【27／6】	七逸日姪述實一吉筆匹出栗帙失室悉慄疾溢密漆瑟叱蝨戌畢律必鷸軼術恤【32／35】
物		物崛乞屈【4／2】
月	月發越骨窟沒歇笏闕髮忽伐【12／7】	歇沒髮發月越闕忽伐樾蕨骨突咄蹶滑兀蝎窣窟勃鶻罰粵【24／22】
曷		掇闊【2／3】
黠		猾殺【2／1】
屑	結絕／傑凸折血缺【7／3】	設列歠鐵咽舌說噎饕裂切折結齧截鷩絕觖穴滅別抉閱竭訣瞥拙跌哲雪血潔熱悅媟澈節決涅薜轍缺傑撇擷烈綴【47／46】
藥	幕索錯作落膊薄泊【8／3】	落柝薄縛壑卻託博惡虐飥酌瘧諤作腳爍摸絡鑿錯噱幕閣索洛郭樂寞鶴鍔躍廓謔籜鸑涸粕約削藥釀略堊著萼柞度泊崿灼恪弱諾鵲拓鑰【57／33】
陌	白碧夕伯瘠幘翮迫籍胳隔脈夕昔汐石／赤爀尺魄／跡獲／積客【24／7】	役宅翮畫窄帛脊陌跡白客適碧石策摘擇厄瘠赤磧麥籍借額惜積益責獲嚇擘魄易謫柏昔澤尺席汐隙格隔疫劇伯意僻戟斥軛射簀癖核擲迫百舶躑藉拍貊蹐夕璧逆液冊坼嚄奕革辟蹟脈懌毈【79／59】
錫		靂惕歷【3／2】

詩韻 韻目	近 體 詩 韻 字	古 體 詩 韻 字
職	北色極墨直識勒則【8／3】	即側直植息德特國逼熄北職憶砈墨惑識力色弍飾測仄得億極賊昃棘式翼臆勒克食黑慝陟默唧淢織殛蜮蹢蝕值則惻穡匿嗇塞【54／33】
緝	拾入襲吸濕急笠【7／4】	濕隰急挹十泣立笠入級吸及習襲集粒澀邑【18／11】
合	唈雜【2／1】	
葉		貼接協牒捷【5／2】

附錄五：唐、宋、金元、明代漳泉、清領臺灣詩歌韻部通協演變表

【表例說明】

1、凡僅見一、二次的特例皆不列為計算範圍。

2、本表初唐、中唐、晚唐五代、北宋、南宋、金元時期的協韻表部分乃以耿志堅先生（1993）附錄為依據。

（一）陽聲韻協韻表

廣韻韻目	東	冬	鍾	江	陽	唐	耕	清	青	登	蒸	真	諄	臻	文	欣	魂	痕	元	寒	桓	刪	山	先	仙	侵	覃	談	鹽	添	嚴	咸	銜	凡
初唐	東	冬		江	陽		庚(青)	庚(青)	青		蒸	真			文		魂		元	寒(刪)		刪(寒)		先(元)		侵	覃	覃	鹽			咸	咸	
中唐	東	冬(東)		江	陽		庚(青)	庚(青)	青		蒸	真(文魂)			文		魂		元	寒(刪)		刪(寒先)		先(寒刪)		侵	覃	覃	鹽(咸)			咸(鹽)	咸	咸
晚唐五代	東多	冬		江	陽(江)							真文魂					元 / 魂(眞文)		元塞刪先							侵								
北宋	東冬			江陽			庚青蒸(眞文魂侵)					眞文魂(庚青蒸侵)					元寒魂(眞文)		元寒刪先(覃咸)							侵*（註5）	覃		鹽(咸)			咸(鹽)		
南宋	東冬			江陽			庚青蒸真文魂侵												元寒刪先覃鹽咸															

（註5）*含「庚青蒸真文魂」六韻。

廣韻韻目	東	冬	鍾	江	陽	唐	庚	耕	清	青	蒸	登	真	諄	臻	欣	文	魂	痕	元	寒	桓	刪	山	先	仙	侵	覃	談	鹽	添	嚴	咸	銜	凡
金元	東冬			江陽			庚青蒸						眞文魂							元寒刪先							侵	覃（咸）					咸		
明代漳泉	東冬（江陽）			江陽			庚青蒸						眞文（元寒刪先侵）							元寒刪先（眞文侵）							侵（眞鹽咸）	覃鹽咸							
清說臺灣	東冬庚（江陽）			江陽（庚）			庚青蒸						眞文（元寒刪先侵）							元寒刪先（眞文侵）							侵（眞鹽咸）	覃鹽咸							

（二）陰聲韻協韻表

廣韻韻目	支	脂	之	微	齊	佳	皆	灰	咍	魚	虞	模	蕭	宵	肴	豪	歌	戈	麻	尤	侯	幽
初唐	支	脂		微	齊	佳		灰		魚	虞		蕭		肴	豪	歌		麻	尤		
中唐	支			微（支）	齊	佳		灰		魚（虞）	虞（魚）		蕭		肴	豪	歌		麻佳	尤		
晚唐五代	支微（齊）			微（支）	齊	佳（灰）		灰（佳）		魚虞			蕭（宵肴）	宵（肴豪）	肴（蕭宵）	豪（蕭宵）	歌（麻）	戈	麻（歌）	尤	侯	幽

《全臺詩》用韻研究——以清領時期臺灣本土文人為對象（1683～1895）

廣韻韻目	支	脂	之	微	齊	佳	皆	灰	咍	魚	虞	模	蕭	宵	肴	豪	歌	支	麻	尤	侯	幽
北宋	支微齊（灰）					（佳皆）		灰（支微）		魚虞			蕭肴豪				歌		麻佳	尤	尤	
南宋	支微齊（魚虞灰）〔註6〕					（佳皆）		灰（支微）		魚虞（支微）			蕭肴豪				歌		麻佳	尤	尤	
金元	支微齊					（佳皆）		灰														
明代濱泉	支微齊（魚虞灰）					（佳皆）		灰（支微）		魚虞（支微）			蕭肴豪			（歌）	歌（豪）		麻佳	尤	尤	
清領臺灣	支微齊（魚虞灰）					（佳皆）		灰（支微）		魚虞（支微）			蕭肴豪			（歌）	歌（麻豪）		麻佳（歌）	尤	尤	

〔註 6〕此處僅「支微」和「魚虞灰」混用。